凤／鸣／丛／书

杨立平　徐剑东◎主编

张邦卫　吴利民◎执行主编

汉语饮食词汇研究

楚艳芳◎著

中国社会科学出版社

图书在版编目(CIP)数据

汉语饮食词汇研究/楚艳芳著. —北京：中国社会科学出版社，2017.2

(凤鸣丛书)

ISBN 978 - 7 - 5161 - 9615 - 1

Ⅰ.①汉…　Ⅱ.①楚…　Ⅲ.①汉语—词汇—研究　Ⅳ.①H13

中国版本图书馆 CIP 数据核字(2016)第 320640 号

出 版 人	赵剑英
责任编辑	熊　瑞
责任校对	李　莉
责任印制	戴　宽

出　　　版	中国社会科学出版社
社　　　址	北京鼓楼西大街甲 158 号
邮　　　编	100720
网　　　址	http://www.csspw.cn
发 行 部	010 - 84083685
门 市 部	010 - 84029450
经　　　销	新华书店及其他书店

印刷装订	北京君升印刷有限公司
版　　　次	2017 年 2 月第 1 版
印　　　次	2017 年 2 月第 1 次印刷

开　　　本	710×1000　1/16
印　　　张	21
插　　　页	2
字　　　数	305 千字
定　　　价	99.00 元

凤鸣丛书编委会

谱博雅诗篇　迎凤凰涅槃

——凤鸣丛书总序

大雅今朝，凤鸣桐乡。我们的灵魂在倾听：文化创造的源泉在充分涌流，民族文化创造的活力在持续迸发，中华民族文化复兴的脚步，近了！

2016年5月17日，习近平总书记在哲学社会科学工作座谈会上的讲话中指出："坚持和发展中国特色社会主义，统筹推进'五位一体'总体布局和协调推进'四个全面'战略布局，实现'两个一百年'奋斗目标、实现中华民族伟大复兴的中国梦，我国哲学社会科学可以也应该大有作为。"为了迎接中华民族新一轮凤凰涅槃，浙江传媒学院文学院、桐乡市文化广电新闻出版局联袂奉献"凤鸣丛书"，作为我们的献礼！

"凤鸣丛书"作为浙江传媒学院文学院的最新学术成果和创作成果，是浙江传媒学院博雅学术在人文积淀厚实的桐乡文化土壤中绽放的文明之花。风雅桐乡，人杰地灵，曾经涌现了一大批文化名人，如朱子学家张履祥、学者吕留良、廉吏严辰、太虚大师、文学巨匠茅盾、艺术巨匠丰子恺、艺术大师木心、摄影大师徐肖冰、篆刻大师钱君匋、漫画大师沈伯尘、编辑家沈苇窗、出版家陆费逵、著名画家吴蓬、著名新闻工作者金仲华、著名女将军张琴秋等。这些文化名人，构成了桐乡的"城市符号"，凝聚成桐乡文化的"魂"。桐乡的优秀文化传统，理所当然地成为浙江传媒学院丰富的学术资源和教育资源，同时，也滋养了浙江传媒学院学子的精神文化肌理。

文学院是浙江传媒学院设立最早、办学历史最久的院部之一，拥有戏剧影视文学、汉语言文学、汉语国际教育、秘书学4个本科专业及戏剧影视文学（编剧与策划）、汉语言文学（涉外文秘）2个本科专业方向。现有浙江省"十一五"重点学科戏剧戏曲学，"十二五"省重点学科戏剧与影视学（戏剧戏曲学方向），"十三五"省一流学科戏剧与影视学（影视艺术理论与批评方向、影视编剧与创作方向）；"十二五"校级重点学科中国语言文学（文化与传播），"十三五"校级一流培育学科中国语言文学和艺术学理论。戏剧影视文学是浙江省重点专业和浙江省新兴特色专业。中国语言文学大类是校级重点专业。文学院现拥有省级研究基地"浙江省非物质文化遗产研究基地"。学院学术实力强，科研成果丰富，近年来承担了国家级项目10余项、省部级项目50余项、厅局级项目60余项，各级教改项目近20余项；出版学术专著40余部、文学作品10余部。学院教学水平高，育人业绩好。文学院学生近年在柏林华语电影节、威尼斯电影节"青年电影人培养计划"、全球华语大学生短诗大赛等国际赛事以及北京大学生电影节、环保部剧本征集、全国大学生征文大赛等国家级、省部级大赛中获奖30多项。

　　浙江传媒学院非常重视政产学研合作。近年来，由文学院自主创作的影视剧《明月前身》、《盖世武生》、《孝女曹娥》、《长生殿》、《梦寻》、《七把枪》等已在中央电视台播出。为了促进政产学研全方位深度合作，文学院成功申报了两个校级研究机构：茅盾研究中心和网络文学研究与创作中心，凝练了茅盾研究团队、木心研究团队、网络文学研究与创作团队、张元济影视剧创作团队等，展开了大量务实工作。"凤鸣丛书"即是文学院在桐乡文化土壤深耕细作收获的第一批文化作物。第一辑包括《茅盾研究年鉴（2014—2015）》、《媒体化语境下新世纪文学的转型研究》、《艺术现代性与当代审美话语转型》、《百年汉诗史案研究》、《汉语饮食词汇研究》、《图像、文字文本与灵视诗学》、《唐代园林与文学之关系研究》。茅盾是我国现代文学史上杰出的作家、文艺理论家、文学翻译家，是我国现代进步文化的先驱者、中国革命文艺的奠基人，茅盾研究已经成为中国现当代文学的显学。浙江传媒学院茅盾研究中心作为茅盾研究的重要阵地，编撰的《茅盾研究年鉴》已经连续出版 4 年，今后还会持续下去。木心作为中国当代文学大师、诗人、画家，在台湾和纽约华人圈被视为深解中国传统文化的精英和传奇人物，一直是浙江传媒学院和桐乡市学者的用心之处，木心研究成果理所当然将是"凤鸣丛书"持续关注的对象。

2014 年 5 月 4 日，习近平总书记在同北京大学师生座谈时指出："人类社会发展的历史表明，对一个民族、一个国家来说，最持久、最深层的力量是全社会共同认可的核心价值观。核心价值观，承载着一个民族、一个国家的精神追求，体现着一个社会评判是非曲直的价值标准。"习近平总书记还指出："中华文明绵延数千年，有其独特的价值体系。中华优秀传统文化已经成为中华民族的基因，植根在中国人内心，潜移默化影响着中国人的思想方式和行为方式。今天，我们提倡和弘扬社会主义核心价值观，必须从中汲取丰富营养，否则就不会有生命力和影响力。"培育和弘扬社会主义核心价值观，必须立足中华优秀传统文化。"凤鸣丛书"将致力于优秀传统文化的挖掘以及文艺精品的创作，为"中国梦"的实现提供文化自信力。我们将关注昆曲剧本、动画片剧本、张元济影视剧本、杭嘉湖文艺精品等，策划更多创作活动，去讴歌桐乡、讴歌杭嘉湖、讴歌浙江省 21 世纪的新面貌，坚守我们的核心价值体系和核心价值观，利用好中华优秀传统文化蕴含的丰富的思想道德资源，使其成为涵养社会主义核心价值观的重要源泉。

正如木心在《诗经演》里写道："遵彼乌镇。迥其条肆。既见旧里。不我遐弃。"桐乡文化是常新的，游子木心把她视为自己的精神归宿。同时，桐乡又是中华文明的一个美丽缩影，博大精深的中华文明乃是中国人的安身立命之所。置身于桐乡大地上，我们感同身受，瞩目着中华文明孕育的新一轮凤凰涅槃。黎明正喷薄而出，我们正跨步在金光大道上！

凤鸣丛书编委会

2017 年春

说　　明

一　引录文献资料之时，尽量选用迄今为止较为精善而又通行的版本，文末附有征引文献书目和参考文献书目。征引文献和参考文献均按书名的音序排列，同一音序内征引文献按照文献的写作年份排列，参考文献按照文献的出版年份排列。外文文献则按照作者姓名音序排列。参考文献期刊部分的来源，没有特别标注者，为哲学社会科学版期刊（即期刊标注"哲学社会科学版"、"社会科学版"或"人文社会科学版"者）。

二　本书所列例证，如果出自古籍之后人校注本，一般只称引原书名，校注本名称、校注者及版本信息在文末的征引文献中标明。在行文叙述中，对于一些常用文献则采用习惯上的简称，如《说文解字》简称《说文》、《现代汉语词典》简称《现汉》等，在征引文献或参考文献中则以全名列出，以便查检。

三　为求行文简洁，文中称引前贤时彦之说，一般直书其名，不赘"先生"字样，敬请谅解。

目　　录

第一章 绪论

在研究汉语饮食词汇之前，首先要对"汉语饮食词汇"的内涵及外延作出界定。何谓"汉语饮食词汇"？顾名思义，"汉语饮食词汇"就是用汉语记录的与饮食相关的词语的总汇。汉语饮食词汇主要有饮食方式类、饮食器具类、烹饪方式类、饮食感觉类、饮食味道类、饮食名称类词语等构成。本书即以汉语饮食词汇为主要研究对象，对其来源、结构、意义、发展演变等进行探讨，进而对这一类词语的整体面貌及特点作出概括，并试图提取相关的研究方法与语言学理论，以期对汉语史（尤其是汉语词汇史）以及文化学（尤其是中国饮食文化）等相关领域的研究起到推动作用。

第一节 汉语饮食词汇的研究现状

关于汉语饮食词汇的研究现状，我们分为总论和分论两部分展开论述。总论部分介绍汉语饮食词汇研究的整体状况，分论部分分门别类地介绍汉语饮食词汇研究的现状。①

---

① 为求行文简洁，这一部分涉及的论著大多只写作者姓名，论著名称及发表（出版）信息等见本书"主要参考文献"部分。

一 总 论

目前，关于汉语饮食词汇研究的论著（尤其是单篇论文）很多，但从语言学的角度出发，系统、专门的汉语饮食词汇研究的论著不多见。

（一）鲜有对汉语饮食词汇系统、深入研究者

"民以食为天"，在中国饮食文化的影响下，汉语中产生了一批语义鲜明的饮食词语。由于饮食词语太过寻常，较易被学者们忽视，加之有些学者认为这些词语难登大雅之堂，难以成为倾力钻研的对象，故目前鲜有对汉语饮食词汇系统、深入研究的论著问世。此外，很多饮食词语在使用过程中又发生了隐喻变化，如"吃醋"可以用来比喻产生忌妒情绪；"煎熬"本为烹饪方式，又可比喻焦虑、痛苦、受折磨等；"炒"除了作烹饪方式外，又衍生出炒作义；"锅"本为炊具，又衍生出"背黑锅"、"罗锅"等用法；如此等等。此类词语在汉语词汇中占了相当大的比重，且具有较大的研究价值，因此对此类词语的研究也是本书的一项重要内容。

（二）专门的研究论著不多见

目前，从语言学的角度对汉语饮食词汇进行研究的论著并不多见，成果比较零散。如常敬宇较早对文化与语言相关的词语进行了关注。王宁运用训诂学原理，对"饮与食"、"烹"、"饪"等30余组饮食词语的名与实做了考证。林宝卿讲了"汉字与中国文化"，其中有个别字如"黍"、"秋"、"稷"、"年"、"皿"、"鬲"、"豆"、"缶"等与饮食相关。郑卓睿论述了与"吃"相关的词语与我国饮食文化之间的关系。刘静也讲了一些与饮食相关的汉字。总体而言，这些论著对汉语饮食词语的研究一般是就一些比较常见的词语进行论述，并未形成系统。也有一些比较深入的分析，但主要是就某个词语展开论述，如王占华、任鹰、贺文丽、李治平、李存伟、陆方喆、董粤章、张智义、倪传斌、陈翠竹等学者主要从认知的角度分析了"吃食堂"这类词语。还有学者在其词汇学的论著当中也会涉及饮食类词语，如王云路师在解释"如

饥似渴"、"饥渴"、"渴饥"等词语时指出："饥与渴是生理上的反应，转而形容心理上的需求，比喻分离之苦和思念之甚。"① 为我们展示了此类词语的魅力。

（三）一些成果散见于饮食研究类著作

一些研究饮食类的著作中会谈到一些关于饮食的汉语词汇，比如王学泰讲了一些与"吃"、"食"相关的词语。李曦列举了一些与饮食有关的词语、成语、熟语、歇后语。"大中国上下五千年"丛书编委会涉及了与"醋"相关的一些词语。林乃燊谈到了"中国方块字，很多是受饮食实践启发创造出来的，甲骨文中，直描饮食对象、饮食器官、饮食媒体、饮食器具、烹饪器具或表达各种饮食形象的象形字、象意字和形声字都很多，尤以象形字为最多"② 。作者还分门别类地列举了一些例证。万建中提到了与饮食有关的汉字，如"美"、"甘"。此类研究一般是为饮食文化研究服务，描写及考证都比较简单。

整体来看，汉语饮食词汇研究尚存在着较大的研究空间。比如我们可以从微观方面探讨某个词或某类词的得名之由、词义、结构等，也可以从宏观方面探讨饮食词语的特点、规律，总结一些汉语词汇学方面的理论等。以微观分析为基础，进而作出宏观解释，探究词汇学规律。总之，我们还可以在这一领域不断耕耘，努力探索。

二 分论

为了更好地了解汉语饮食词汇研究的现状，我们又在总论的基础之上，主要从语言学的角度对汉语饮食词汇研究的具体情况加以分门别类地介绍。

（一）饮食方式类词语研究

从语言学角度对饮食方式类词语的研究，一般是围绕其典型成员"吃"、"喝"、"饮"、"食"这四个词语展开的，而对其他成员的研究

---

① 王云路：《汉魏六朝诗歌语言论稿》，陕西人民教育出版社1997年版，第77页。
② 林乃燊：《中国的饮食》，中国国际广播出版社2011年版，第122页。

成果相对较少。

1. 吃

关于"吃"的研究，文章很多，大体有如下几种类型。

第一，词义演变研究。如罗家国、平山久雄、王青、薛遴、李玉娇、王任赵、贡珂、王国珍、李小平、吕鹤等专家学者的研究。他们的文章大多论述了"吃"对"食"的替换过程或"吃"的词义的历时演变。

第二，"吃"的隐喻、转喻研究。此类研究主要是对"吃（V）＋N（P）"的研究。如池昌海、董为光、陶红印、徐文红、熊金星、谢晓明、钟姝娟、王英雪、林美玟、王英雪、谢晓明、左双菊、葛力力、丁翠翠、熊学亮、杨丽忠、段莉、张再红、谭爽、方蕾、黄洁、薛红勤、张金茹、常芮彬、刘君等学者的研究成果。

又如王占华、任鹰、贺文丽、李治平、刘存伟、陆方喆、董粤章、张智义、倪传斌、陈翠竹等学者主要从认知的角度分析了"吃食堂"这类词语。

以上这些文章大多从认知或文化的角度对"吃"的隐喻或转喻进行了分析，具有一定的理论性。

一些研究文化的著作中会涉及关于汉语词汇的内容，但一般都是比较常见的词语。如郑卓睿论述了与"吃"相关的词语与我国的文化之间的关系。王学泰讲了一些与"吃"、"食"相关的词语。

第三，与方言相关的研究。如许菊芳、解海江、谢尚优、李江艳、阳桀、康忠德等学者的研究。

第四，汉语与外语比较研究。如姜先周、季静、段纳、杨琴、全一旻、周洁、余舟、马瑞、吕昭君、陈钦、阮氏蕾、闭忠实、尹泳赞、金智英、张苗苗、魏香杰、杨垂杨等学者的研究。

第五，"吃"表被动的研究。如马兴芳、施发笔、暴拯群、王玉、耿言海、刘东升、王佳、周杨、张菊萍、刘佳、王虎、金御真等学者的研究。

2. 喝

与"喝"相关的研究，多集中在词义演变方面。如郭世绂、吕传

峰、梁冬青、钟向前、霍生玉、宋秀娟等学者的研究。还有对"喝 +
N"的研究，如潘优燕等学者的研究。还有一些与"喝"相关的句式
（如"给他酒喝"、"喝他个痛快"等）研究，如胡斯可、雷冬平等。

3. 食、饮

学界关于"食"的研究并不多。在这为数不多的成果当中，有关
于"食"的隐喻者，如陆庆和、余云华等学者。还有研究"食"的音
变构词者，如孙玉文。

关于"饮"的研究成果比较少，主要是对"饮"与"喝"关系的
研究，成果见上文"喝"部分，此不赘述。

总体看来，目前学界关于饮食方式类词语的典型成员"吃"、
"喝"、"食"、"饮"的研究相对较多，其中对"吃"的研究最多，
"喝"、"食"、"饮"的研究相对较少，而对饮食方式类的非典型成员很
少从语言学的角度做出专门研究。

（二）饮食器具类词语研究

目前，涉及饮食器具类的论著大多侧重于对器具本身的质地、形
制、花色、种类、功用等，从考古学、历史学、民族学或艺术学等角度
展开或详或略的介绍。也有一些从语言学的角度分析的文章，如王敬
骝、梁冬青、王绍峰、于园园、左金香、查中林、高燕、李福唐、许
丽、闫春慧、李佳、张振兴、熊莹、徐梅娟、刘欢等学者的文章，这些
文章大多是从语言与文化相结合的角度对饮食器具类词语进行研究。
王洪君运用生成词库理论，以"锅"和"碗"为例，对比了这两个
有低层差异的同级实体义场（炊具、盛器）在组合上的定中黏合结构
中搭配能力的差异，进而确定实体和属性两域的语义层级及彼此之间
的关联关系。

（三）烹饪方式类词语研究

关于烹饪方式类词语，黄铭石从语言与文化相结合的角度对一些烹
饪类动词做了介绍。马一可对汉语和英语烹饪类动词做了对比研究。韩
宇对《天工开物》一书中的饮食制作类词语做了研究。

此外，还有一些关于"炒"的文章，我们将在后文详细论述。

总之，关于烹饪方式类词语研究的论著比较少见，现有的研究内容多集中在对典型烹饪方式（如"炒"）词语的讨论。

（四）饮食感觉类词语研究

关于饮食感觉类词语，目前学界研究成果比较零散，尚无系统研究。在现有的研究成果当中，主要是一些单篇文章会对此类词语有所涉及。如李中生提出的"既醉以酒，既饱以德"（《诗经·大雅·既醉》）中的"醉"指"酒足"而非"酒醉"。方有国指出，《孟子》"乐岁终身饱（苦）"的"饱"和"苦"，是着眼于衣与食而言的。所谓"饱"，指衣食足或丰衣足食；所谓"苦"，义为困苦、痛苦，即缺衣少食冻饿之苦。再进一步，凶年则无衣无食冻饿而死。姚炳祺指出：《说文》所训的"醉"字有二义：一为"卒也"；二为"溃也"。"卒也"为声训，指饮酒符合礼法而又未达乱之程度，蕴含古代之礼俗，对形训言醉，是一很好的补充。"溃也"指饮酒过量以致意识错乱，行为失礼。夏淑云指出：先秦时期，醉与醒基本上各司其职，一个表示饮酒的饱足，一个表示过量。但是，"醉"的引申义逐渐取代其本义而被广泛运用后，"醉"、"醒"便同义并行。"醒"基本限于书面运用，而"醉"不仅在书面上，更广泛流行于人们的口语中，具有更大的活力，因而也具备了对"醒"取而代之的趋势。现代汉语中已基本不用"醒"的任何义项而完全代之以"醉"，"醉"的本义也已完全消失而代之以"酣"。这就反映出了一个语言发展的普遍规律：通俗的、使用范围广的词语，总要取代那些艰深的、使用范围狭窄的词语。高瑞琴指出："醉"字出现在诗文中，往往能起到抒发感情，画龙点睛，令人回味的作用。魏达纯指出："饥""饿"不是文言与口语的差别；它们原本确有程度上的差异，特别是当它们对举时的差别仍然是很明显的；从汉代开始，这种差异的界限已经逐渐模糊，甚至有时可以混同了；由于历史的原因，即使在汉以后的作品中，"饥""饿"仍多少保持着程度上的差异。武丽梅从历时角度分析了"酣"、"醉"的同义关系及在语义、语法、语用方面的差异。高顺全指出："饱"和动词的搭配关系经历了一个有规律的演变过程，即从常规的"吃"类动词经过隐喻和类推扩大到其他体验动词。

隐喻搭配"饱＋动词"始于唐代，止于晚清；"动词＋饱"始于现代，目前还处于从修辞现象到语法现象的过渡阶段。跟"饱"有关的隐喻搭配的演变过程表明，短语层面的修辞现象最终会演变成一种比较常规的语法现象。李佳丽通过对《晏子春秋》中"酣"、"酲"二字字义的分析，以及对后世不同时期文献中这两个字的字义的分析，说明了"酣"、"酲"二字字义的发展变化情况和一字多义现象的产生。在先秦时期，人们对饮酒后的状态描写得比较细，喝酒喝得兴起，常被称为"酒酣"之时，此时饮酒让人的心情也十分畅快、舒服；但是饮酒过度的话，那就要用"酲"来形容了，古人用"病酒"来释义，说明酒喝到这个程度是对身体很不好的，所以晏子要进谏了，人们也想出了很多"解酲"的方法。那么，酒喝得刚好的时候，在先秦时期使用"醉"字来表达的，但是随着"醉"字字义的不断引申发展，它的本义逐渐消失，引申义甚至取代了只用于书面语的"酲"字的字义。而它的本义则由"酣"字的字义来代替。由此可以从一个侧面看出，"一字多义"现象，正是人们在使用文字时，不断引申、假借造成的，这种现象的出现使我们的词汇更加丰富，使用也更方便。

总体而言，目前学界对饮食感觉类词语的研究主要集中在表示"饥饱"类感觉的典型成员"饥"、"饿"、"饱"，以及表示酒后状态的"醉"、"酲"的一些研究。现有的关于汉语饮食感觉类词语的研究还比较薄弱，尤其是在此类词语的隐喻繁衍方面，尚存在很大的研究空间，还值得进一步深入挖掘。

（五）饮食味道类词语研究

目前，从语言学的角度对汉语饮食味道类词语进行研究的成果主要是一些论文。总体来看，学者们对与嗅觉相关的词语的研究要多于味觉。现有的关于饮食味道类词语的研究成果可以分为如下几类。

1. 较为笼统的饮食味道类词语研究

一些论文以饮食味道类词语为切入点，从隐喻、文化内涵以及对外汉语教学等方面做了研究。比如任晔在概念隐喻理论的指导下对汉语中的五官感觉词词义引申轨迹进行了研究和探讨，并试图发现现代汉语五官感觉范畴词词义发展的认知规律。陈智勇论述了先秦时期的嗅觉文化，并指出了先秦嗅觉文化有力地促进了中国传统饮食文化主基调的形成。田源、王宇波分析了现代汉语中嗅觉动词的种种隐喻义，并对它们的语义、语用以及隐喻义方面的差异进行了比较研究。田源、王宇波、王怀明以现代汉语嗅觉动词的教学为例论述了在对外汉语词汇教学中进行近义词对比教学的问题。

2. 方言饮食味道类词语研究

方言味道词语研究类论文不多见，如邓尧论述了四川方言中表味道语义场所辖词汇 37 个，并指出它们在构词方式、语法功能、语义特征分布上的特点。这一类的研究不多见，但挖掘方言材料，是一项非常重要的工作。因此，今后还可以在这方面多投入一点时间和精力。可以更加完整地展现汉语饮食味道类词语的分布、面貌以及汉语饮食味道类词语的发展演变。这些工作虽然有一定的难度，但所幸范围不大，调查起来相对容易。刘丹青曾经指出："汉语历史这么悠久，方言这么丰富复杂，有这么多关系密切的亲邻语言，正是类型学大好的用武之地。缺少对类型学及其丰富成果的了解，实在使我们错过了一块珍贵的他山之石。"①

3. 外语饮食味道类词语研究

还有以外语为主的饮食味道词语研究。如廖晓丹在认知语言学理论的指导下对日语中的五官感觉词词义引申轨迹进行研究和探讨。这虽然与汉语饮食味道类词语没有必然的联系，但我们可以窥探其他国家的思维方式，进而与汉语进行对比研究等。

4. 汉语与少数民族语言、外语饮食味道类词语的比较研究

因为饮食的味道是人类对饮食感知的共性，与人们的日常生活密不可分。因此，一些学者也对汉语与少数民族语言、外语的味道词进行了对比研究，寻求其中的共性与个性。这是学者们关注较多的研究内容。

---

① 刘丹青：《语序类型学与介词理论》，商务印书馆 2003 年版，第 7 页。

蔡崇尧对汉语和维语的气味词、味道词做了对比研究。

万惠蓉通过对汉语和英语中"酸"、"甜"、"苦"、"辣"、"咸"五种基本味道词语的二者分析比较的同时，讨论了这些基本味道称谓的字面意义和隐喻意义，并从认知的角度分析了二者之间的关系。寻阳用映射理论揭示了嗅觉动词隐喻义的形成过程，并证明了英、汉两种语言中存在着相同的嗅觉隐喻。覃修桂从英汉对比的角度，分析了英汉语言中嗅觉的隐喻的投射范围，指出嗅觉隐喻与视觉隐喻一样，在人类范畴化过程中起着十分重要的作用。张丽通过对汉语和英语中嗅觉词语的隐喻分析，指出了英汉两种语言存在着相同的嗅觉隐喻。孙小倩通过对英、汉语中的嗅觉词语的对比分析得出英、汉两种语言不仅存在着嗅觉隐喻，而且其隐喻投射范围也基本相同。以上论文主要是汉语与英语饮食味道类词语的比较研究。

人类对饮食的味道有着共同的感知，但不同民族、不同国家由于认知、文化、历史等因素的不同，进而导致对饮食味道所产生的隐喻同中有异，故此项研究非常有价值。当然，我们需要在对汉语、民族语言以及外语有较好把握之后，才能更好地进行比较研究。

周及徐指出："在语言学中，比较的目的是为了从语言材料的差异中求得历史的时间层次，即从比较中重建语言的历史，这就如同达尔文在不同物种的差异的比较中发现了它们进化的历史一样。因此，比较法是对积累了大量的材料的学科进行系统研究的一种方法，特别是对于建立历史的研究，如自然史、社会史、科学史，有着特别重要的意义。比较法和历史分析的结合，就成为在这些学科中进行科学研究的利器。"① 这足以显示比较法在汉语史研究中的重要地位。法国语言学家梅耶指出："进行比较工作有两种不同的方式，一种是从比较中揭示普遍的规律，一种是从比较中找出历史的情况。"② 因此，汉语与外语、少数民族语言的对比研究可以使我们对汉语及外语、少数民族语言的特点以及人类语言的共性有更好的把握，具有类型学研究的意义。通过比较可以

① 周及徐：《历史语言学论文集》，巴蜀书社 2003 年版，第 116 页。
② 梅耶：《历史语言学中的比较方法》，岑麒祥译，世界图书出版公司 2008 年版，第 1 页。

更好地揭示汉语词汇的整体特征，进而更好地使其在汉语史，乃至整个人类语言中准确定位。

总之，目前对于汉语饮食味道类词语的研究还比较单薄，尚存在较大的研究空间。

（六）饮食名称类词语研究

关于饮食类名物词的个案研究很多，它是词语考释的重要内容之一。饮食名物词分为自然之物和人工加工饮食两大部分。历代饮食名词不可胜数，因此对饮食名称类词语的研究一般并不系统，大多散见于单篇的论文或专著的某些片段。如闫艳、徐时仪、黄金贵、俞理明等学者的研究成果中均有涉及。

集中考释汉语饮食词语的论著却不多见。王宁在讲训诂学的普及和应用时，对很多与中国古代烹饪饮食用语名实以"说×"的形式进行了集中讨论，论述深入浅出，具有很强的可读性。

另外，有若干从认知或文化学的角度研究菜名或饭店名称的论文，如罗赛群、谢柯、赵明、吴海燕、付冬薇、林梦虹等学者的论文。

总之，这一部分研究成果最多也最零散。

第二节 文献记载与汉语饮食词汇

我国有着悠久的文字记载历史，要想对汉语饮食词汇作出更好的阐释，就要对从古至今涉及饮食的典籍有所了解。本节主要就文献中的一些与饮食词汇相关的内容进行挖掘，以使我们的研究可以沿着历史的足迹继续前行。

一 集中涉及汉语饮食词汇的文献

我国是世界著名的文明古国，拥有悠久的文字记载历史。姚伟钧等所著的《中国饮食典籍史》为我们提供了很多记载饮食的相关典籍，这些资料类似于目录性质，具有"辨章学术，考镜源流"之功用，为后人的相关研究提供了重要线索。①

涉及饮食的文献，先秦时期主要是甲骨文、金文、《诗经》、"三礼"、《论语》、《孟子》、《左传》、《国语》、《战国策》、《楚辞》、《吕氏春秋》等。汉朝以后出现了专门的饮食类著作，如《四时食制》、《食经》等。此外，从汉朝开始，农书、医书以及其他与饮食相关的笔记杂著也开始出现，如《四民月令》、《齐民要术》、《南方草木状》、《农书》、《农桑辑要》、《农政全书》、《黄帝内经》、《金匮要略》、《千金要方》、《饮食须知》、《饮膳正要》、《本草纲目》、《西京杂记》、《博物志》、《酉阳杂俎》、《清异录》、《东京梦华录》、《都城纪胜》、《武林旧事》、《南宋市肆记》、《梦粱录》、《闲情偶寄》等。隋唐以后，一些类书中也有很多关于饮食的记载，如《北堂书钞》、《艺文类聚》、《太平御览》、《太平广记》、《古今图书集成》、《清稗类钞》等。随着唐朝《茶经》、宋朝《酒谱》的出现，后代一些关于茶酒类著作不断涌现，如《煎茶水记》、《茶录》、《品茶要录》、《茶谱》、《茗史》、《北山酒经》、《酒史》等，这些也都是与饮食相关的重要典籍。

通过对这些饮食类文献的了解，我们可以对汉语饮食词汇作出更加深入的研究。从语言学的角度来看，在这些涉及饮食的文献当中，专门的饮食类著作、农书、医书等较为直接地记载了饮食类的词语，为我们了解一些词语的含义、用法等提供了诸多便利。兹略举北魏贾思勰所著农书《齐民要术》中的两例加以说明。

1. 谷

　　谷，稷也，名粟。谷者，五谷之总名，非止谓粟也。然今人专以稷为谷，望俗名之耳。（《齐民要术·种谷》）

此条指出了"谷"的含义："谷者，五谷之总名。"《说文·禾部》

① 　姚伟钧等：《中国饮食典籍史》，上海古籍出版社 2011 年版。

曰："谷，续也，百谷之总名。"这是"谷"的早期意义，即粮食作物的总称。《说文·禾部》："稷，齌也，五谷之长。""稷"本为谷物名，一般认为是粟，即小米。"今人专以稷为谷"，说明了"稷"在农作物种植中占有极其重要的地位，可以以上位词"谷"名之。"谷"身兼两职：表示粮食作物总称时为上位词，表示"稷"时则为下位词。

2. 兰香

> 兰香者，罗勒也；中国为石勒讳，故改，今人因以名焉。且兰香之目，美于罗勒之名，故即而用之。（《齐民要术·种兰香》）

此条指出"兰香"本名"罗勒"，为了避石勒的讳而改为"兰香"。由于"兰香"这一名称比"罗勒"听起来更具美感，故人们运用了"兰香"这一名称。

此类记载还有很多，兹不赘举。

二　散见于笔记杂著中的饮食词语

集中反映汉语饮食词汇的文献，我们查检起来并不困难。相对而言，历代笔记中也记载了大量饮食类词语。这些词语在笔记中的分布往往比较零散，查检起来有一定的困难。然而笔记中记录的关于饮食的条目，具有极高的训诂学价值。在此，我们着重列举一些这方面的例证以引起大家的重视。

（一）说明今语与古语的关系

有些记载说明了饮食的古今异名现象。如：

1. 馓子

> 食物中有馓子，又名环饼，或曰即古之寒具也。（宋庄绰《鸡肋编》卷上）

"馓子"为一种油炸的面食。北魏贾思勰《齐民要术·饼法》："细环饼、截饼：环饼一名'寒具'。截饼一名'蝎子'。皆须以蜜调水溲面。若无蜜，煮枣取汁；牛羊脂膏亦得；用牛羊乳亦好，令饼美脆。"明李时珍《本草纲目·谷部·寒具》："环饼，象环钏形也。"又："林洪《清供》云：寒具，捻头也。以糯粉和面，麻油煎成，以糖食之。可留月余，宜禁烟用。观此，则寒具即今馓子也。以糯粉和面，入少盐，牵索纽捻成环钏之形，油煎食之。"可见，在宋朝，"馓子"可以称为"环饼"，而"寒具"已经不是"馓子"的通常称谓了。

2. 笼饼

唐人呼馒头为笼饼。（宋张师正《倦游杂录》）

"笼饼"为馒头的古称。宋陆游《蔬园杂咏·巢》："昏昏雾雨暗衡茅，儿女随宜治酒殽，便觉此身如在蜀，一盘笼饼是豌巢。"自注曰："蜀中杂豂肉作巢馒头，佳甚。唐人正谓馒头为笼饼。"《倦游杂录》亦为宋人张师正所作。可见，在宋人看来，馒头已不叫"笼饼"了，故"笼饼"应为唐人对馒头特有的称法。

3. 茶芽

茶芽，古人谓之"雀舌"、"麦颗"，言其至嫩也。（宋沈括《梦溪笔谈》卷二十四）

此条说明了"茶芽"的两种其他称谓"雀舌"、"麦颗"。"雀舌"的小、嫩与"茶芽"具有相似性。宋曾巩《尝新茶》："麦粒收来品绝伦，葵花制出样争新。"自注曰："丁晋公《北苑新茶诗序》云：'茶芽采时如斄麦之大者。'"可见，用"麦颗"来喻指"茶芽"是因二者之形似。

（二）说明方俗语与通语的关系

有些记载说明了方俗语与通语的关系。如：

4. 齑、菹

> 细切曰齑，全物曰菹。今中国皆言齑，江南皆言菹。（宋赵令畤《侯鲭录》卷四）

"齑"为细切①后用盐、酱等浸渍的蔬果。《周礼·天官·醢人》"王举，则共醢六十瓮，以五齐、七醢、七菹、三臡实之。"汉郑玄注："齐当为齑。……凡醯酱所和，细切为齑全物若牒为菹。""菹"同"葅"，腌菜。《诗经·小雅·信南山》："中田有庐，疆埸有瓜。是剥是菹，献之皇祖。"郑玄笺："淹渍以为菹。"此条不仅指出了"齑"与"菹"的区别（"齑"为细切的腌菜，"菹"为整个的腌菜），而且道明了当时已经"齑"与"菹"不分，且地域不同，称法不同。中原地区称为"齑"，而江南则称为"菹"。

5. 穄

> 穄，西北人呼为糜子，有两种，早熟者与麦相先后，五月间熟者，郑人号为麦争场。（宋朱弁《曲洧旧闻》卷三）

《说文·禾部》："穄，糜也。""穄"是黍的一个变种，其籽实不黏者。本条指出西北人称"穄"为"糜子"，且有早熟和晚熟两种，早熟与麦几乎同时，它要与麦争翻晒与脱粒的场地，故郑人称这种早熟的糜子为"争麦场"。

6. 稷、糜子

> 稷乃今之穄也。齐、晋之人谓"即""积"皆曰"祭"，乃其土音，无他义也。《本草注》云："又名糜子。"糜子乃黍属。《大雅》："维秬维秠，维糜维芑。"秬、秠、糜、芑皆黍属，以色为

---

① 后来不一定细切。

别：丹黍谓之穈。今河西人用"穈"字而音"縻"。（宋沈括《梦溪笔谈》卷二十六）

此条指出"稷"与"穄"同，唤"稷"曰"穄"是由于齐、晋之人"稷"、"穄"音同所致。"即"、"积"、"稷"为古入声字，"祭"、"穄"为古去声字，这些字齐、晋读音相同，由此可知当时齐、晋入声已经消失。此条亦指出"稷"、"穄"又名"穈子"，是黍的一种，河西人用"穈"，但字音与"縻"同。

7. 金毛菜

石发，吴越亦有之，然以新罗者为上，彼国呼为金毛菜。（宋陶谷《清异录》卷上）

《初学记》卷二十七引晋周处《风土记》："石发，水苔也，青绿色，皆生于石也。""石发"是生于水边石上的苔藻。此条说明了石发的其他产地——吴越、新罗，并指出"石发"在新罗被称为"金毛菜"。

（三）对饮食形制的介绍

有些记载对饮食的具体形制做了介绍。如：

8. 西瓜

西瓜形如扁蒲而圆，色极青翠，经岁则变黄。其瓤类甜瓜，味甘脆，中有汁尤冷。（宋洪皓《松漠纪闻续》）

此条对西瓜的形状、色泽以及味道作出了扼要说明。明李时珍《本草纲目·果五·西瓜》："按胡峤《陷虏记》言，峤征回纥得此种归，名曰西瓜。则西瓜自五代时始入中国。"可见，西瓜是五代时入中国，宋朝洪皓较早地记录了西瓜这一水果。

9. 回鹘豆

　　回鹘豆高二尺许，直干有叶，无旁枝。角长二寸，每角止两豆，一根才六七角，色黄，味如粟。（宋洪皓《松漠纪闻续》）

　　此条对回鹘豆作出了说明。"回鹘"亦称"回回"，故"回鹘豆"亦称"回回豆"，即豌豆。关于"回鹘豆"，其他典籍亦有相关记载，如《说郛》卷八十六引宋叶隆礼《契丹国志·回鹘豆》："回鹘豆，高二尺许，直干有叶，无旁枝。角长二寸，每角止两豆，一根才六七角。色黄，味如粟。"

10. 蔗、苦益菜

　　新安郡婺县境中产一种草，茎叶柔弱，引而不长，叶类甘菊叶，俗呼蔗，今讹化为遮字，盖食之味苦而有余甘也。性温行血，尤宜产妇。煮熟揉去苦汁，产后多食之无害，往往便以为逐血药也。又呼苦益菜，访之医家，莫有知者。（宋朱弁《曲洧旧闻》卷四）

　　此条指出一种草药名为"蔗"，取其苦中带甘，故被称作"蔗"，后字形讹作"遮"。这种草药又名"苦益菜"，盖因其味苦且对人有益。"蔗"（取其甘）与"苦益菜"（取其苦）是凸显了这一草药的两个不同方面的特性，体现了事物命名的不同视角。同时，此条还指出了"蔗"这种草药的产地为"新安郡婺县境内"。

（四）说明饮食名称的来源

　　有些记载了饮食名称的由来，其中也包括一些典故词。这些饮食有的是自然生长之物，有的是经过人工加工之物。如：

11. 凤栖梨

　　蒲中产梨枣，已久得名。昔唐太宗时，有凤仪止梨树上，因变

肌肉细腻，红颊玉液，至今号"凤栖梨"也。（宋蔡絛《铁围山丛谈》卷六）

此条说明了"凤栖梨"的得名之由。

12. 大姑李

大父居湖州城西，绕宅为园，植果，有一李树实佳。家有姑，自幼时爱食，因占护，每李熟，他人莫敢采，家人号为"大姑李"，传其种于外。（宋朱彧《萍洲可谈》卷三）

此条说明"大姑李"的得名之由。

13. 落苏

《酉阳杂俎》云："茄子一名落苏"，今吴人正谓之"落苏"。或云钱王有子跛足，以声相近，故恶人言茄子，亦未必然。（宋陆游《老学庵笔记》卷二）

唐人段成式《酉阳杂俎》有"茄子一名落苏"，宋人陆游在此指出当时吴人称茄子为"落苏"。同时指出了称"茄子"为"落苏"的一种说法：钱王的儿子跛足，"茄子"与"瘸子"音相近，因此不喜欢"茄子"，故改称"落苏"。当然，陆游也指出这种说法"未必然"。

14. 韩墩梨/韩村梨/韩梨

姑苏地名韩墩，产梨为天下冠。比之诸梨，其香异焉，中都谓之"韩墩梨"。后因光皇御讳，改为"韩村梨"。至侂胄专国，馈之者不敢谓"韩村"，直曰"韩梨"。因此皆谓"韩梨"矣，非侂胄意也。（宋叶绍翁《四朝闻见录》戊集）

"韩墩梨"因其产地为姑苏韩墩而得名，后因避光皇帝讳，改为

"韩村梨"。又因南宋宰相韩侂胄专权,所以送梨之人不敢呼"韩村",就直呼"韩梨"了,从此"韩梨"这种说法就传开了。当然,这也并不是韩侂胄之意。这一条说明了"韩墩梨"因为两次人为的避讳而由"韩墩梨"改为"韩村梨",进而又改为"韩梨"了。

15. 蜂糖

江南呼蜜为蜂糖,盖避杨行密名也。行密在时,能以恩信结人,身死之日,国人皆为之流涕。(宋曾敏行《独醒杂志》卷一)

此条说明了"蜜"呼为"蜂糖"是为了避杨行密之讳。宋彭乘《墨客挥犀》卷九:"杨行密之据扬州,民呼'蜜'为'蜂糖'。""蜜"与"糖"均为甘甜之物,故为了避讳将"蜜"称为"蜂糖"。这种改法既符合语言的使用习惯,又符合人们的认知习惯,所以使得"蜂糖"这种说法流传开来。

16. 汤饼、汤饼客

东坡诗云:"剩欲去为汤饼客,却愁错写弄麞书。""弄麞",乃李林甫事。"汤饼",人皆以为明皇王后故事,非也。刘禹锡《赠进士张盥》诗云:"忆尔悬弧日,余为座上宾。举箸食汤饼,祝辞天麒麟。"东坡正用此诗,故谓之"汤饼客"也。必食汤饼者,则世所谓长命面者也。(宋马永卿《嬾真子录》卷三)

"汤饼"是一种水煮的面食。此条指出东坡诗"汤饼客"来源于刘禹锡之诗,进而说明了"汤饼"就是世人所说的"长命面"。

17. 般若汤

僧谓酒为般若汤,鲜有知其说者。予偶读《释氏会典》,乃得其说。云有一客僧,长庆中届一寺,呼净人沽酒。寺僧见之,怒其粗暴,夺瓶击柏树,其瓶百碎,其酒凝滞,着树如绿玉,摇之不散。僧曰："某常持《般若经》，须倾此物一杯。"即讽咏浏亮，乃将瓶就树盛之，其酒尽落器中，略无孑遗。奄然流啜，斯须器皿酣畅矣。酒之廋辞，其起此乎。（宋张邦基《墨庄漫录》卷五）

此条说明僧人称"酒"为"般若汤"的缘由。此外，宋窦苹《酒谱·异域酒》云："天竺国谓酒为酥，今北僧多云般若汤，盖廋辞以避法禁尔，非释典所出。"盖窦氏此说近乎是。

（五）介绍饮食的制作方法

有些则是记载了饮食的制作方法。如：

18. 蜜糕

蜜糕，以松实、胡桃肉渍蜜和糯粉为之，形或方或圆或为柿蒂花，大略类浙中宝阶糕。（宋洪皓《松漠纪闻》）

这种糕点因渍蜜而成，故名"蜜糕"，形状多样。

19. 炒团

天长县炒米为粉，和以为团，有大数升者，以胭脂染成花草之状，谓之"炒团"。而反以"炒团"为讳，想必有说，特未知耳。（宋庄绰《鸡肋编》卷上）

此条说明了"炒团"实际上就是炒米粉，只因为天长县将米粉"和以为团"，故炒米粉又被称为"炒团"。但后来又避讳言"炒团"，庄绰认为这种避讳应该是有某种说法，但又不知是何说法。

20. 鱼儿酒

裴晋公盛冬常以鱼儿酒饮客。其法用龙脑凝结，刻成小鱼形状，每用沸酒一盏，投一鱼其中。（宋陶谷《清异录》卷下）

此条说明了"鱼儿酒"的命名之由及制作方法。

21. 缕子脍

　　广陵法曹宋龟造缕子脍，其法用鲫鱼肉、鲤鱼子，以碧筒或菊苗为胎骨。（宋陶谷《清异录》卷下）

此条说明了"缕子脍"的制作方法。

22. 玲珑牡丹鲊

　　吴越有一种玲珑牡丹鲊，以鱼叶斗成牡丹状，既熟，出盎中，微红，如初开牡丹。（宋陶谷《清异录》卷下）

此条说明了"玲珑牡丹鲊"的命名之由及制作方法。

23. 火米

　　蜀稻先蒸而后炒，谓之"火米"，可以久积，以地润故也。蒸用大水空中为甑，盛数石，炒用石板为釜，凡数十石。（宋陈师道《后山谈丛》卷五）

此条说明了"火米"的制作方法。

24. 同阿饼

　　天成中，帝令作同阿饼。法用碎肉与面溲和如臂，刀截，每只二寸厚，蒸之。（宋陶谷《清异录》卷下）

此条说明了"同阿饼"的制作方法。

25. 糖霜

　　糖霜之名，唐以前无所见，自古食蔗者始为蔗浆，宋玉《招魂》所谓"胹鳖炮羔有柘浆"是也。其后为蔗饧，孙亮使黄门就中藏吏取交州献甘蔗饧是也。后又为石蜜，《南中八郡志》云："笮甘蔗汁，曝成饴，谓之石蜜。"《本草》亦云，"炼糖和乳为石蜜"是也。后又为蔗酒，唐赤土国用甘蔗作酒，杂以紫瓜根是也。唐太宗遣使至摩揭陀国，取熬糖法，即诏扬州上诸蔗，榨沈如其剂，色味愈于西域远甚，然只是今之沙糖。蔗之技尽于此，不言作霜，然则糖霜非古也。（宋洪迈《容斋五笔》卷六）

"糖霜"即白糖。"霜"为白色颗粒，形象地说明了白糖的颜色及形制。此条说明了"糖霜"的几种名称及历史沿革。

（六）其他与饮食相关的词语

还有一些笔记记载了与饮食相关事物。如：

26. 鬲

古鼎中有三足，皆空中可容物者，所谓"鬲"也。（宋沈括《补笔谈》卷二）

这是对饮食器具"鬲"的介绍。"鬲"为古代一种炊器。口圆，似鼎，三足中空而曲。此条说明了"鬲"谓何物，也间接地说明了古代"鼎"与"鬲"的区别与联系。其实早在东汉末年学者苏林对此已有说明。《汉书·郊祀志上》："禹收九牧之金，铸九鼎，象九州。皆尝鬺享上帝鬼神。其空足曰鬲，以象三德，飨承天祐。"颜师古注引苏林曰："鬲音历。足中空不实者，名曰鬲也。"

27. 酒恶

金陵人谓中酒曰酒恶，则知李后主诗云"酒恶时拈花蕊嗅"，用乡人语也。（宋赵令畤《侯鲭录》卷八）

此条指出"酒恶"即"中酒"，因喝多了酒而身体不适。"中酒"

为通语，"酒恶" 为金陵人语。

28．闷饭店

　　衢州饭店又谓之闷饭店，盖卖盒饭也。专卖家常。欲求粗饱者可往，惟不宜尊贵人。（宋灌圃耐得翁《都城纪胜》）

　　此条指出当时衢州的一作叫"闷饭店"的饭店，指出它大概是由于其店卖"盒饭"而得名。"盒"为"覆盖"义，"盒饭"大概是今所谓的"盖浇饭"之类。"闷"也有"覆盖"义，因此卖"盒饭"的店铺被名为"闷饭店"。此条亦指出，"闷饭店"出售的是家常便饭，不适合身份尊贵的人前往就餐。

29．茶百戏

　　茶至唐始盛，近世有下汤运匕，别施妙诀，使汤纹水脉成物象者。禽兽虫鱼花草之属，纤巧如画，但须臾即就散灭。此茶之变也，时人谓之茶百戏。（宋陶谷《清异录》卷下）

　　唐陆羽《茶经·茶之饮》指出："茶之为饮，发乎神农氏，闻于鲁周公。齐有晏婴，汉有杨雄、司马相如，吴有韦曜，晋有刘琨、张载、远祖纳、谢安、左思之徒，皆饮焉。滂时浸俗，盛于国朝，两都并荆俞间，以为比屋之饮。"茶在唐代盛行，因此出现了茶、水之间的变换，叫作茶百戏。《清异录》为北宋人陶谷所撰，它是杂采隋唐至五代典故所写的一部随笔集，同样也记录了这一神奇的技艺。

30．酒食地狱

　　杭州繁华，部使者多在州置司，各有公帑。州倅二员，都厅公事分委诸曹，倅号无事，日陪使府外台宴饮。东坡倅杭，不胜杯酌，诸公钦其才望，朝夕聚首，疲于应接，乃号杭倅为"酒食地狱"。后袁毂倅杭，适与郡将不协，诸司缘此亦相疏，袁语所

亲曰："酒食地狱，正值狱空。"传以为笑。（宋朱彧《萍洲可谈》卷三）

"酒食地狱"谓朝夕宴饮，疲于应酬，以为苦事。这说明了当时杭州的繁盛以及在杭为官的奢靡，反映了一些官员对此的不满。杭倅（副官）要陪酒，不胜酒力，故戏称杭倅为"酒食地狱"。

31. 廊餐

每月朔望日赐廊下食。唐室承平时，常参官每日朝退赐食，谓之"廊餐"。（宋宋敏求《春明退朝录》卷中）

"廊餐"本是每月朔、望日，常朝百官朝退后皇帝赐食于殿前廊下。而在唐朝的太平盛世，日常参朝的官吏每天退朝的时候都被赐食，这也被称为"廊餐"。

32. 烧尾

《唐书》言大臣出拜官，献食天子，名曰"烧尾"。苏瓌为相，以食贵，百姓不足，独不进。然唐人小说所载与此不同，乃云：士子初登科，及在官者迁除，朋僚慰贺，皆盛置酒馔、音乐燕之，为"烧尾"。（宋叶梦得《石林燕语》卷四）

此条记载了正史《唐书》与"不登大雅之堂"的唐人小说关于"烧尾"的两种迥然不同的记载。

"烧尾"可以指唐时大臣初拜官向皇帝献食。唐刘肃《大唐新语·公直》："公卿大臣初拜命者，例许献食，号为烧尾。"《新唐书·苏瓌传》："时大臣初拜官，献食天子，名曰'烧尾'。"

"烧尾"也可以指唐以来士子登第或官吏升迁的庆贺宴席。唐封演《封氏闻见记·烧尾》："士子初登荣进及迁除，朋僚慰贺，必盛置酒馔音乐，以展欢宴，谓之烧尾。说者谓虎变为人，惟尾不化，须为焚除，乃得成人，故以初蒙拜受，如虎得为人，本尾犹在，体气既合，方为焚之，故云烧尾。一云新羊入群，乃为诸羊所触，不相亲附，火烧其尾则定。……中宗时，兵部尚书韦嗣立新入三品，户部侍郎赵彦昭假金紫，吏部侍郎崔湜复旧官，上命烧尾，令于兴庆池设食。"宋孔平仲《孔氏谈苑·烧尾宴》："士人初登第，必展欢宴，谓之烧尾。……又说：鱼跃龙门，化龙时，必须雷电为烧其尾乃化。"

33. 求食

《春秋左氏传》称三叛人以土地出求食而已，贱而书名，盖甚之，则以其无廉耻之至也。故今倡家谓之求食，盖本乎此。（宋吴处厚《青箱杂记》卷八）

此条说明"倡家"被称为"求食"的原因，即因其无廉耻。

34. 送冬瓜

杭人嗜田鸡如炙，即蛙也。旧以其能食害稼者有禁，宪圣渡南，以其酷似人形，力赞高宗申严禁止之。今都人习此味不能止，售者至刳冬瓜以实之，置诸食蛙者之门，谓之"送冬瓜"。黄公度帅闽，以闽号为多进士，未必谙贯宿，戒庖兵市"坐鱼"三斤。庖兵不晓所名，遍问诸生，莫能喻。时林执善为州学录，或语庖人以执善多记，庖人拜而问焉。执善语以可供田鸡三斤，庖人如教纳入。黄公度笑而进庖人曰："谁教汝？"庖以执善告。黄公遂馆林于宾阁云。（宋叶绍翁《四朝闻见录》卷三）

此条说明古人为了保护青蛙，禁食青蛙，但人们习惯了，所以卖青蛙的人就以冬瓜装青蛙，放置于食蛙者之门，这被称为"送冬瓜"，即给买青蛙者送青蛙的代称。此外，此条还指出了"青蛙"又被称为"坐鱼"。大概是因为青蛙静止时像是蹲坐着的样子（后代改编的成语故事"坐井观天"，其主人公即为青蛙），但又可以如同鱼儿一般生活在水里，故名。

　　总之，历代笔记是研究饮食词汇的重要材料之一，值得我们一部一部细细挖掘。

三　小结

　　历代相关文献都是本书研究的宝贵财富。我们首先广泛查找、阅读、整理相关的研究成果，然后从《说文解字》、《汉语大字典》、《汉语大词典》及《现代汉语词典》等工具书中找出与饮食相关的且富有深层隐含义的语词，将这些语词分类，并对这些类别中的词语所揭示出的语言及文化等现象作出概述，再从各小类中选择若干富有代表性的语词进行细致分析。最后，我们还试图在以上研究的基础上针对汉语饮食词汇研究作出一些方法、理论方面的探索。本书可以为丰富汉语词汇学理论提供借鉴价值，也可以为现代语言学理论提供可靠的实例。此外，本书还为人们了解汉语饮食词汇的来源提供较为全面的资料，为我们全面了解中国饮食文化提供相对科学的材料。

第二章 汉语饮食词汇的概貌

与饮食相关的词语数量庞大，本章拟从饮食方式、饮食器具、烹饪方式、饮食感觉、饮食味道以及饮食名称六个方面对汉语饮食词汇的大致面貌作出描述。

第一节 饮食方式与汉语词汇

本节主要就与饮食方式相关的词语进行探讨，发掘汉语饮食方式类词语的类别及特征，揭示此类词语的隐喻机制等。关于饮食方式类词语，为人们所熟知的是"饮"、"食"、"吃"、"喝"这四个词语，这些词语都较为笼统地对人类饮食的基本方式进行了概括，它们是饮食方式类词语的典型成员。

一 饮食方式与物种繁衍息息相关

自从有生物以来，经过时间的推移和时代的变迁，各种物种也经过不断变异、适应。物种从起源到进化成为现在这样一个丰富多彩的世界，饮食是其繁衍、发展的先决条件，它是生物的本能之一。《荀子·性恶》云："凡性者，天之就也，不可学，不可事。"《白虎通义》卷一："古之时未有三纲六纪，民人但知其母，不知其父，能覆前而不能覆后，卧之法法，起之吁吁，饥即求食，饱即弃余。茹毛饮血，而衣皮苇。"

食物进入人体，需要通过一定的方式来实现，这些方式我们称为"饮食方式"。饮食方式是食物与人体沟通的重要渠道，它的选取与食物本身的性质有关，比如食物是固体还是液体，其大小如何，坚硬度如何等。每一时代人们所吃的食物不同，但饮食方式的类型却基本相同，只是不同时代、不同地域对饮食方式用了不同的词语来命名。

一些饮食类动词与动物有关，它们基本不用于人类，如：

（1）啄：鸟用嘴取食。《说文·口部》："啄，鸟食也。"

（2）唴：鸟啄食。《玉篇·口部》："唴，鸟食。"

（3）噣：同"啄"。鸟啄食。《尔雅·释鸟》："生噣，雏。"唐陆德明《经典释文》："噣，义当作啄。"《广韵·觉韵》："噣，鸟生子能自食。"

（4）啅：同"啄"。鸟啄食物。《篇海类编·身体类·口部》："啅，同啄。"

（5）嚶：嚶喋，指水鸟及鱼类争食之貌。

（6）唼：水鸟、鱼类争食貌。也作"唼喋"、"啑喋"。

（7）啑：啑喋，也作"唼喋"。鱼或水鸟吃食貌。

（8）吃：猪吃食。《玉篇·口部》："吃，豕食。"

（9）狠：猪啃物。《说文·豕部》："狠，齧也。"《段注》："人之齧曰龂，字见齿部。豕之齧曰狠，音同而字异也。"朱骏声《说文通训定声》："今苏俗尚有此语，与龂略同。从豕，本训当谓豕齧。"

（10）齦：同"狠"。猪啃咬东西。《集韵·混韵》："狠，豕齦物也。或从齿。"

（11）噉：狗食貌。《改并五音类聚四声篇海·口部》引《俗字背篇》："噉，狗食皃。"

（12）咔：牛羊嚼草貌。《玉篇·口部》："咔，牛羊呞草皃。"

可见，飞禽、走兽、游鱼亦有一些特定的饮食动词来记录。本节仅就与人相关的饮食方式的词语进行探讨，对于这些飞禽、走兽以及游鱼所专用的饮食动词暂不予考虑。

就人类而言，如果要生存，就必须想尽办法获取食物以维持生命。自古至今，人们的饮食对象无非是固体和液体而已。无论是原始人的茹毛饮血，还是现代的山珍海味、中西大餐，人们基本的饮食方式也无非就是"吃"、"喝"二字。然而，语言是不断变化发展的，表示饮食方式的词语都随着社会的演化及进步，处于不断地更新与变化当中。

总之，自古至今，用于人类的饮食方式类词语有很多，丰富了汉语词汇的内容，折射出汉语饮食词汇的独特魅力。

二　饮食方式类词语与汉字部类

历代关于汉语饮食方式类的词语有很多，这些词语大多有章可循。古汉语以单音词为主，一个汉字就是一个词语，故古人一般字词不分。就与饮食方式类单音词的载体汉字而言，它们一般为从"口"、从"欠"、从"食"、从"齿"、从"舌"之字。

（一）"口"部

《说文·口部》："口，人所以言、食也。""口"的作用就是语言或者饮食。"口"的核心义有两个：一个是"言"；另一个是"食"。人类饮食离不开口，口是饮食的工具，故关于饮食方式的词语很多都与"口"相关。与"口"相关的表示饮食方式的词语，一般是凸显了"食"这一核心义。如"吃"、"喝"、"咬"、"嚼"、"含"、"吮"、"吸"等，其对象涉及固体、液体等食物。与"口"相关的饮食方式类词语其意义涵盖范围一般较为广泛，后代一些表示笼统意义上的"吃"、"喝"等概念的词语也多与"口"相关。

（二）"欠"部

与从"口"相关，有些饮食方式类词语从"欠"。《说文·欠部》：

"欠，张口气悟也。象气从人上出之形。"王筠《说文释例》："人之欠伸，大抵相连印首张口而气解焉。气不循其常，故反之以见意也。""欠"的本义为疲倦时张口打呵欠，这与口腔的吸气与呼气有着密切的关系，从"欠"之字与从"口"之字有一定的相似之处。故也有一些与"欠"相关的词语用来表示饮食方式，这些词语多含"喝、饮"或"吮吸"义。如"歆"、"歃"、"欶"、"歠"等，可能气体的呼入、呼出与液体的吸入、吸出有相似之处。

（三）"食"部

食物是饮食的对象，故很多饮食方式类词语都与"食"有关。"食"本为名词，表示食物。《说文·食部》："食，一米也。"后"食"本身也可作动词，表示"吃"这一动作。《古今韵会举要·职韵》引《增韵》："食，茹也，啗也。"与"食"相关，表示饮食方式者，如"饮"、"饭"、"飧"、"餐"、"餇"、"馔"、"饟"等。与"口"类似，与"食"相关的饮食方式类词语，一般也表示的是一个关于饮食的较为笼统的动作。

（四）"齿"部

有些与饮食方式类词语与"齿"相关。《说文·齿部》："齿，口断骨也。象口齿之形。""齿"的本义当为"牙齿"。牙齿具有"齰齧"的功能，故"齿"引申又有"咬啮"义。如宋苏舜钦《诣匦疏》："自以世受君禄，身齿国命，涵濡惠泽，以长此躯，便欲尽吐肝胆，以封拜奏。"清徐士銮《宋艳·奇异》："始徐氏甚妒，自齿石之后，遂不复妒。"不仅如此，很多从"齿"的字，如"齣"、"齕"、"齗"、"齩"、"齜"、"齰"、"齧"、"齩"、"齫"、"齮"、"齘"、"齱"等，也都具有"咬啮"义。

（五）"舌"部

有些与饮食方式类词语与"舌"相关。《说文·舌部》："舌，在口所以言也，别味也。""舌"为人和动物嘴里辨别滋味、帮助咀嚼和发音的器官。舌头的主要功能有两个：一个是发音；另一个是辨味。"舌"如果凸显其"发音"功能，可以构成很多与之相关的语词，如

"舌战"、"舌锋"、"嚼舌根"、"长舌妇"、"七嘴八舌"、"鹦鹉学舌"、"油嘴滑舌"等；如果凸显其"辨味"的功能，虽然与之搭配的语词罕见，但我们可以由从"舌"的字中找到痕迹。如"舔"、"舓"、"甜"、"舐"、"餲"、"舐"、"舔"、"餲"等，均有"舔"义；"餂"、"䑽"、"酻"等，均有"饮"义；"餂"有"食"义。

（六）其他

还有一些与饮食方式类词语与其他部首相关，但都相对比较零散，不是特别多见。兹举数例。

"牙"也可以用来表示"咬、啮"。如《战国策·秦策三》："王见大王之狗，……投之一骨，轻起相牙者，何则？有争意也。"高诱注："牙，言以牙相噬。"很多表示饮食方式的词语与"齿"有关，而鲜有与"牙"相关者。这大概是因为在古代，"齿"相对于"牙"而言，更多地可以表示整个牙齿。《急就篇》卷三："鼻口唇舌断牙齿。"颜师古注："齿者，总谓口中之骨，主齰齧者也。"《说文·牙部》："牙，壮齿也。"《段注》："壮齿者，齿之大者也。统言之皆称齿、称牙。析言之则前当唇者称齿。后在辅车者称牙。牙较大于齿。非有牝牡也。"《说文》也在说解"牙"时，用了"壮齿"这一偏正结构，其中心词即为"齿"，这也可以说明"齿"更容易作为"牙齿"的统称。

还有从"米"的"粲"，本义为精米，上等白米。"粲"也可以通"餐"，表示"饭食、食"。如《尔雅·释言》："粲，餐也。"郭璞注："今河北人呼食为餐。"《诗经·郑风·缁衣》："适子之馆兮，还，予授子之粲兮。"毛传："粲，餐也。"陈奂传疏："粲为餐之假借字。"唐柳宗元《天对》："益革民艰，咸粲厥粒。"

还有从"艸"的"茹"，可以表示"吃、吞咽"义。"茹"本义为喂牛马。《说文·艸部》："茹，饲马也。"《玉篇·艸部》："茹，饭牛也。"引申可指"吃、吞咽"。《方言》卷七："茹，食也。吴越之间，凡贪饮食者谓之茹。"郭璞注："今俗呼能粗食者为茹。"《诗经·大雅·烝民》："柔则茹之，刚则吐之。"现在还有"茹毛饮血"的说法。又有从"艸"的"荐"，可以表示"食用"义。"荐"本义为兽畜吃的草。《说文·艸部》："荐，兽之所食艸。"后词义扩大，可泛指"食用"。如《太平广记》卷四百九十三引韩琬《御史台记》："厨人进肉，师德曰：敕禁屠杀，何为有此？厨人曰：豺咬杀羊。师德曰：大解事豺，乃食之。又进鲙，复问何为有此？厨人复曰：豺咬杀鱼。……师德亦为荐之。"

还有从"金"的"衔"，其本义为马嚼子。《说文·金部》："衔，马勒口中。衔，行马者也。"《六书故·地理一》："衔，马勒吻金也。"因为马嚼子是含在马嘴里，故后来"衔"可以泛指"含、口含物"。如《释名·释车》："衔，在口中之言也。"《正字通·金部》："凡口含物曰衔。"

以上主要是从文字学（汉字造字）以及由汉字所承载的单音节饮食词语的角度出发来进行论述。

三　饮食方式类词语所属的义类

这一部分主要从词汇学的角度出发对汉语饮食方式类词语进行探讨。我们首先对每一义类作出说明，进而列举该义类的典型用词，并对其隐喻方式进行扼要分析。关于饮食方式类词语所属的义类，大致可以分为如下九类。

（一）食、吃（泛称）

"食"或"吃"都是较为笼统的概念，它重在表达进食这一过程。在饮食方式类词语中，就单音词而言此类词语数量最多，且以与"口"相关的词语居多。由它们作为构词语素构成的复音词，一般引申有"生活"义。如"食养"指供给生活所需。① "食路"用以指谋生之路。②"吃饭"可以泛指生活或生存。③

---

① 如《荀子·富国》："今是土之生五谷也，人善治之，则亩数盆，一岁而再获之；然后瓜桃枣李一本数以盆鼓，……然后昆虫万物生其间，可以相食养者，不可胜数也。"

② 如清文康《儿女英雄传》第一回："自己一想，可见宦海无定，食路有方。"

③ 如清袁枚《随园诗话》卷二："苏州薛皆三进士有句云：'人生只有修行好，天下无如吃饭难。'"

（二）啃、咬

与"咬"相关的动作，其直接施动者是牙齿。"咬"这一动作的结果，就是夹住食物或使食物破碎，后也经常用来比喻用闲话来刺激或伤害人。这凸显了"咬"这一动作的破坏性，它与牙齿撕破食物有相似之处。① 如果凸显"咬"的"夹住食物"这一特征，则"咬"又可以泛指夹住或卡紧，不一定是牙齿夹住食物。②

（三）咀嚼

"咀嚼"也主要是齿部的动作，但又与单纯的咬、嚼有一定的区别，它的特点在于辨味。"咀嚼"与"咬"的区别是，"咀嚼"需要有一个过程，且力度在一般情况下也没有"咬"强。因此，"咀嚼"引申又有"玩味、体味"义。③

（四）咽

"咽"是食物在口腔，通过咽喉到达身体的一个必然的动作。"咽"本为"吞食"义，又可以引申指话语突然止住。④ 又如"吞咽"本指"咽下，不咀嚼而咽下"，又可指"隐忍而不吐露"。⑤

（五）舔

"舔"是舌头的动作，故表"舔"义的词语大多与"舌"相关。《素问·阴阳应象大论》："在窍为舌。"王冰注："舌，所以司辨五味也。"故"舔"可以引申为"品味"。如"餂弄"谓以舌品味。宋吴曾《能改斋漫录》卷十二："路过凤凰山下，牧童见车马，皆呼叫曰：'此

---

① 如宋佚名《醉太平》："奴儿近日听人咬，把初心忘却。"赵树理《李家庄的变迁》："回去吧回去吧！没有事！她告到县里咬得了谁半截？到崖头上等，问问他哪个是有种的？"老舍《牛天赐传》："老师的嘴嘎唧上没完了，好象专等咬谁似的。"

② 如朱自清《瑞士》："车底下带一种齿轮似的东西，一步步咬着这些方格儿，这些钩子，慢慢地爬上爬下。"知侠《铁道游击队》："不一会，那高高的炮楼上已站满了人，吧喳吧喳的镢头咬着石灰缝，人们在拆上边的砖石了。"

③ 如南朝梁刘勰《文心雕龙·序志》："傲岸泉石，咀嚼文义。"唐孟郊《懊恼》："前贤死已久，犹在咀嚼间。"

④ 如清曹雪芹等《红楼梦》第八十三回："说到这里，猛然咽住。"

⑤ 如老舍《四世同堂》："他是个老实人，仿佛在最后的呼吸中还不肯多哼哼两声，在没了知觉的时候还吞咽着冤屈痛苦，不肯发泄出来。"端木蕻良《科尔沁旗草原》："吃力地在想透露出一句久想要说的，但是依然又被她吞咽了的话。"

山松上亦多甘露，何独彼耶？'各持松叶咭弄，以示不误。"

"舐"可以引申为"爱护"，如"老牛舐犊"喻爱子之情。牛爱其犊，常舔之。《后汉书·杨彪传》："子修为曹操所杀，操见彪问曰：'公何瘦之甚？'对曰：'愧无日䃅先见之明，犹怀老牛舐犊之爱。'"唐权德舆《璩授京兆府参军戏书以示兼呈独孤郎》："老牛还舐犊，凡鸟亦将雏。"还有"疲牛舐犊"，唐罗隐《感别元帅尚父》："疲牛舐犊心犹切，阴鹤鸣雏力已衰。"

（六）含

"含"是食物在口中，含而不动，故引申有"忍受、宽容"义。如《三国志·魏书·程昱传》："大臣耻与分势，含忍而不言。"由"含"作为构词语素构成的复音词也多有"包容、宽容、忍受"义，如"含垢"指包容污垢，容忍耻辱。[1]"含容"指"容忍、宽恕"。[2]"含养"指"包容养育"，形容帝德博厚。[3]"含宥"犹宽恕，宽容。[4]"含蓄"指"容纳、深藏"。[5]"包含"，犹"包涵"，指宽容，原谅。[6]

（七）尝、品尝

"品尝"义的饮食方式类词语，一般引申有"尝试"义，不一定是品尝美食，现在还有"尝试"连用者。由"品尝"义的饮食方式类词

---

[1]　如《左传·宣公十五年》："川泽纳污，山薮藏疾，瑾瑜匿瑕，国君含垢，天之道也。"唐元稹《为严司空谢讨使表》："陛下尚先含垢，未忍加诛，曲示绥怀，俾臣招拓。"

[2]　如汉陈琳《为袁绍檄豫州》："幕府方诈外奸，未及整训，如绪含容，冀可弥缝。"唐白居易《与昭义军将士诏》："而乃外示恭顺，内怀奸邪，刻削军中，暴殄境内。朕以君臣之道，未忍发明，为之含容，颇有年月。"宋王安石《敕牓交趾》："含容厥愆，以至今日。"

[3]　如《后汉书·郎顗传》："流宽大之泽，垂仁厚之德，顺助元气，含养庶类。"《北史·裴佗传》："圣情含养，泽及普天，服而抚之，务在安辑。"宋苏辙《颍滨遗老传上》："文帝专务含养，置而不问。"

[4]　如《三国志·魏书·华佗传》："荀彧请曰：'佗术实工，人命所县，宜含宥之。'"《晋书·刘弘传》："军退于宛，分受显戮。猥蒙含宥，被遣之职，即进达所镇。"《新唐书·藩镇传·田承嗣》："又求兼宰相，代宗以寇乱甫平，多所含宥，因就加同中书门下平章事，封雁门郡王。"

[5]　如唐韩愈《题炭谷湫祠堂》："森沈固含蓄，本以储阴奸。"宋司马光《和邻几六月十一日省宿书事》："上有长松林，蔽日深杳冥。下有万仞壑，含蓄太古冰。"金秦略《拳秀峰》："大都一拳许，含蓄华与嵩。"

[6]　如宋司马光《论张方平第二状》："今方平举措轻脱，震骇一方，传笑天下。不才之迹，章灼如此，而朝廷犹掩覆包含，一无所问。"元无名氏《醉花阴·怨恨》："衔冤去投谢氏，无计去问巫咸。自叹息，自包含。"

语作为构词语素构成的复音词用来表示"品味"的有很多，如"咀嚼"本指"咬嚼、嚼食"，后可指"玩味、体味"；"尝味"本指"品辨味道"，后可喻指"体验"；"赏味"指"欣赏品味"；"玩味"指"研习体味"；"涵咀"谓"含食而细嚼之"，比喻仔细体会；"熟味"指"仔细体会"；"咀味"指"品味"。

（八）饮、喝

"饮"从口到腹不需要咀嚼，是一个瞬间的过程，速度较快。与此特征相关，有如下隐喻：如"饮羽"谓箭深入所射物体，中箭；"饮石"谓箭射入石头，形容弓箭强劲；"饮刃"锋刃没入肌体，挨刀剑；"饮弹"犹中弹。以上这些词语"饮"后的客体都是比较具体的对象，还有抽象的客体，如"饮恨"、"饮气吞声"、"饮冤"、"饮泽"、"饮誉"等。

（九）吮、吸

"吮、吸"义的饮食方式类词语的隐喻结果一般是表示"吸收、榨取"义，其主体已经超出了"嘴"的范畴，扩展到了其他领域。如"吸取"可指"采取、吸收"。[1]"吸饮"本指用嘴吸进液汁，引申指"汲取、吸收"。[2]"吮吸"可以喻指"榨取、伤害"。[3]"吮取"常喻"榨取"。[4]

四　小结

根据以上分析，我们制作了饮食方式类词语分布情况简表，以便更

---

[1]　如老舍《蜕》："他觉得自己仿佛象是在一个卵壳里，虽然见不到阳光，可是正在吸取智慧与勇敢，然后可以孵出一个新的人来。"戴厚英《人啊，人！》："大家走过的路不同，但都有沉痛的教训可以吸取，这一点，我们都是一样的。"

[2]　如康有为《欧洲十一国游记》序："俾康有为肆其雄心，纵其足迹，穷其目力，供其广长之舌，大饕餮而吸饮焉。"朱自清《旅路》："春底旅路里所有的悦乐，我曾尽力用我浅量的心吸饮。悦乐到底干涸，我的力量也暗中流去。"

[3]　如茅盾《大鼻子的故事》："他当然想不到眼前他所羡慕的小朋友们过不了几年就会被机器吮吸得再不适用，于是被吐了出来，掷在街头。"郁达夫《茑萝行》："并且我们国家的金库，也受了几个铁石心肠的将军和大官的吮吸，把供养我们一班不会作乱的割势者的能力丧失了。"

[4]　如鲁迅《且介亭杂文末编·〈凯绥·珂勒惠支版画选集〉序目》："队伍进向吮取脂膏的工场。"

为直观地了解汉语饮食方式类词语的大致状况。

表 2 - 1　　　　　　　饮食方式类词语分布情况①

义类		部类						合计
		口部	欠部	食部	齿部	舌部	其他	
1	食、吃（泛称）	35	2	18	1	1	3	60
2	啃、咬	16	2	0	28	0	1	47
3	咀嚼	9	0	2	3	0	0	14
4	咽	7	0	0	0	0	0	7
5	舔	3	0	1	0	13	0	17
6	含	11	0	0	0	0	0	11
7	尝、品味	16	2	0	0	0	0	18
8	饮、喝	16	9	5	0	3	0	33
9	吮、吸	19	2	0	0	1	0	22
合计		132	17	26	32	18	4	229

　　虽然此表属于不完全统计表，但我们相信大部分关于饮食方式类词语都已经包含在内。由上表可以看出，汉语饮食方式类词语，首先是与"口"相关的词语占了一半以上，其次是与"齿"、"食"相关的词语。而且与"口"相关的词语分布的义类范围也很广，它在每一义类中都有分布。且除了"啃、咬"义词语多与"齿"相关外，与"口"相关的词语都是最多的。这反映了"口"在饮食方式中的广泛性和重要性，以及"啃、咬"类词语的特殊性。

　　从词义引申的角度来看，大部分义类都可以引申，或者说通过隐喻引申到非饮食的其他领域。饮食方式类词语可以说明，如果满足基本的饮食要求，则可以引申到"生存之道"上；如果适度饮食，则会引申出"品味"义，从而具有"雅"的特征；如果过度饮食则会引申出类似于"贪婪"这一类的意思，近乎低俗。

　　在汉语史上，表示饮食方式类的词语有很多，但我们相信，在每一时代人们在日常生活中实际使用的词语很少。当然，在同一时代不同地

---

　　① 表中统计词语来源于《汉语大字典》。

域，方音的差异也可能导致了词语（实际上可能是用字的差异）的增多。这些词语必然会经历一个规范的过程，最终每一类都留下一个或几个词语来表示，其他的都随着时间的推移，湮没到历史的洪流中。古代的"饮"与"食"，现代的"吃"与"喝"是饮食方式类词语的典型成员，由它们作为语素构成的语词也相对较多，产生的隐喻也是丰富多彩的。

第二节 饮食器具与汉语词汇

上一节所讨论的以"吃"、"喝"为代表的饮食方式，是人类的本能，也是所有动物的本能。能够制造和使用工具是人类与动物的本质区别，本节所讨论的饮食器具则与人类的特质相关。

饮食器具是与饮食相关的一切用具，它是饮食文化的重要组成部分。蜀谯周《古史考》曰："古者茹毛饮血。燧人氏钻火，始裹肉而燔之，曰'炮'；神农时食谷，加米于烧石之上而食之；黄帝时有釜、甑，饮食之道始备。"自古至今，饮食器具不断变化、发展，种类日益繁多，外观日臻完善。清袁枚《随园食单·器具须知》曰："古语云：美食不如美器。斯语是也。然宣、成、嘉、万，窑器太贵，颇愁损伤，不如竟用御窑，已觉雅丽。惟是宜碗者碗，宜盘者盘，宜大者大，宜小者小，参错其间，方觉生色。若板板子十碗八盘之说，便嫌笨俗。"可见，人类在追求物质生活的同时，在精神生活层面也从未停止过探索的脚步。饮食器具相对于饮食方式、饮食感觉、饮食味觉等而言，它是更为具象的事物。关于历朝历代饮食器具的相关资料，不但有文字的记载，还有实物、图画等的支持。随着考古发掘以及科学研究的不断进展，饮食器具的历史面貌也会更加清晰。

在饮食器具产生之初，人们总会给它们命名。如何命名？《荀子·正名》云："散名之加于万物者，则从诸夏之成俗曲期，远方异俗之乡，则因之而为通。"人们对饮食器具的命名方式亦当如是。因此在历史积淀的过程中，产生了很多饮食器具类词语。在这些饮食器具类词语的基础上，又繁衍出很多新的意义甚至新的词语。而这些新的意义、新的词语当中，有很多是通过隐喻的方式繁衍而来，体现了饮食在人们日常生活中的重要性，也体现了人们丰富的想象力。

饮食器具从产生之初至今，经过时间的冲刷，岁月的洗礼，不断地变化、发展，其质地由单一到多样，功能由简单到复杂，外观由粗糙到精致，种类由稀少到繁多，制作由手工操作到机械化大生产等。饮食器具的发展史不仅是我国科技发展史的重要组成部分，也是我国艺术、文化发展史的重要组成部分。因此，我们在对饮食器具类词语进行研究之前，有必要对饮食器具作出简单介绍。

关于饮食器具的分类，一般从以下两个角度来进行：一是饮食器具的质地；二是饮食器具的功用。与现有的主要从考古学、文化学、艺术学等角度对饮食器具进行介绍的论著不同，本节主要从语言学的角度出发，以分类研究为依托，结合历代文献记载，对饮食器具进行简单介绍，希望可以为挖掘与饮食器具相关的词语做一些准备工作。

一 饮食器具的质地

（一）大自然的馈赠

1. 石质饮食器具

在旧石器时代，石质饮食器具已经出现。《礼记·礼运》云："夫礼之初，始诸饮食。其燔黍捭豚，污尊而抔饮，蒉桴而土鼓，犹若可以致其敬于鬼神。"郑玄注："中古未有釜甑，释米捋肉，加于烧石之上而食之耳。"蜀谯周《古史考》云："神农时食谷，加米于烧石上之而食之。"宋高承《事物纪原》："神农氏尝草别谷，教民耕艺，民始食谷，加于烧石之上。"可见，旧石器时代人们除了直接用火烧制食物外，这种"石板烧"（石烹）可谓原始社会早期的一种重要烹饪方式。现在山西、陕西等地还有由石子并借助铁锅烧制而成的"石子饼"（又叫"石鏊馍"、"石子馍"、"石头饼"等），虽然其制作方式与原始社会石烹法存在差别，但二者一脉相承，故"石子饼"也被称为石烹法的"活化石"。

此外，布朗族有一道名菜叫作"卵石鲜鱼汤"，其制作方法是将卵石放到火塘中烧红，再将烧红的卵石一个接一个地放入盛有清水和鲜鱼的锅内，直至水沸腾，最后将烧红的盐块放入锅内，鲜鱼汤便烧制而成。这种"卵石鲜鱼汤"的制作方法亦是古代"石烹法"的遗留。

由于石头较为坚硬，因此早期的一些磨石等碾轧器都是用石头制作而成。如：

（1）碓：舂米的工具。《说文·石部》："碓，舂也。"

（2）磍：石磨，碾碎谷物的器具。《说文·石部》："磍，礦也。"

（3）碾：用于滚压和研磨的工具。

（4）磨：碾碎谷物等的工具。《正字通·石部》："磨，俗谓磍曰磨，以磍合两石，中琢纵横齿，能旋转碎物成屑也。"

（5）碑：石磨。《集韵·药韵》："碑，磍也。"

还有一些磨刀石，也是用石头制作而成。如：

（1）砃：质地粗糙的磨刀石。《集韵·真韵》："砃，砺也。"《海篇·石部》："砃，砺石也；粗也。"

（2）砥：质地较细的磨刀石。

（3）砺：质地较粗的磨刀石。

（4）硎：磨刀石。《广韵·青韵》："硎，砥石。"

（5）碫：磨刀石。《玉篇·石部》："碫，砺石也。"

（6）磏：红色的磨刀石。《说文·石部》："磏，厉石也。"《玉篇·石部》："磏，赤砺石。"

（7）礑：黑色磨刀石。《玉篇·石部》："礑，黑砥石。"

（8）砮：磨刀石。《广雅·释器》："砮，砺也。"

新石器时代以后，随着陶瓷及金属饮食器具的发明，石质的炊具、盛食器等基本销声匿迹了，而石质的碾轧器、磨刀石等在后代还存在着一定的使用空间。比如在现代社会，磨刀石在人们的日常生活中还比较常见，石磨则在一些乡村依然被用来作为农作物的碾压工具，如此等等。

2. 木、竹质饮食器具

在旧石器时代，人类就用树枝来夹食食物，当然天然的树枝还不算真正意义上的饮食器具，但它至少说明了人类在使用工具上的一点进步。后代木质的饮食器具越来越多，至今仍有很多木质的饮食器具，如砧板、木铲、擀面杖、筷子、勺子以及一些木质器皿等。从语言学的角度来看，木质饮食器具大多从"木"。如：

（1）朾：同"簠"。古代祭祀时用来盛黍稷的方形器皿。《说文·竹部》："朾，古文簠。"

（2）杅：盛汤浆或食物的器皿。

（3）杓：一种有柄的舀东西的器具。《龙龛手鉴·木部》："杓，木杓也。"

（4）杯：古代盛羹及注酒器。

（5）杵：可以用作舂米的棒槌。《说文·木部》："杵，舂杵也。"

（6）枓：勺子，舀水用具。《说文·木部》："枓，勺也。"

（7）柯：碗、盂之类的器物。《方言》卷五："盌谓之盂……盂谓之柯。"《广雅·释器》："柯，盂也。"

（8）栖：古代礼器，状如匙，用以舀取食物。《说文·木部》："《礼》有栖。栖，匕也。"

（9）案：古代进食用的短足木盘。《玉篇·木部》："案，食器也。"

（10）桓：古代食器。《玉篇·木部》："桓，木豆谓之桓。"

（11）梜：同"筴"。筷子。《正字通·木部》："梜，箸也。或作筴。《少仪》有'筴'，亦训箸。盖竹木可为之。"

（12）桶：盛水或其他东西的容器。

（13）棬：屈木制成的盂。

（14）梿：古代祭祀供盛黍稷的器具。《说文·木部》："梿，瑚梿也。"邵瑛《群经正字》："今经典作琏……正字当作梿。……瑚琏，木器，故从木。"

（15）楹：木制酒器。《玉篇·木部》："楹，酒楹也。"《正字通·木部》："楹，酒器，以木为之。"

（16）橦：木盘。《说文·木部》："橦，盘也。"

竹子也是人们较早用来制作饮食器具的原材料之一。竹质饮食器具大多从"竹"，兹举数例以示说明。

（1）笂：储存谷物的器具，多以竹篾编成。

（2）筲：古代盛饭食用的竹器。《说文·竹部》："筲，盛食器也。"

（3）筡：古代盛干果之类的竹器。《玉篇·竹部》："筡，竹器也。"

（4）筥：圆筲箪，可盛米饭等食物。

（5）筲：畚箕一类的竹器，古人用以盛饭食。

（6）箅：蒸锅中的竹屉。《说文·竹部》："箅，蔽也。所以蔽甑底。"

（7）篘：盛酒的竹器。《玉篇·竹部》："篘，竹器也。可以盛酒。"《集韵·荡韵》："篘，盛酒竹器。"

（8）篘：用竹编成的滤酒器具。

（9）篹：古代筐一类的食器。

（10）簝：古代宗庙盛肉的竹器。《说文·竹部》："簝，宗庙盛肉竹器也。"

（11）箪：盛饭食有盖的圆形竹器。

（12）簇：淘米的竹器。《说文·竹部》："漉米籔也。"

（13）籔：淘米的竹器。《说文・竹部》："籔，炊䉛也。"

（14）笾：古代祭祀和宴会用以盛干食品的竹器。《说文・竹部》："笾，竹豆也。"

（15）簋：盛饭用的竹器。

整体看来，竹质饮食器具没有木质饮食器具的使用范围广，这一方面与木头和竹子质地、形制存在差异有关，另一方面恐怕与竹子的种植范围以及数量远没有树木广泛不无关系。由于木、竹质饮食器具比石质饮食器具更容易打磨、加工，且实用性强，故木、竹至今仍是饮食器具的重要原材料之一。当然，其种类、外观等较之前代有了极大的发展。

总之，石头、木头、竹子都是大自然惠予人类的珍贵礼物，人类利用它们制作了很多不同种类的饮食器具以满足日常所需。木质和竹质饮食器具在后代还比较盛行，而石质饮食器具由于其具有传热速度慢、不易加工制作等缺陷，所以当陶质饮食器具发明之后，它就基本不再作为烹饪器具继续使用了。

（二）人类智慧的结晶

如果说石质、木质、竹质饮食器具更多地体现了大自然对人类的厚爱，那么以下这些陶质、瓷质、铜质、铁质等饮食器具则更多地蕴含了人类智慧的结晶。

1. 陶瓷饮食器具

陶器是用黏土烧制而成的器物，它的发明和应用，是新石器时代的重要标志之一，也是华夏文明的重要组成部分。陶器在其产生之初就主要被用来制作饮食器具。《礼记・郊特牲》："器用陶匏，以象天地之性也。"孔颖达疏："陶谓瓦器，谓酒尊及豆簋之属。"到了商朝，在陶器的基础上，又出现了瓷器。瓷器是陶器中较为精致者，最初泛指色白质坚的陶器。《集韵・脂韵》："瓷，陶器之致坚者。"秦汉时期产生了瓷质饮食器具。

从陶器发明至今，无论是王公贵族还是平民百姓，陶瓷饮食器具都是人们日常生活中普遍使用的饮食器具。早期很多陶瓷饮食器具的名称

都从"缶"或从"瓦",体现了其在质地上的特点。如:

（1）缶：盛酒浆的瓦器。大腹小口,有盖。也有铜制的。《说文·缶部》:"缶,瓦器,所以盛酒浆。"

（2）缸：古代陶制容器。

（3）罍：古代一种盛酒的容器。

（4）罏：古代一种盛酒的小口瓦器。

（5）罐：用陶或金属制造的盛物、汲水或烹煮用的圆筒形器物。

（6）罇：古代盛酒或水的容器,瓦制或青铜制。《说文·缶部》:"罇,瓦器也。"

（7）瓨：长身的瓮坛。

（8）瓮：盛东西的陶器,一般腹部较大。

（9）瓶：盎、缶一类的瓦器。

（10）瓶：盎、缶一类的瓦器。

（11）瓴：古代的一种盛水瓦器。

（12）瓯：大瓮。

（13）瓵：瓦碗。《玉篇·瓦部》:"瓵,瓦盆也。"

（14）瓨：瓮、缶一类的瓦器。

（15）瓮：瓶、缶一类瓦器。

（16）瓶：古代比缶小的容器,用以汲水,也用以盛酒食。

（17）甀：似瓶有耳的瓦器。

（18）甖：大瓮。《说文·瓦部》:"甖,大盆也。"

（19）甁：大口瓦器。

（20）甄：瓮、坛一类容器。

（21）甌：瓦盆。

（22）甂：小瓦盆。

（23）瓯：盆、盂一类瓦器。《说文·瓦部》:"瓯,小盆也。"

（24）甍：瓮一类瓦器。

（25）甒：古代盛酒的瓦器。

（26）甄：瓮、缶一类瓦器。

（27）甑：蒸饭炊器。

（28）甀：古代盛物瓦器。

（29）甗：古代炊器。

（30）甊：盎、缶一类瓦器。

总之，陶瓷饮食器具造价相对较低且实用性强，加之经过时间的推移，陶瓷饮食器具由粗糙变得日臻精美，故从古至今都为人们所广泛喜爱。林乃燊指出："中国的陶瓷餐具，走出国门，也已有 1000 多年的历史，它为各国人民所喜爱，与茶叶、丝绸一起，成为中国三个出色的文化使者，走进了世界许多国家的千家万户。"①

2. 铜、铁质饮食器具

早在夏朝，青铜就已经炼制成功，它很快被用于饮食器具的制作上。但在夏商周之时，青铜饮食器具一般在上层社会使用。天子九鼎八簋，诸侯七鼎六簋，士大夫五鼎四簋，士三鼎二簋。可见，青铜饮食器具的社会功能十分明显，"钟鸣鼎食"集中体现了"青铜时代"的饮食特色。青铜器产生之后，新制造的铜质饮食器具多从"金"，兹略举数例以示说明。

（1）鉹：古代盛羹的小鼎。

（2）铺：豆属铜器名。

（3）鎡：一种小口的鼎。

（4）鍪：古代炊具。青铜制，圆底，腹大颈小，敛口反唇。

（5）鎗：鼎类。

（6）锗：鼎的一种。《玉篇·金部》："锗，铜器。三足有耳也。"

（7）镬：古时指无足的鼎，用以煮肉及鱼腊等物。

（8）鐳：青铜食器。

---

① 林乃燊：《中国古代饮食文化》，商务印书馆 1997 年版，第 11 页。

总之，青铜饮食器具种类繁多，造型华美，体现了社会的进步。然而正如周海鸥所说："由于青铜造价昂贵，得之不易，加之制作工艺复杂，在当时并没有成为大众百姓的生活器皿，陶器在人们的生活中依然盛行。……而青铜器皿也仅为统治阶级所专享，逐渐带有了等级标志，成为阶级、权力和地位的象征，并由最初的食器发展为祭祀的礼器和传国重器。"①

春秋战国时期，铁质生产工具出现。随着炼铁技术的不断提高，秦汉以后，铁质饮食器具广泛应用于人们的饮食当中。比如"釜"、"鼎"、"镬"等比较常见的饮食器具，它们都有陶质、铜质、铁质等不同的质地。由于铁的造价相对低廉，铁质饮食器具逐渐走进了千家万户，比如铁锅至今仍是备受人们喜爱的炊具之一。不可否认，冶铁技术的发明不仅给农业生产带来了翻天覆地的变化，也给饮食器具的制造提供了新的材料。随着时间的推移，其价值历久弥新。

3. 玉石、金银、牙骨、水晶、玛瑙等制作而成的饮食器具②

玉质饮食器具在商朝已经出现③，到了隋唐时期，玉质饮食器具开始流行起来。玉质饮食器具有玉杯、玉卮、玉瓒、玉椀、玉杓、玉壶、玉箸等。如：

（1）象箸玉杯，必不羹菽藿，必旄象豹胎。（《韩非子·喻老》）

（2）堂谿公谓昭侯曰："今有千金之玉卮，通而无当，可以盛水乎？"（《韩非子·外储说右上》）

（3）爵用玉瓒仍雕。（《礼记·明堂位》）④

---

① 周海鸥：《食文化》，中国经济出版社 2011 年版，第 8 页。

② 虽然玉石、水晶、玛瑙，包括牙骨等也是天然之物，但它们与石头、木头、竹子相比比较珍贵、罕见，制作成饮食器具的工序要复杂得多，其用途除了使用外，还可以观赏、收藏，故本书将玉石、水晶、玛瑙等制作而成的饮食器具纳入"人类智慧的结晶"部分介绍。

③ 王仁湘指出："作为美石的玉料，在商代已被琢为饮食器皿，一般与庄重的青铜器一起，作为礼器使用。"（王仁湘：《饮食与中国文化》，人民出版社 1993 年版，第 331 页）

④ 唐孔颖达疏："瓒，夏后氏之爵名也。以玉饰之，故曰玉瓒。"

（4）李少君识桓公<u>玉椀</u>。（三国魏嵇康《答难养生论》）

（5）至周，王子晋临井而窥，有青雀衔<u>玉杓</u>以授子晋。（晋王嘉《拾遗记·晋时事》）

（6）主人会良媒，置酒满<u>玉壶</u>。（唐白居易《秦中吟·议婚》）

（7）金盘<u>玉箸</u>无消息，此日尝新任转蓬。（唐杜甫《野人送朱樱》）

至少在汉代金银饮食器具也已经出现。到了隋唐时期，金银饮食器开始盛行，有"金鼎"、"金杯"、"金瓮"、"金盘"、"金樽"、"金爵"、"银盂"、"银杯"、"银盆"、"银罂"等，如：

（1）<u>金鼎</u>玉杯，银樽珠襦之宝，皆以送女。（汉赵晔《吴越春秋·阖闾内传》）

（2）后预曲宴，<u>银器</u>满席。（《南齐书·萧颖胄传》）

（3）芙蓉玉碗，莲子<u>金杯</u>。（北周庾信《春赋》）

（4）<u>金樽</u>美酒斗十千，玉盘珍羞直万钱。（唐李白《行路难》）

（5）花助<u>银杯</u>气，松添玉轸声。（唐白居易《春池闲泛》）

（6）方花古础排九楹，刺豹淋血盛<u>银罂</u>。（唐李贺《公莫舞歌》）

（7）争欢酒蚁浮<u>金爵</u>，从听歌尘扑翠蝉。（唐罗邺《冬日寄献庾员外》）

（8）鲙下玉盘红缕细，酒开<u>金瓮</u>绿醅浓。（唐韩翃《宴杨驸马山池》）

（9）阙下诸军困乏，以至妻子饿莩，宰相请出内库俵给，后将出妆具<u>银盆</u>两口，皇子满喜等三人，令鬻以赡军。（五代孙光宪《北梦琐言》卷十八）

（10）玉座<u>金盘</u>，不贡奇葩四百年。（宋苏轼《减字木兰花·荔支》）

此外还有由牙骨（如象牙）、水晶、玛瑙等制作而成的饮食器具，有"象箸"、"水晶盘"、"水晶盏"、"玛瑙杯"、"玛瑙盘"等，如：

（1）昔者纣为象箸而箕子怖。（《韩非子·喻老》）

（2）半展龙须席，轻斟玛瑙杯。（唐李商隐《小园独酌》）

（3）唐裴行俭破外国，得玛瑙盘，广三尺，出以示将士，为军吏捧盘升阶，跌而碎之。（宋周煇《清波杂志》卷七）

（4）汉成帝获飞燕，身轻欲不胜风。恐其飘舂，帝为造水晶盘，令宫人掌之而歌舞。（宋乐史《杨太真外传》上）

（5）重进入其家，得玉砚、玉杯盘、水晶盏、玛瑙杯、翡翠瓶以献。（《宋史·刘重进传》）

总之，由玉石、金银、牙骨、水晶、玛瑙等制作而成的饮食器具都比较贵重，一般为富贵人家所有，普通老百姓家中很难见到，它们是财富和社会地位的象征。此外，这些珍贵饮食器具当中有很大一部分或成为礼器，或成为收藏与赏玩之物，集中体现了饮食器具的社会功能。

4. 玻璃饮食器具

张景明等指出："玻璃器原产于伊朗高原，在南北朝时期开始传入我国，为饮食器具增添一个新的类别。辽代是目前发现玻璃器数量最多的一个王朝，而且皆为从西方国家传入，这是中西文化交流所致。"① 可见，玻璃饮食器具最初可能是舶来品，是中西交通的产物。关于玻璃饮食器具，有"玻璃锺"、"玻璃盏"、"玻璃碗"等，如：

（1）夜宴新亭海棠底，红云倒吸玻璃锺。（宋陆游《锦亭》）

（2）绿窗梳洗晚，笑把玻璃盏。（宋范成大《菩萨蛮·木芙蓉》）

（3）香浮乳酪玻璃碗，年年醉里尝新惯。（宋辛弃疾《菩萨蛮·坐中赋樱桃》）

---

① 张景明等：《中国饮食器具发展史》，上海古籍出版社2011年版，第293页。

由于玻璃晶莹剔透、靓丽华美，自从被制作成为饮食器具以来，一直都备受人们青睐。在玻璃饮食器具当中，玻璃杯（包括锺、盏等）是其主要成员。当然，玻璃饮食器具在产生之初也是高档饮食器具，只有富贵人家才能享用。直到近现代，玻璃饮食器具才成为寻常百姓家中习以为常之物。

5. 其他质地的饮食器具

除了以上这些不同质地的饮食器具外，还有一些其他质地的饮食器具，如动物的皮囊也可以用来制作饮食器具：

"酒囊"指盛酒的袋子。如汉王充《论衡·别通》："今则不然，饱食快饮，虑深求卧，腹为饭坑，肠为酒囊，是则物也。"宋苏轼《初到黄州》："只惭无补丝毫事，尚费官家压酒囊。"《新元史·西域列传上》："太祖入至教堂，以回教戒饮酒，命取酒囊置教堂上，以经卷藉马足，又使教士执马缰，以辱之。"

"驼囊"指用骆驼皮做的口袋。如唐张祜《雁门太守行》："驼囊泻酒酒一杯，前头滴血心不回。"元张宪《二月八日游皇城西华门外观嘉孥弟走马歌》："袖云突兀鞍面空，银瓮驼囊两边缒。"

此外，随着科技的发展，在现代社会，由不锈钢、纸、塑料等制作而成的饮食器具也走进了千家万户，为我们的饮食文化增添了很多新的气息。

总之，不同质地的饮食器具体现了人类活动的印记，展现了社会发展的历史足迹，蕴含了深厚的文化内涵。

二　饮食器具的功用

宋米芾《砚史·用品》云："器以用为功。玉不为鼎，陶不为柱。"清袁枚《随园食单·器具须知》云："大抵物资者器宜大，物贿者器宜小。煎炒宜盘，汤羹宜碗，煎炒宜铁锅，煨煮宜砂罐。"可见，饮食器具虽多种多样，但它们各尽所能、各司其职。

（一）炊煮类饮食器具

自从人类结束茹毛饮血的原始状态，进入熟食时代后，炊具都是日常生活中不可或缺之物。炊煮类饮食器具的质地、形制、功能等逐渐丰富，种类日益繁多。当金属铸造业产生之后，金属炊具一直都是炊煮类饮食器具的主流。比如古代很多炊具的名称都从"金"，在此略举数例以示说明。

（1）铫：一种大口、有柄、有流的烹煮器具。

（2）锭：古代盛熟食有足的蒸器。

（3）镀：釜属。

（4）鬲：同"鬲"，古代炊具。

（5）鬵：同"鬲"，古代炊具。

（6）鐎：刁斗。古代炊具，多用于温羹。

（7）铛：可指温器，似锅，三足。也可指烙饼或做菜用的平底浅锅。

（8）鑪：温器。

自古至今，由于草木、煤、煤气、天然气、沼气、太阳能、电等的助燃，人类的炊具也经历了重大变革，从古代陶制的釜、鼎、鬲、甑等到现代的电饭锅、高压锅、电磁炉、微波炉、电烤箱、豆浆机、煮蛋器等，充分展现了科技的发展以及社会的进步。炊煮类饮食器具逐渐向时尚美观、环保节能、低附加值的方向发展，它们将会给我们的厨房生活带来更多方便与乐趣。

（二）盛食、进食类饮食器具

据《礼记·礼运》记载，远古人类"污尊而抔饮"，即凿地为樽用以盛酒，以手掬之而饮。在人类智慧的驱动下，盛食、进食器具也随着人类社会文明化的进程而产生、发展。早期盛食、进食器具，如：

（1）簋：古代盛食物的器皿，也用作礼器。或竹木制，或陶土烧制，或以青铜铸造。形状不一，一般为圆腹、侈口、圆足。

（2）簏：筐，饭器。

（3）皿：泛指碗碟杯盘一类的饮食用器。《说文·皿部》："皿，饭食之用器也。"

（4）盂：盘子。

（5）盂：盘子。

（6）镫：古代盛熟食器。

除此之外，盛食、进食类的饮食器具比较常见的还有钵、豆、碗、盘、盆等，进食的饮食器具有筷子、勺子等，盛水的饮食器具有壶、瓶等。历代形制有别，饮食器具不断发展、完善。

（三）饮用类饮食器具

饮用类饮食器具除了有各种日常饮水用的杯子外，还有一些专门用于饮茶的茶具，饮酒的酒器等，它们在做工上比饮水杯更为讲究。因此，在对饮用类饮食器具的命名方面，更多的也倾向于对各种形制的酒器、茶具（尤其是酒器）命名，故汉语史上专门用于指称酒器、茶具类的词语远远多于一般饮水器具。如：

（1）盂：盛液体的器皿。《说文·皿部》："盂，饮器也。"

（2）盅：没有把的小杯子。

（3）盏：浅而小的杯子，多指酒杯。

（4）梓：饮器。《正字通·木部》："梓，为饮器。"

（5）樆：本为盛酒的容器。《说文·木部》："樆，酒器也。"

（6）瓵：酒器名。

（7）瓶：盛酒器。

（8）钭：酒器。

（9）钘：古酒器。

（10）錍：古酒器。

（11）锺：古代盛酒的器皿。

（12）鐋：酒器。

（13）鎐：酒器。

（14）鐏：盛酒器。

自古以来，无论是清香之茶，还是醇厚之酒，都可以使人们借之品味生活，享受人生。从某种程度上讲，茶与酒是中国饮食文化中的两朵奇葩，它们承载了丰富的精神内涵。

（四）贮藏类饮食器具

当人们的饮食资料有了结余之后，人们就开始将它们贮藏起来，这时贮藏类饮食器具就应运而生了。古代贮藏类的饮食器具主要有瓮、缸等。除了常规的储藏外，古人在很早的时候就已经懂得了冷藏之法。林乃燊指出："夏、商、周的冰窖和井藏，是常用的冷藏法。"[1] 此外，古代还有用于冷藏的青铜鉴。从语言文字学的角度看，汉语贮藏类饮食器具一般也是从"木"、从"竹"、从"缶"、从"瓦"、从"金"或从"皿"，体现了这些饮食器具最初的质地或功能。如：

（1）桶：盛水或其他东西的容器。

（2）篅：竹制圆形谷囤。

（3）罐：用陶或金属制造的盛物、汲水或烹煮用的圆筒形器物。

（4）甏：大瓮。

（5）鉴：古代盛水的大盆。

（6）簠：用以盛黍稷稻粱。

现代贮藏类饮食器具除了沿用古代的瓮、缸等外，还有一些木头、纸浆、玻璃、塑料、金属等制作而成的储物设备。随着电的发明及广泛使用，用于冷藏的冰箱、冰柜、冷藏柜等随处可见。

（五）其他功用的饮食器具

除了炊煮、盛食、进食、饮用、贮藏等基本的饮食器具外，还有一些其他功能的饮食器具。如量器、碾磨器、搅拌机、切片机、刨片机、

---

① 林乃燊：《中国古代饮食文化》，商务印书馆1997年版，第42页。

绞肉机、和面机、压面机、打蛋器等，种类繁多，令人目不暇接。

三 小结

以上所列举的主要是饮食器具类的单音词，由单音词繁衍发展，又会产生许多复合词来表示饮食器具。一般来说，这些复合词的组合有如下两大类：（1）常用的饮食器具类单音词之间的组合，如"镬釜"、"釜锅"等。（2）常用的饮食器具类单音词与其他词语之间的组合。这些词语或与饮食相关，如"饭锅"、"饭碗"、"水杯"、"汤勺"等；或与饮食器具的质地相关，如"瓦罐"、"金鼎"、"玉壶"、"铁锅"；或与饮食器具的功用相关，如"蒸锅"、"闷罐"等。关于饮食器具类复合词，我们在上一部分"饮食器具的质地"中多有涉及，在此略过。

总之，这些饮食器具在不同时代、不同地域，它们的质地、形状、花色等都会有所不同。关于我国饮食器具的详细介绍，张景明等所著的《中国饮食器具发展史》"以历史时期为纵线，将饮食器具分类、造型艺术、社会功能、阶层性、文化交流一贯而通"。该书运用考古学、历史学、民族学、艺术学等不同学科的知识对中国饮食器具的发展历史（从原始时期一直到近现代）做了较为详细的专题研究，为我们了解中国饮食器具提供了捷径。①

第三节 烹饪方式与汉语词汇

在原始社会早期，生产力低下，人们只能靠采集野果或猎取鸟兽（茹毛饮血）为生。《礼记·礼运》云："昔者先王未有宫室，冬则居营窟，夏则居橧巢。未有火化，食草木之食，鸟兽之肉，饮其血，茹其毛。"《淮南子·修务》云："古者民茹草饮水，采树木之实，食蠃蚌之

---

① 张景明等：《中国饮食器具发展史》，上海古籍出版社 2011 年版。

肉，时多疾病毒伤之害。"然而早期先民的这些饮食方式还远远不能与"烹饪"相提并论。后来，人们发现一些天然大火过后，留给人们的除了恐惧之外，还有一些熟食，这些熟食包括动物和一些植物的籽实。正是这些熟食使人们尝到了"人间美味"，从而成为促使人们积极地去认识"火"这一"神秘"的自然现象的主要动力之一。经过不断地努力和探索，人类最终掌握了人工取火的方法。此时，人类不仅用火来驱寒保暖、吓唬野兽，还用它来烧制食物。至此，"烹饪"便应运而生。《韩非子·五蠹》云："上古之世，人民少而禽兽众，人民不胜禽兽虫蛇。……民食果蓏蚌蛤，腥臊恶臭，而伤害腹胃，民多疾病。有圣人作，钻燧取火，以化腥臊，而民说之，使王天下，号之曰燧人氏。"晋潘尼《火赋》云："钻燧造火，陶冶群形。协和五味，革变膻腥。酒醴烹饪，于斯获成。尔乃狄牙典膳，百品既陈。和羹酋醳，旨酒浓醇。烹鼋煮鳖，灼龟臛鳞。"林乃燊指出："原始火堆曾是人类智慧的源泉，从吃烤肉、吃爆坚果，逐渐又知道在烧红的石板上烙肉和用烧红的石子煮汤。这时烹调的手法又多了'煎'和'煮'。"① 可见，人类对火的认识和利用，对人类的进步具有重大意义。"烹饪"也是从人类对火有了理性认识之后才拉开序幕。

人类的烹饪方式从早期的"炮"、"煎"和"煮"开始，随着时间的推移，烹饪技艺不断出新。在烹饪方式不断发展的同时，给我们带来的不仅仅是生活的乐趣，也给我们带来了丰富的语言素材。本节试图对烹饪方式类词语作出介绍，以期为深入挖掘此类词语提供线索。

一　火炮类烹饪方式

（一）直接火炮

直接火炮类烹饪方式是将食物置入火中烧烤而熟，表示这种烹饪方式的词语有"炙"、"燔"、"烧"、"熹"、② "烤"等。如《诗经·小

---

① 林乃燊：《中国古代饮食文化》，商务印书馆 1997 年版，第 26 页。

② 《说文·火部》："熹，炙也。"《段注》："炙者，抗火炙肉也。此熹之本义。"

雅·瓠叶》："有兔斯首，燔之炙之。"① 又："有兔斯首，炮之燔之。"②
《礼记·内则》："鲂、鲊，烝；雏，烧。"③《宋史·赵普传》："已而太
宗至，设重裀地坐堂中，炽炭烧肉。"清曹雪芹等《红楼梦》第四十二
回："不拿姜汁子和酱预先抹在底子上烤过，一经了火，是要炸的。"
老舍《四世同堂》："一来客，他总是派人到便宜坊去叫挂炉烧鸭，到
老宝丰去叫远年竹叶青。"

　　"煨"与"炙"、"燔"、"烧"、"烤"有所不同，它是把生的食物
放在带火的灰里烤熟。如宋吕祖谦《卧游录》："芋当去皮，湿纸包煨
之。"明洪楩《清平山堂话本·快嘴李翠莲记》："两个初煨黄栗子，半
抄新炒白芝麻。"

　　除了把食物放在火中直接烧烤外，还有用烂泥等包裹食物再放在火
中烧烤的"炮"法。《说文·火部》："炮，毛炙肉也。从火，包声。"
《段注》："毛炙肉，谓肉不去毛炙之也。"徐灏注笺："炮本连毛裹烧之
名，故用'包'为声。引申之为炮炙之称。"故"炮"是用烂泥涂裹食
物置火中煨烤。如《诗经·小雅·瓠叶》："有兔斯首，炮之燔之。"④
《礼记·礼运》："以炮以燔，以亨以炙。"⑤后来"炮"也可指径将东
西放在火中或带火的灰里煨熟，即徐灏所谓"引申之为炮炙之称"。如
唐柳宗元《鰲屋县新食堂记》："燔炮烹饪，益以酒醴。"宋洪迈《夷坚
乙志·闽清异境》："俄一人自外荷鉏至，架鉏于门上，趋近附火，……
袖中出芋十枚，炮熟，指其半与僧，自食其半。""炮"也作"炰"，从
"火"与从"灬"同意。《集韵·爻韵》："炮，《说文》：'毛炙肉也。'
或作炰。"如《诗经·鲁颂·闷宫》："牺尊将将，毛炰胾羹，笾豆大
房。"⑥《汉书·杨恽传》："亨羊炰羔，斗酒自劳。"⑦还有"燻"也可

---

　①　毛传："炕火曰炙。"
　②　毛传："加火曰燔。"
　③　郑玄注："烧，烟于火中也。"
　④　孔颖达疏："并毛而炮之。"
　⑤　郑玄注："炮，裹烧之也。"
　⑥　毛传："毛炰豚也。"
　⑦　颜师古注："炰，毛炙肉也，即今所谓燻也。"

指用泥草等包裹食物埋在灰火中煨熟。如北魏贾思勰《齐民要术·脯腊》：“其鱼，草裹泥封，煻灰中爊之。”

总之，直接火炮的烹饪方式是古人认识的最原始的方式，表示这些烹饪方式的字也都从“火”。王仁湘指出：“最初的熟食，也就是最原始的烹饪方式，那是最简单不过的了。既无炉灶，也还不知锅碗为何物，陶器尚未发明，这时的烹饪方式主要还是烧烤，将食物在火中直接烤熟，这方法流传使用到现代，仍可制出美味佳肴。当初还进一步发明了‘炮’法，是用粘泥包住食物后隔火烤熟，这方法现代也还在使用。”① 在后代，直接火炮的烹饪方式经过不断改进，流传至今，比如现在还有各种“烧烤”，还有著名的“北京烤鸭”，还有用荷叶包裹肉类烧烤的“叫花鸡”等。

（二）间接火炮

这种火炮法是以锅为传热介质，不需要用油作为传热介质，直接用热气将食物烘熟。如“烙”就是把面食放在烧热的锅上烤熟。如明兰陵笑笑生《金瓶梅词话》第三十七回：“妇人洗手剔甲，又烙了一箸面饼。”清吴敬梓《儒林外史》第一回：“王冕自到厨下烙了一斤面饼，炒了一盘韭菜，自捧出来，陪着。”当然，现在“烙饼”等也有放油作为传热介质者。还有“贴”也可以表示直接把食物放入锅中烘熟，如“贴饼子”等。还有直接在烧热的锅里炒一些粮食作物，如米、麦、豆等。如北魏贾思勰《齐民要术·造神麹并酒》：“炒麦：黄，莫令焦。”《南史·陈本纪上》：“齐所据城中无水，水一合贸米一升，一升米贸绢一匹，或炒米食之。”元关汉卿《南吕·一枝花·不伏老》：“我是个蒸不烂、煮不熟、捶不匾、炒不爆响当当一粒铜豌豆，恁子弟每谁教你钻入他锄不断、斫不下、解不开、顿不脱慢腾腾千层锦套头。”鲁迅《风波》：“立刻就要吃饭了，还吃炒豆子，吃穷了一家子！”老舍《牛天赐传》：“纪老头儿急得没有办法，只好给他炒了些玉米花和黄豆，为是占住嘴。”

---

① 王仁湘：《饮食与中国文化》，人民出版社1993年版，第8页。

远古人类在发明了锅之后，间接火炮法也是比较常见的烹饪方式之一。

二　水煮类烹饪方式

水与火给人类带来了很多灵感，它们的配合也使人类的饮食得到了极大的改善。在远古时期，古人已经用水来烹煮食物了，这种烹饪方式至今仍比较常见。自古以来，可以用来表示水煮食物的词语很多，在此略举数例以示说明。

"亨（烹）"最初即为水煮类烹饪方式。《易·鼎》："以木巽火，亨饪也。圣人亨以享上帝，而大亨以养圣贤。"《诗经·豳风·七月》："七月亨葵及菽。"①

"煮"是把食物放入水中加热烹熟。《周礼·天官·亨人》："职外内饔之爨亨煮，辨膳羞之物。"

"餟、燖"则是将肉放在热汤中使之半熟，亦泛指煮肉。《说文·炎部》："餟，于汤中爓肉。"《仪礼·有司彻》："乃餟尸俎。"②《集韵·盐韵》："餟，《说文》：'于汤中爓肉。'或作燖。"如《仪礼·聘礼》"腍鲜鱼鲜腊"汉郑玄注："腍，豕肉也，唯燖者有腍。"

"胹"作水煮类烹饪方式类词语，如《楚辞·招魂》："胹鳖炮羔，有柘浆些。"《左传·宣公二年》："宰夫胹熊蹯不熟，杀之。"③

"煎"亦本为一种熬煮类的烹饪方式。《说文·火部》："煎，熬也。"汉桓宽《盐铁论·错币》："畜利变币，欲以反本，是犹以煎止燔，以火止沸也。"④《武威汉代医简》："猪肪三斤，煎之五沸，浚去宰。"又有"煎沸"一词可表"沸腾"。如《韩非子·备内》："今夫水之胜火亦明矣，然而釜鬵间之，水煎沸竭尽其上，而火得炽盛焚其下，

---

① 关于"烹"的来历本书将有专节论述，此不赘述。
② 郑玄注："餟，温也。《（礼）记》或作燖。"
③ 陆德明释文："胹音而，煮也。"
④ 马非百注："煎，熬。"

水失其所以胜者矣。”

“煠”是把食物放入汤或煮沸的油里弄熟。《广韵·洽韵》：“煠，汤煠。”清翟灏《通俗编·杂字》：“今以食物纳油及汤中一沸而出曰煠。”如北魏贾思勰《齐民要术·素食》：“当时随食者，取即汤煠去腥气，擘破。”

“熝”近似现在的“卤”菜法。《太平广记》卷二百五十引《大唐传载》：“有士人，平生好吃熝牛头。”

“焯”是把蔬菜等放在开水里稍微一煮就拿出来。《说郛》卷二十二引宋林洪《山家清供·萫卜煎》：“大者以汤焯过，少干，用甘草水和稀面拖油煎之，名萫卜煎。”

“焅”是将食物文火烹煮，使汤汁变浓。如宋吴自牧《梦粱录》卷十六：“杂彩羹、软羊焅腰子、盐酒腰子。”

“熓”是微火煮物。如宋吴自牧《梦粱录》卷十三：“杭城大街，买卖昼夜不绝。……中瓦子武林园前煎白肠、熓肠。”

“煨”是用微火慢慢地煮。如《宋史·洪皓传》：“尝大雪薪尽，以马矢然火煨面食之。”

“炖”是加水用文火煮使熟烂。如老舍《四世同堂》：“长顺刚拿起盘子来，隔壁的李四妈端着一大碗热气腾腾的炖猪头肉，进了街门。”

“涮”是把生的肉片、鱼片等放在沸水里烫一下就取出来蘸佐料吃。如老舍《离婚》：“只要吃了他的涮羊肉，他叫你娶一头黄牛，也得算着!”

“焖”是盖紧锅盖，用微火把食物煮熟。如老舍《上任》：“秋天了，以后该吃红焖肘子了。”

“汆”本义是“水推物”，义近“漂浮”。而“汆”这种烹饪方式是把食物放入沸水中稍煮一下。如清贪梦道人《彭公案》：“吩咐魏国安到厨房用活鲤鱼搁葱姜蒜全佐料汆汤。”食物放入沸水，也就被水推上来，漂浮起来，是由“汆”的本义引申而来。当然，“汆”也有用油炸者，也是来源于沸水煮的“汆”。如徐珂《清稗类钞·饮食类》：“猪肉皮略泡，入沸油汆之。”

"煲"谓用文火烧煮或熬。如王朔《橡皮人》:"商业区附近一个小广场是油烟腾腾的食品市场,小吃摊不下数百,卖着各种油煎、水煲的稀奇古怪的风味食物。"

三 汽蒸类烹饪方式

"蒸"是用水蒸气的热力使物热或熟。这种烹饪方式也是很早就产生了,它的产生与"甑"的发明紧密相连。正如王仁湘所说:"釜熟是指直接利用火的热能,谓之煮;甑熟则是指利用火烧水产生的蒸汽能,谓之蒸。有了甑熟作为烹饪手段后,人类至少可以获得超出煮食一倍的馔品。"① 关于这种烹饪方式,历代文献亦有记载。如《韩非子·二柄》:"桓公好味,易牙蒸其子首而进之。"南朝宋刘义庆《世说新语·任诞》:"阮籍当葬母,蒸一肥豚,饮酒二斗,然后临诀。"北魏贾思勰《齐民要术·蔓菁》:"干而蒸食,既甜且美,自可藉口,何必饥馑?"唐杜甫《壮游》:"蒸鱼闻匕首,除道哂要章。"沈从文《我读一本小书同时又读一本大书》:"只得经常用草药蒸鸡肝当饭。"还有"蒸豚"谓蒸熟的小猪。如《孟子·滕文公下》:"阳货瞰孔子之亡也,而馈孔子蒸豚。"

又有"裹蒸"谓包裹而蒸熟。如北魏贾思勰《齐民要术·蒸缹法》:"裹蒸生鱼:方七寸准。——又云:五寸准。——豉汁煮秫米如蒸熊。生姜、橘皮、胡芹、小蒜、盐,细切,熬糁。"

又有"烂蒸"谓蒸至烂熟。如宋苏轼《春菜》:"烂蒸香荠白鱼肥,碎点青蒿凉饼滑。"宋赵令畤《侯鲭录》卷八:"黄鲁直云:烂蒸同州羊羔,沃以杏酪,食之以匕不以箸。"

又有"清蒸"谓不放酱油蒸。如清文康《儿女英雄传》第二十九回:"他见那桌子上摆着也有前日筵席上的那小鸡蛋儿熬干粉,又是清蒸刺猬皮似的一碗,合那一碗黑漆漆的一条子一条子上面有许多小肉锥

---

① 王仁湘:《饮食与中国文化》,人民出版社1993年版,第10页。

儿的，不知甚么东西。"清曹雪芹等《红楼梦》第六十二回："小燕接着揭开，里面是一碗虾丸鸡皮汤，又是一碗酒酿清蒸鸭子，一碟腌的胭脂鹅脯，还有一碟四个奶油松瓤卷酥，并一大碗热腾腾碧荧荧蒸的绿畦香稻粳米饭。"

王仁湘指出："蒸法是东方烹饪技术所特有的技法，它的创立已有不下 6000 年的历史。西方古时烹饪无蒸法，直到当今，欧洲人也极少使用蒸法。像法国这样在烹调术上享有盛誉的国家，据说厨师们连'蒸'的概念都没有，更不用说实际应用了。"①

四 油煎类烹饪方式

表示油煎类烹饪方式的词语也不少。如"炒"是把食物放在锅里加热并随时翻搅使熟。北魏贾思勰《齐民要术·作酱法》："临食，细切葱白，着麻油炒葱令熟，以和肉酱，甜美异常也。"唐刘禹锡《西山兰若试茶歌》："自傍芳丛摘鹰觜，斯须炒成满堂香。"

"煎"一般而言是先在锅里放油，加热后，把食物放进去，使其表面变成焦黄。不过有时似乎也可以不放油。《方言》卷七："煎，火干也。……凡有汁而干谓之煎。"如唐韩愈《燕河南府秀才》："还家敕妻儿，具此煎魚烹。"老舍《阿 Q 正传》："可笑！油煎大头鱼，未庄都加上半寸长的葱叶，城里却加上切细的葱丝。"

"烧"是一种先用油煤，再加汤汁炒或炖；或先煮熟再用油煤。也可以泛指炒。如宋苏轼《新城道中》："西崦人家应最乐，煮葵烧笋饷春耕。"

"炸"是把食物放在滚沸的油锅中熬熟。如清文康《儿女英雄传》第二十一回："我里头赶着给你老炸点儿锅渣面筋，下点素面单吃。"周作人《喝茶》："我家距三脚桥有步行两小时路程，故殊不易得，但能吃到油炸者而已。"

---

① 王仁湘：《饮食与中国文化》，人民出版社 1993 年版，第 11 页。

"熘"跟炒相似，作料中加淀粉汁。清张杰鑫《三侠剑》第五回："这个熘里脊真是两味的，这碟可是我自己吃。"

"烹"今特指一种烹饪方法。先用热油略炒，然后加入酱油等料迅速搅拌，随即盛出。如知侠《铁道游击队》："他们有时高兴了，就在渔舟上买几条鲜鱼，要船家烹一下，沾点酒，在畅饮着。"

"煸"指把菜、肉等放在热油里炒到半熟。如谌容《梦中的河》："鱼汤！你顶爱吃的鱼汤，还是活鲫鱼呢！我用猪油煸了煸，煮出来的汤跟牛奶似的。"陆文夫《人之窝》："熏鱼，羊糕，油爆虾，白斩鸡，干切牛肉，卤猪肝，香菜肚丝，油煸青椒，菠菜拌茶干，还有那红通通的山楂糕，又酸又甜……"

五　调和类烹饪方式

还有一些调和类的烹饪方式。如"调"，《说文·言部》："调，和也。"明吴承恩《西游记》第二十五回："我才自也要领你些油汤油水之爱，但只是大小便急了，若在锅里开风，恐怕污了你的熟油，不好调菜吃。"清西周生《醒世姻缘传》第五十四回："买办簿上一日一斤香油，支派买到厨房，他一些也不与众人食用，自己调菜，炸火烧，煎豆腐，不胜受用，再有多的，夜间点了灯与人赌博。"

"拌"是搅和、调匀食物，一般不需加热。如宋叶隆礼《契丹国志·岁时杂记·重九》："出兔肝切生，以鹿舌酱拌食之。"元贾仲名《萧淑兰》第四折："甘蔗汁酥油糖拌。"

"腌"是用调味品浸渍食物。《说文·肉部》："腌，渍肉也。"老舍《四世同堂》："早饭依然是昨晚剩下的饭熬的粥，和烤窝窝头与老腌萝卜。"茅盾《蚀》："明天要罢市了，多买些腌货罢。"

六　"烹饪"的泛称

除了"烹饪"一词外，从古至今还有一些词语可以用来表示"烧煮食物、做饭菜"的泛称。如"爨"可以指烧火煮饭。《说文·爨部》："爨，齐谓之炊爨。"《左传·宣公十五年》："敝邑易子而食，析骸以爨。"① 宋王安石《送乔执中秀才归高邮》："长年客尘沙，无妇助亲爨。"亦可泛指烧煮。《周礼·夏官·挈壶氏》："及冬，则以火爨水，而沸之，而沃之。"汉王充《论衡·感虚》："夫燃一炬火，爨一镬水，终日不能热也。"宋周密《齐东野语》卷一："水为火爨，则沸而熟物。"

"炀"也可以是烹饪的泛称。如《庄子·寓言》："舍者避席，炀者避灶。"②《韩非子·内储说上》："夫灶，一人炀焉，则后人无从见矣。"唐陆龟蒙《奉和袭美茶具十咏·茶灶》："炀者若吾徒，年年看不足。"

"炊"亦可指烧火煮熟食物。《说文·火部》："炊，爨也。"《战国策·秦策一》："嫂不为炊。"③《史记·淮阴侯列传》："常数从其下乡南昌亭长寄食，数日，亭长妻患之，乃晨炊蓐食。"《论衡·知实》："颜渊炊饭，尘落甑中。"唐杜甫《白水县崔少府十九翁高斋三十韵》："为我炊雕胡，逍遥展良觌。"清潘荣陛《帝京岁时纪胜·春盘》："新春日献辛盘，虽士庶之家，亦必割鸡豚，炊面饼。"

"做饭"在明清以来就可以泛指烹饪，多用于北方，至今常见。如明冯梦龙《警世通言》第二十一卷："店家娘方才息怒，打点动火做饭。"清吴敬梓《儒林外史》第八回："次早，船家在船中做饭，两弟兄上岸闲步。"清刘鹗《老残游记》第八回："女子说：'请坐。'即命老者：'赶紧的做饭，客人饿了。'老者退去。"鲁迅《白光》："别家的炊烟早消歇了，碗筷也洗过了，而陈士成还不去做饭。"

"烧饭"作为烹饪方式的泛称，多用于南方。如清吴研人《二十年目睹之怪现状》第四十七回："此番提调坐了船来，卑职伺候不到，被提调大人动了气，在船上任情糟蹋，自己带了爨具，便在官舱烧饭，卑职劝止，提调又要到卑职房里去烧饭，卑职只得把房让了出来。"鲁

---

① 杜预注："爨，炊也。"
② 陆德明释文："炀，炊也。"
③ 高诱注："不炊饭也。"

迅《聪明人和傻子和奴才》："可是做工是昼夜无休息的：清早担水晚烧饭，上午跑街夜磨面，晴洗衣裳雨张伞，冬烧汽炉夏打扇。"沈从文《黑魇》："烧饭洗衣就归主妇，这类工作通常还与校课衔接。"张爱玲《道路以目》："太阳地里，一个女佣企图冲过防线，一面挣扎着，一面叫着：'不早了呀！放我回去烧饭罢！'"

七 小结

烹调方式有很多种，一种食物可以仅用一种方式烹调，也可以几种方式并用。从语言学的角度来看，与其他类词语相比，烹饪方式类词语有一个最典型的特点，即从古至今都是以单音节词语居多。关于这一点，王洋也曾在对汉语"烹煮"语义场历时研究的基础上指出："在汉语词汇复音化的大趋势中，'烹煮'义场成员的复音化程度相对较弱，承自古语的旧词直到现代汉语中还都保持着比较强的单音节词独立使用的能力。唐宋和元明清时期新产生的烹煮类动词仍以综合性较强的单音词为主，甚至有些词包含了比旧有词更多的信息量，其所指称的烹煮行为也开始朝着精细化的方向发展，如'烩'、'烧'等等。这一现象可能与烹煮类动词的专业性有关。"①

第四节　饮食感觉与汉语词汇

人类对饮食的感觉是一种相对直观的生理现象，也是人类的共性之一。英国诗人雪莱曾经说过："饥饿和爱情统治着世界。"其中"饥饿"一词就形象地说明了人类在物质方面最基本的需求是解决饥饿问题，亦即《汉书·郦食其传》的"民以食为天"，而"爱情"则是人类在精神方面的追求。"饥饿"与"爱情"正代表了人类物质与精神、理性与感

---

① 王洋：《汉语"烹煮"语义的历史演变研究》，硕士学位论文，西北大学，2008 年。

性的追求。明代学者陈第在《毛诗古音考·序》中曾经指出："时有古今，地有南北，字有更革，音有转移。"但饮食带给人们的感觉却亘古不变，故古今中外由饮食的感觉产生的隐喻也都具有一致性。唐白居易《秦中吟·轻肥》："食饱心自若，酒酣气益振。"宋苏辙《次韵子瞻病中大雪》："尔来隔秦魏，渴望等饥饿。"朱自清《桨声灯影里的秦淮河》："在歌舫划来时，我的憧憬，变为盼望；我固执的盼望着，有如饥渴。"法国雨果《悲惨世界》："人类第一种饥饿就是无知。"苏联高尔基名言："我扑到书籍上，就像饥饿的人扑在面包上。"这些语句中的饮食感觉类词语已经远远超出了饮食本身所带给我们的感受，"饥渴"、"饥饿"喻指"需求、欲望"，"饱"喻指"满足"等，这些都使我们的语言表达更加形象生动、富有活力。

饮食的感觉不外乎"饥"、"饱"、"渴"、"醉"等，但表示这些感觉的词语从古至今却远不止这几个。关于饮食感觉类词语，大致有如下几类。

一 "饥饿"感类词语

"饥饿"感类词语的典型成员是"饥"与"饿"。现代汉语简化字"饥"对应两个繁体字形：一为"飢"，表示饥饿感；二为"饑"，表示荒年。故我们这里讲的饮食感觉类词语"饥"与繁体的"飢"相对应。从古至今表示"饥饿"感的词语有很多，如：

（1）饥：《说文·食部》："饥，饿也。"
（2）饿：《说文·食部》："饿，饥也。"《广韵·箇韵》："饿，不饱也。"《正字通·食部》："饿，饥甚。"
（3）飤：同"饥"。《玉篇·食部》："飤，古文饥。"《集韵·脂韵》："饥，《说文》：'饿也。'亦姓。或从乏。"
（4）飱：同"饥"。《龙龛手鉴·食部》："飱"，"饥"的俗字。《字汇补·食部》："飱与饥同。"

（5）飢：同"饥"。①

（6）飢：同"饥"。②

（7）餫：饥。《集韵·真韵》："餫，饥也。"

（8）餞：同"饥"。《字汇·食部》："餞，同饥。"③

（9）餞：饥。《玉篇·食部》："餞，饥也。"

（10）餤：饥饿。《说文·食部》："餤，饥也。"《玉篇·食部》："餤，饥貌也。"

（11）餭：同"餤"。《玉篇·食部》："餭，同餤。"④

（12）餧：《说文·食部》："餧，饥也。"《集韵·贿韵》："餧，或作餒。"

（13）餒：饥饿。《广雅·释诂四》："餒，饥也。"⑤

（14）餼：饿。⑥

（15）馈：饿。

（16）歉：《说文·欠部》："歉，饥虚也。"⑦《集韵·唐韵》："歉，《说文》：'饥虚也。' 通作康。"

以上词语都可以用来表示饥饿感，但大部分词语发展到后代都销声匿迹了，只有"饥"、"饿"古今通用，且"饥饿"连言，构成同义并列式复音词在后代也很常见。如：

（1）菽粟不足，末生不禁，民必有饥饿之色。（《管子·重令》）

（2）民以饥饿自卖为人奴婢者，皆免为庶人。（《汉书·高帝纪》）

---

① 如北齐《隽敬碑》："舍田立寺，救济飢寒。"

② 如北魏《王诵墓志》："奠案不食，实妄飢寒。"

③ 如元关汉卿《邓夫人苦痛哭存孝》第一折："渴饮羊酥酒，餞飧鹿脯干。"

④ 如《睡虎地秦墓竹简·仓律》："食餤囚，曰少半斗。"

⑤ 如《论语·卫灵公》："耕也，餒在其中矣。"

⑥ 如《新唐书·苏源明传》："市井餒餼求食，死于路旁，日见四五。"

⑦ 清王筠《说文解字句读》："康者，谷皮，中空无米。故从'辰'之字，皆空虚之义。"
清段玉裁《说文解字注》："饥者饿也，漮者水之虚，康者屋之虚，歉者饿腹之虚。"

（3）若没有这蛰法，睡梦中腹中<u>饥饿</u>，肠鸣起来，也要醒了。（明冯梦龙《喻世明言》第十四卷）

（4）鸿渐走前几步，闻到一阵烤山薯的香味，鼻子渴极喝水似的吸着，<u>饥饿</u>立刻把肠胃加紧地抽。（钱钟书《围城》）

（5）想到这里，他想骑上骆驼，省些力气可以多挨一会儿<u>饥饿</u>。（老舍《骆驼祥子》）

现代汉语"饥"、"饿"同义，而在古代，二者存在差别："饿"的程度比"饥"更深。关于这一点，很多学者都有论述，可参，兹不赘述。

二 "饱足"感类词语

与其他表示饮食感觉的词语相比，从古至今，表示"饱足"感的词语最多。如：

（1）饱：吃足，与"饥"相对。《说文·食部》："饱，猒也。从食，包声。𩜾，古文饱，从采。𩟄，亦古文饱，从卯声。"

（2）𩜾：同"饱"。《说文·食部》："饱，猒也。𩜾，古文饱，从𩜾。"

（3）𩛿：同"饱"。"𩜾"与"𩛿"为《说文》同一古文的不同楷化字。

（4）餪：同"饱"。《正字通·食部》："餪、饱、𩜾并同。"

（5）䬈：同"饱"。《字汇·食部》："䬈，古文饱字。"

（6）𩟄：同"饱"。《广韵·巧韵》："𩟄"，"饱"的古文。

（7）卿：同"𩟄"。《集韵·有韵》："卿，饵也。"《正字通·食部》："卿，旧注：音柳，饵也。按《说文》饱古文作𩟄，从卯声，俗作卿。饵无卿名。"

（8）䭣：同"饱"。《正字通·食部》："䭣，俗饱字。宋刘原父载《医铭》有䭣字。黄长睿曰：'䭣与䭣同，音饱。'旧注同饱。"

（9）𩜁：同"饱"。《正字通・食部》："𩜁，俗饱字。刘宋原父载《医铭》有𩜁字。黄长睿曰：'𩜁与𩞯同，音饱。'旧注同饱。讹省作𩞯。"

（10）𩞯：同"饱"。《集韵・巧韵》："饱，厌也，或从缶。"《正字通・食部》："𩞯，俗饱字。"

（11）𩜿：同"饱"。《字汇补・食部》："𩜿，疑即饱字。"

（12）𩝞：同"𩜿"。

（13）忾：饱。《方言》卷十二："忾，饱也。"①

（14）𩚮：同"忾"。饱。《集韵・迄韵》："忾，饱也。或从氢。"

（15）𩛷，同"忾"。《玉篇零卷・食部》引《埤苍》："𩛷，饱也。"《正字通・食部》："𩛷即忾之省。当与馈客之忾同义。"②

（16）𩜺，同"𩛷"。《玉篇零卷・食部》引《埤苍》："𩜺，饱也。"《篇海类编・食货类・食部》："𩛷、𩜺，饱也。"

（17）饫：饱食。《玉篇・食部》："饫，食过多。"《广韵・御韵》："饫，饱也，厌也。"③

（18）餍：同"饫"。《龙龛手鉴・食部》："餍"、"饫"的俗字。《字汇补・食部》："餍，同饫。"

（19）𩞀：同"饫"。《玉篇零卷・食部》："𩞀，《字书》亦饫字也。"

（20）𩞬：同"饫"。《龙龛手鉴・食部》："𩞬"，同"饫"。④

（21）䭐：同"饫"。《玉篇・食部》："䭐，饱也。"《古今韵会举要・遇韵》："䭐，饱也。音义与御韵饫同。"

（22）䭖：同"䭐"。饱。《正字通・食部》："䭖、䭐皆䭐字。讹省。"⑤

---

① 清钱绎《方言笺疏》："食饱谓之忾。"

② 如清蒲松龄《日用俗字・饮食》："𩛷客楩颖头不举。"

③ 如《左传・襄公二十六年》："是以将赏为之加膳，加膳则饫赐。"杜预注："饫，厌也。酒食赐下，无不厌足，所谓加膳也。"

④ 如明罗肃《覆瓿集・序》："将以五味之藏，𩞬斯民于饥顿颠踣者也。"

⑤ 如明黄粹吾《升仙记・夏赏》："尽着你充肠䭖饫，不顾我受饿忧饥。"

（23）饙饐：饱。《玉篇·食部》："饙，饙饐也。"《字汇·食部》："饙，饙饐，饱也。"

（24）䬳：同"䬳"。《改并四声篇海·食部》引《川篇》："䬳，半饱也。"《篇海类编·食货类·食部》："䬳，牛饱也。"《字汇·食部》："䬳，同䬳。"

（25）匌：《说文·勹部》："匌，饱也。"

（26）匔：同"匌"。《正字通·勹部》："匔，俗匌字。"

（27）匑：" 匌"的讹字。《正字通·勹部》："匑，匌字之讹。"

（28）飿：同"匌"，饱。《玉篇·食部》："飿，饱也。"《集韵·宥韵》："匌，《说文》：'饱也。'祭祀曰厌飿。或作飿。"

（29）饇：饱，满。《方言》卷十二："饇，饱也。"《广雅·释诂一》："饇，满也。"《玉篇·食部》引《字书》："饇，饱满也。"

（30）䬴：同"饇"。饱；满。《广雅·释诂一》："饇、䬴，满也。"①《玉篇零卷·食部》："䬴，《埤苍》：'䬴，饱也。'"《集韵·养韵》："䬴，或作䬴。"

（31）餇：饱食。《字汇·食部》："餇，餇饐，饱食也。"

（32）饎：饱。《集韵·脂韵》："饎，饫也。"

（33）䬾：饱食。《玉篇零卷·食部》引《埤苍》："䬾，餬也。"《集韵·马韵》："䬾，厌也。"

（34）餄：同"䬾"。《玉篇·食部》："餄，同䬾。"

（35）餬：饱，厌腻。《说文·食部》："餬，猒也。"②《广韵·霰韵》："餬，厌饱。"

（36）鮑：食饱。《广韵·缉韵》："鮑，食饱。"

（37）餀：饱漉。《集韵·效韵》："餀，饱漉也。"

（38）餤：饱。《玉篇·食部》："餤，饱也。"

（39）饂：饱、饱貌。《玉篇零卷·食部》引《埤苍》："饂，

---

① 清王念孙《广雅疏证》："饇者，《方言》：'饇，饱也。'䬴亦饇也。《玉篇》作䬴，同。"
② 清段玉裁《说文解字注》："贾思勰《齐民要术》曰：食饱不餬。按，猒饱也。餬则有猒弃之意，皆猒中之义也。"三国魏曹丕《诏群臣》："掩露而食，甘而不餬，脆而不酢。"

饱也。"《广韵·职韵》："餾，饱貌。"

（40）餩：饱。《玉篇·食部》："餩，饐也。"《广韵·恨韵》："餩，饱也。"《龙龛手鉴·食部》："餩、饐，食饱也。"

（41）饎：食饱。《玉篇·食部》："饎，饱也。"《广韵·鐑韵》："饎，食饱。"

（42）饶：饱。《说文·食部》："饶，饱也。"①

（43）饐：食饱。《龙龛手鉴·食部》："饐，食饱也。"

（44）饐：饱、胀。《玉篇·食部》："饐，饱也。"

（45）饟：食饱。《广韵·青韵》："饟，食饱。"

（46）餶：饱。《玉篇·食部》："餶，饱也。"

（47）饜：饱。《玉篇·食部》："饜，饱也。"《集韵·豔韵》："饜，饫也。通作厌。"《篇海类编·食货类·食部》："饜，足也。"②

（48）饇餩：饱。《方言》卷一："饇饦食也"③《集韵·圁韵》："饇，饱也。"

总之，表示"饱足"感的词语有很多，但大多数为异体字、俗字或方言用字，也就是"言语异声、文字异形"（汉许慎《说文解字·叙》语），或者它们有时代的差别。虽然以上词语都可以表示"饱足"义，然而其典型成员从古至今都只有"饱"一个。

在"饱"的感觉的基础上，还有"过饱"者，如：

（1）饙饻：过饱，胀。《篇海类编·食货志·食部》："饙，饙饻，饱也。"也单用作"饙"。④

（2）饎：同"饙"。《篇海类编·食货类·食部》："饎"，同"饙"。清李调元《奇字名》卷九引《免疑难字韵》："瘊食曰饎。"

---

① 清段玉裁《说文解字注》："饶者，甚饱之词也。"

② 如《国语·晋语九》："主之既已食，愿以小人之腹，为君子之心，属饜而已，是以三叹。"韦昭注："饜，饱也。"

③ 晋郭璞《方言注》："今关西人食欲饱曰饇餩。"

④ 如清蒲松龄《聊斋俚曲集·穷汉词》："饥困了喝凉水，饙的吱吱的叫。"

（3）撑：饱胀。①

在这些词语当中，"饡"从食从掌，当为"过饱"义的本字，"饊"为"饡"的俗字。现在通行的"饱胀"义的"撑"，字形本作"撑"，为"支撑、撑住"之义，用作"饱胀"义，当为"饡"之借。"饡饸"同义连言，"饡"与"饸"均有"饱"义。

三　"饥"与"饱"的中间状态

介于"饥"与"饱"之间的状态，即"食未饱"，在汉语史上也曾有专门的词语来表示，如：

（1）欥：《说文·欠部》："欥，食不满也。"《广韵》："欥，食未饱也。"
（2）歉：食不饱。《说文·欠部》："歉，食不满。"唐写本《玉篇》"歉"下注引《说文》作"食不饱也"。
（3）鎌：同"歉"。《集韵·忝韵》："歉，食不饱也。一曰不足貌。或作鎌。"②
（4）憾：食不饱。《广韵·勘韵》："憾，食不饱也。"③

以上这些表示"饥饿"与"饱"中间状态的词语，在现代汉语已经销声匿迹了，然而也没有其他词语来代替它们表示这种饮食的状态，这是古今汉语的差别。

---

① 元马致远《任风子》第一折："吃的来眼又睁，撑的来气又喘。"清曹雪芹等《红楼梦》第四十九回："你们两个要吃生的，我送你们到老太太那里吃去，那怕一只生鹿，撑病了不与我相干。"
② 《韩诗外传》卷八引《穀梁传·襄公二十四年》："一谷不升谓之鎌，二谷不升谓之饥。"今本《穀梁传》作"嗛"。
③ 如明沈孚中《绡春园·江祖》："诗怀应为遨游憾。"

四 表示饮的感觉的词语

表示对"饮"的感知（对液体的需求）的词语只有"渴"一个。如：

（1）君子于役，苟无饥渴。（《诗经·王风·君子于役》）

（2）渴饮坚冰浆，饥待零露餐。（晋陆机《苦寒行》）

"渴"的对象一般而言是液体，而且多数为水。也有"渴"的客体是其他的液体，如"酒"。"渴酒"即谓"非常想喝酒"。如：

（1）他虽然定了仿单，然而到了他穷极渴酒的时候，只要请他到酒店里吃两壶酒，他就甚么都肯画了。（清吴趼人《二十年目睹之怪现状》第三十七回）

（2）不过恩庆喝酒有这点好处，吃过兔子一定要渴酒，但喝酒时不一定非吃兔子。（刘震云《头人》）

（3）有爱喝酒的，也能就干丝喝酒。早晨渴酒易醉。常言说："莫饮卯时酒，昏昏直至酉。"（汪曾祺《故人往事》）

（4）如果他真的是经常渴酒，而监舍里又没有藏酒的地方，那么就只剩下一种可能：经常有人从外面给他拿酒喝。（张平《十面埋伏》）

（5）方才和人拼命，体力自然差些，酒量也未免要打个折扣，渴酒也和比武一样，天时地利人和，这三样是一样也差不得的。（古龙《小李飞刀》）

可见动词"渴"的隐含宾语就是"水"，如果其宾语是别的液体，就要在"渴"的后面加上对象，如"渴酒"。

五　表示酒后的状态

酒的历史悠久，"酒"的字形在卜辞中作"酉"，可见酒至少在殷商时期就已经出现。西汉焦延寿《易林·坎之兑》云："酒为欢伯，除忧来乐。"酒可以使人解除烦恼，给人带来愉悦。然而饮酒要有度，过度饮酒对人也有很多不利之处，如《尚书·无逸》云："无若殷王受之迷乱，酗于酒德哉！"故饮酒也有其讲究的礼数，《诗经·小雅·宾之初筵》云："既醉而出，并受其福。醉而不出，是谓伐德。饮酒孔嘉，维其令仪。"《礼记·乐记》云："故酒食者，所以合欢也；乐者，所以象德也；礼者，所以缀淫也。"又《玉藻》云："君子之饮酒也，受一爵而色洒如也，二爵而言言斯，礼已三爵，而油油以退。"饮酒带给人的感受较为明显，从古至今也有一些词语用来表示酒后的状态。如：

（1）醉：《说文》："醉，酒卒也。各卒其度量，不至于乱也。一曰酒溃也。"

（2）酲：病酒，酒醉后神志不清。《说文·酉部》："酲，病酒也。"①

（3）醺：醉。《说文·酉部》："醺，醉也。"②

（4）酣：谓饮酒尽兴，半醉。③《说文·酉部》："酣，酒乐也。"

（5）醅：《说文·酉部》："醅，醉饱也。"

----

① 清王筠《说文1释例》："夫人之醉不以为病也，当其既觉，则头目不清，心神昏眊，夫而后病其醉也。"《诗经·小雅·节南山》："忧心如酲，谁秉国成？"毛传："病酒曰酲。"《汉书·礼乐志》："泰尊柘浆析朝酲。"颜师古注引应劭曰："酲，病酒也。析，解也。言柘浆可以解朝酲也。"元无名氏《捣练子》："林下路，水边亭。凉吹水曲散余酲。"鲁迅《坟·文化偏至论》："使中国之人，由旧梦而入于新梦，冲决嚣叫，状犹狂酲。"

② 如唐杜甫《拨闷》："闻道云安麴米春，才倾一盏即醺人。"金元好问《续ухай平十爱》："我爱阳平酒，兵厨酿法新。百金难着价，一瑳即醺人。"清曹雪芹等《红楼梦》第八十回："这日，薛蟠晚间微醺，又命宝蟾倒茶来吃。"鲁迅《三闲集·怎么写》："寂静浓到如酒，令人微醺。"

③ 如唐李白《行行且游猎篇》："金鞭拂雪挥鸣鞘，半酣呼鹰出远郊。"唐白居易《秦中吟·轻肥》："食饱心自若，酒酣气益振。"清黄轩祖《游梁琐记·裕州刀匪》："酒酣，少年捧琴请汪奏之。"

（6）酔：同"醉"。《字汇·酉部》："酔，醉字省文。"《正字通·酉部》："酔，俗醉字。"

（7）酖：酒醉貌。《集韵·酉部》："酖，酒醉之甚。"

（8）醒：酒醉后恢复常态。《说文新附·酉部》："醒，醉解也。"《广韵·青韵》："醒，酒醒。"①

（9）醚：醉。《玉篇·酉部》："醚，醉也。"《正字通·酉部》："醚，俗字……经史通用迷。"

（10）酩酊：醉得迷迷糊糊。《说文新附·酉部》："酩，酩酊，醉也。"《龙龛手鉴·酉部》："酩酊，酒过多也。"《集韵·迥韵》："酩酊，醉甚，或作佲、佟，通作茗。"《六书故·工事四》："酩酊，醉而眩瞀不自知也。"

（11）茗艼：与"酩酊"同，可以用来表示大醉貌。《字汇·艹部》："艼，与酊同。晋《山简传》：茗艼无所知。"②

（12）酕醄：大醉貌。《广韵·豪韵》："酕，酕醄，醉也。"《广韵·豪韵》："醄，酕醄，极醉貌。"明李实《蜀语》："大醉曰酕醄，一曰酩酊。"

从字形上看，它们几乎都是"酉"部字，表明了它们与"酒"有着密切的关系。表达酒后状态的词语比较多，其中"酩酊"、"茗艼"、"酕醄"为表示"大醉貌"的叠韵联绵词。在这些词语中，表示醉酒的程度可能有所不同，且古今表示醉酒的程度的词语也有变化。

六　对饮食的欲望

饮食的欲望与饮食相关，是饮食感觉的一种，但这种感觉不一定与

---

① 如《左传·僖公二十三年》："醉而遣之。醒，以戈逐子犯。"
② 如南朝宋刘义庆《世说新语·任诞》："山季伦为荆州，时出酣畅。人为之歌曰：'山公时一醉，径造高阳池。日莫倒载归，茗艼无所知。'"宋陆游《春游至樊江戏示坐客》："酩醴烂漫我欲狂，茗艼还家君勿遮。"清黄遵宪《小饮息亭醉后作》："偶约故人同茗艼，居然丈室坐莲须。"鲁迅《集外集拾遗·哀范君》："大圜犹茗艼，微醉自沈沦。"

"饥"、"饿"、"饱"等有直接的关联。如：

1. 馋

"馋"为"贪吃、想吃"义。"馋"字不见于《说文》，古作"毚"，"毚"字从怠从兔，《说文·怠部》："毚，狡兔也，兔之骏者。"段玉裁《说文解字注》："狡者少壮之意；骏者，良才者也。"《诗经·小雅·巧言》："跃跃毚兔，遇犬获之。"孔颖达疏："《仓颉解诂》云：'毚，大兔也。'大兔必狡猾，又谓之狡兔。"故"毚"引申又有"狡猾"、"贪"义。后专门用于对饮食的"贪"则累加义符作"馋"。《玉篇·食部》："馋，食不嫌也。"《集韵·咸韵》："馋，饕也。"引申有"贪羡、贪图"义。《广韵·咸韵》："馋，不廉。"《六书故·工事四》："馋，贪羡也。"

用作对饮食的"馋"在上古及中古鲜有用例，从唐朝开始才有了用例，宋元以后逐渐增多，后代沿用。如：

（1）融雪煎香茗，调酥煮乳糜。慵馋还自哂，快活亦谁知。（唐白居易《晚起》）

（2）那八戒食肠大，口又大，一则是听见童子吃时，便觉馋虫拱动，却才见了果子，拿过来，毂辘的囫囵吞咽下肚，却白着眼胡赖，向行者、沙僧道："你两个吃的是甚么？"（明吴承恩《西游记》第二十四回）

（3）有等恨钱的，吃天斋，也省些鱼肉花消；有等嘴馋的，吃天斋，也清些肠胃油腻。（清文康《儿女英雄传》第二十一回）

"馋"繁体作"饞"，它还有两个俗字：一为"饠"，《宋元以来俗字谱》："馋"，《太平乐府》、《目连记》、《金瓶梅》作"饠"。二为"饞"，《改并四声篇海·食部》引《俗字背篇》："饞，不廉也。"《字汇·食部》："饞，俗馋字。"

2. 垂涎

"垂涎"谓因想吃而流口水。如：

（1）行人<u>垂涎</u>于下风，童仆空噍而邪盼；擎器者舐唇，立侍者干咽。（《初学记》卷二十六《器物部下》束晰《饼赋》）

（2）见妻与二儿攒聚先啖，不觉<u>垂涎</u>。（明冯梦龙《警世通言》第二十五卷）

又有"垂涎欲滴"谓嘴馋得口水快要流下来。如：

（1）当那剔尽了骨头和鳞甲的鲫鱼肉，和着嫩豆腐一起煮好之后，便又第二度的捧到太后面前来；伊就用一柄银匙，接连的喝了几匙，同时还啧啧有声地称赞着，使我们这些站在旁边的人，也看得<u>垂涎欲滴</u>了。（清德龄《御香缥缈录》第十三回）

（2）从别的码头顺带捎来的下酒菜，每每引得乡人<u>垂涎欲滴</u>。（余秋雨《夜航船》）

还有"垂涎三尺"谓嘴边挂着三尺长的口水，形容嘴馋到极点。如：

（1）每看到骚人墨客介绍自己家乡风味小吃的文章，一面<u>垂涎三尺</u>，一面也暗觉惭愧。（张贤亮《羊杂碎》）

（2）这个孩子看见人家吃这些东西，总是馋得<u>垂涎三尺</u>。（叶君健《自由》）

"垂涎"、"垂涎欲滴"、"垂涎三尺"等词语的产生时间比较晚，尤其是"垂涎欲滴"与"垂涎三尺"基本是在现代汉语才开始使用。自古至今，"垂涎"、"垂涎欲滴"、"垂涎三尺"这三个词语用来表示饮食的感觉的用例都不是特别多，最常见的还是古已有之且一直沿用至今的"馋"。实际上，"馋"是一个生理和心理的反应，而"垂涎"、"垂涎欲滴"、"垂涎三尺"则是"馋"的表象或结果。关于这一点，我们从"垂涎三尺"第（2）个例证中的"馋得垂涎三尺"这一动补（动词＋结果补语）也可以看出。

总之，汉语史上可以用来表示饮食欲望的词语虽然并不多，但它们有一个共同的隐喻结果，即"贪"。

七　小结

在饮食感觉类词语中，表示"饱"类的词语最多，表示"饥/饿"类的词语以及酒后的状态类的词语也相对较多，表示"饥"与"饱"中间状态的词语也有一些。然而表示"饮"的感觉的词语只有"渴"一个，而表示饮食欲望的词语也只有"馋"和"垂涎"、"垂涎欲滴"和"垂涎三尺"这几个。这表明人类对"饥饱"的感知相对复杂，而对"渴"的感知相对单一。"饿"、"渴"、"饱"、"醉"是饮食感觉类词语的典型成员，"饿"、"渴"具有非自主性，什么时候饿，什么时候渴，不由人的主观意志支配；而"饱"、"醉"在一定程度上具有自主性，什么时候饱，什么时候醉，可以由人的主观意志支配。

正如现代汉语普通话仅用"饿"、"饱"、"渴"、"醉"、"馋"等词语就完全可以把人类对饮食的感觉体现出来一样，同一时期、同一地域不可能存在很多表示同一饮食感觉的词语，这不符合语言的经济性原则，也不符合人类的认知规律。故以上诸多表示"饥/饿"、"饱"、"醉"等类饮食感觉的词语，均体现了时代、地域的差别。

第五节　饮食味道与汉语词汇

饮食以"色、香、味、形"展现出其独特的魅力，其中"香、味"属于饮食的味道。饮食的味道是饮食之所以可以长久地吸引着人们的最基本的特点，也是饮食实现其自身价值的重要方面。人类感知饮食味道的器官主要是"口"和"鼻"，它们感知饮食的结果——饮食的味道，也分为"口"的"酸、甜、苦、辣、咸"等味道，"鼻"的"馨、香、臭、芬、芳、郁、腥、臊"等味道。《荀子·荣辱》曰："口辨酸咸甘苦，鼻辨芬芳腥臊。"《礼记·月令》曰："其味辛，其臭腥。"古人的这些说法也都说明了"口"与"鼻"感知味道的不同分工。

本节主要从人类味觉与嗅觉两个方面入手，对汉语饮食味道类词语进行扼要阐述。

一　与人类味觉相关的词语

饮食味觉类词语记录饮食的味觉。饮食的味觉可能比较多且复杂，汉语也产生了一批词语来记录它们。

（一）泛称类

1. 味

"味"表示物质使舌头得到某种味觉的特性，是表示人类对饮食味道的泛称。如：

（1）子在齐闻《韶》，三月不知肉味。（《论语·述而》）

（2）臣闻古之徒远方以实广虚也，相其阴阳之和，尝其水泉之味，审其土地之宜……此民所以轻去故乡而劝之新邑也。（《汉书·晁错传》）

（3）知名位之伤德……识厚味之害性。（三国魏嵇康《养生论》）

（4）平生嗜酒不为味，聊欲醉中遗万事。（宋陆游《送范舍人还朝》）

这种用法的"味"本字作"未"，《说文·未部》："未，味也，六月滋味也。"《马王堆汉墓帛书·老子甲本·德经》："为无为，事无事，味无未。"后来为了分化"未"的职能，表"滋味"义的"未"加了义符"口"作"味"。

2. 滋味

"滋味"也可以用来表示"味道"。如：

（1）于是神农乃始教民播种五谷，相土地宜，燥湿肥墝高下，尝百草之<u>滋味</u>，水泉之甘苦，令民知所辟就。（《淮南子·修务》）

（2）夫海大于百川也，人皆知之，通者明于不通，莫之能别也。润下作咸，水之<u>滋味</u>也。（《论衡·别通》）

（3）酸甜<u>滋味</u>，百种千名。（汉张衡《南都赋》）

（4）鼻能审气息，舌能别<u>滋味</u>。（清刘鹗《老残游记续集》第一回）

《说文·水部》："滋，益也。""滋"本义为增长，引申有"滋味、美味"义。《广韵·之韵》："滋，旨也。"《礼记·檀弓上》："曾子曰：'丧有疾，食肉饮酒，必有草木之滋焉'，以为姜桂之谓也。"故"滋味"为类义连文。

"滋味"除了可以表示泛称的"味道"外，也可以用来表示"美味"。如《吕氏春秋·适音》："口之情欲滋味。"高诱注："欲美味也。"三国魏阮籍《乐论》："故孔子在齐闻《韶》，三月不知肉味，言至乐使人无欲，心平气定，不以肉为滋味也。"在这种用法中，"滋"的"美味"义更加凸显。

3. 味道

"味道"可表"滋味"义。如：

（1）时三更时分，到了昆仑丘山，见沙棠果然茂盛，那伙穷鬼每人先摘一个尝尝，滋味果然清甘，槐鬼也吃了一个，都道："好<u>味道</u>。英招虽然它是个神，与我你毗山，桓山也是邻里，山邻陆吾年年送你果子，他也全没半个分惠你穷鬼。有百多众，不如尽把那大大的拣去，留那没用的还它。"（明钟惺《夏商野史》第三回）

（2）八戒道："甚么<u>味道</u>？"行者道："悟净，不要睬他！你倒先吃了，又来问谁？"（明吴承恩《西游记》第二十四回）

（3）我和你好的时候，过冬过年也只买得半斤四两的猪肉，这羊肉总没有尝着他是啥仔<u>味道</u>。（清夏敬渠《野叟曝言》卷二）

（4）听做月饼的司务说，他家的材料好，<u>味道</u>比我们的又香又甜。（清刘鹗《老残游记》第十八回）

"味道"本为动宾结构的动词，义为"体味道的哲理，体察道理"。大约从明朝开始，"味道"引申可以表"滋味"义。

4. 味儿

"味儿"也可以表示物质使舌头得到某种味觉的特性。如：

（1）王婆出来道："大官人，吃个梅汤？"西门庆道："最好。多加些酸<u>味儿</u>。"（明兰陵笑笑生《金瓶梅词话》第二回）

（2）牡丹过意不去，端起碗来喝了点儿，尝着有些甜津津的，倒没有别的<u>味儿</u>，于是就喝了半碗。（清石玉昆《七侠五义》第九十一回）

（3）玉钏儿道："阿弥陀佛！这还不好吃，什么好吃。"宝玉道："一点<u>味儿</u>也没有。你不信，尝一尝就知道了。"（清曹雪芹等《红楼梦》第三十五回）

（4）黛玉道："你们就把那汤和粥吃了罢，<u>味儿</u>还好，且是干净。待我自己添香罢。"（同上，第八十七回）

"味儿"与"味"的区别在于，"味儿"是"味"的儿化，它的词性必然是名词，而"味"具有名词、动词等用法。

（二）"五味"——基本的饮食口味

我们通常说的"五味"是基本的饮食口味，而与之相应的词语有"酸/醋"、"甘/甜"、"苦"、"辛/辣"、"咸"。《孙子·势》云："味不过五，五味之变不可胜尝也。"由于"五味"的重要性，故将其单独介绍。

《周礼·天官·食医》云："凡和，春多酸，夏多苦，秋多辛，冬多咸，调以滑甘。"《吕氏春秋·通诠》有"五行配五味"之说，古人将金、木、水、火、土五行配属五味，以区分五味的五行属性。《黄帝内经·素问》云："五谷为养，五果为助，五畜为益，五菜为充。气味和而服之，以补精气。"可见，"五味"在人们的日常生活中不可或缺。王学泰指出："为了实现美味，人们发明了在烹饪中使用调料。调料最初只是盐、梅，只调成咸酸二味，现在则已发展到数百种，而且多为复合味，但基本味仍是古人常说的五味。"① 不仅如此，与汉语词汇密切相关的也是"五味"。在此仅简单列举几例以示说明：

（1）润下作咸，炎上作苦，曲直作酸，从革作辛，稼穑作甘。（《尚书·洪范》）

（2）谁谓荼苦？其甘如荠。（《诗经·邶风·谷风》）

（3）楚王渡江得萍实，大如斗，赤如日，剖而食之甜如蜜。（《孔子家语·致思》）

（4）酸甜滋味，百种千名。（汉张衡《南都赋》）

（5）荼味之苦，宁以周原而成饴？（南朝梁刘勰《文心雕龙·夸饰》）

（6）夫姜桂因地，辛在本性；文章由学，能在天资。（同上《事类》）

（7）芥似菘而有毛，味辣。（《本草纲目·菜一·芥》（集解）引南朝梁陶弘景）

（8）六月中，取小麦，净淘讫，放瓮中以水浸之，令醋。（北魏贾思勰《齐民要术·黄衣、黄蒸及糱》）

（9）陆珍熊掌烂，海味蟹螯咸。（唐白居易《奉和汴州令狐相公二十二韵》）

（10）老去齿衰嫌橘醋，病来肺渴觉茶香。（唐白居易《东院》）

（11）客来茶罢空无有，卢橘杨梅尚带酸。（宋苏轼《赠惠山僧惠表》）

（12）况吾姜桂之性，到老愈辣。（《宋史·晏敦复传》）

---

① 王学泰：《中国饮食文化简史》，中华书局、上海古籍出版社 2010 年版，第 74 页。

（13）红绽黄肥熟梅子，味果香**酸**。（明吴承恩《西游记》第一回）

作为口味的"五味"存在于人们的日常生活当中，我们可以切实地感受得到，故比较容易理解。

（三）其他口味——单音词

除了"五味"之外，与味觉相关的词语还有一些其他口味。我们首先看单音节词，因为对于口味而言，单音节词一般表示一种单纯的口味，或某食物口味的某个方面。如：

"鲜"可以用来指"味道鲜美"。如唐权德舆《拜昭陵过咸阳墅》："村盘既罗列，鸡黍皆珍鲜。""鲜"本为鱼名，后泛指鱼类，后范围扩大，可以指新鲜的动物，后又扩大到可以指刚收获的新鲜食物。"鲜"的核心义就是"新鲜"，鱼的新鲜、肉的新鲜、食物的新鲜等。故由此引申，又有了食物味道"鲜美"义。

"香"可以用来形容味美。如《吕氏春秋·审时》："得时之黍……春之易，而食之不喂而香。""香"为会意字，从黍从甘，造字之意为农作物的馨香，泛指芳香。《说文·香部》："香，芳也。"引申可指饮食的味道香美。

"淡"指"味不浓、浓度不高"。《说文·水部》："淡，薄味也。"也可以指"无盐或少盐"，与"咸"相反。如《管子·水地》："淡也者，五味之中也。"[1]《汉书·扬雄传下》："大味必淡。"[2]《宋史·张根传》："根性至孝，父病蛊戒盐，根为食淡。"前两例指"味不浓、浓度不高"，最后一例指"无盐或少盐"。

"薄"可以用来指"味淡"。如《庄子·胠箧》："鲁酒薄而邯郸围。"《楚辞·大招》："吴酸蒿蒌，不沾薄只。"[3]隐含"小、少"义的"薄"最初用来指物体的厚度小，如有"如履薄冰"等说法。后用法抽

----

① 尹知章注："无味谓之淡。"
② 颜师古注："淡谓无至味也。"
③ 王逸注："沾，多汁也。薄，无味也。"

象，可以用来指"轻微、小"，如有"厚此薄彼"的说法。如果饮食的味道"轻微、小、少"，那么就有了我们这里"味道淡"的含义。

"厚"可以用来形容味道浓、醇厚。如《列子·杨朱》："丰屋美服，厚味姣色。"汉枚乘《七发》："饮食则温淳甘膬，腥醲肥厚。"①"厚"本多指扁平物体上、下两面距离大，后词义泛化，用于味道则有"味浓"义。

"醇"可指"酒味淳厚"。如三国魏嵇康《琴赋》："兰肴兼御，旨酒清醇。"②"醇"本谓酒质浓厚，也可以指酒的味道浓厚。

"美"指"味道可口"。如《孟子·尽心下》："公孙丑问曰：'脍炙与羊枣孰美？'"《说文·羊部》："美，甘也。"段玉裁注："甘者五味之一，而五味之美皆曰甘。"

"旨"表示"味美、美味"。如《诗经·小雅·鱼丽》："君子有酒，旨且多。"③《论语·阳货》："夫君子之居丧，食旨不甘，闻乐不乐居处不安，故不为也。"④ "旨"的本义即为"味美、美味"。《说文·旨部》："旨，美也。"

"饴"指"味甜"。如《周礼·天官·盐人》："王之膳羞共饴盐。"⑤"饴"本谓糖稀，用米、麦芽熬成的糖浆，名词。因为"饴"味甜，故后"饴"又可指"味甜"，形容词。

"涩"指味不甘滑，像明矾或不熟的柿子那样使舌头感到麻木干燥的味道。如北魏贾思勰《齐民要术·种枣》："早收者涩，不任食之也。"唐李咸用《和吴处士题村叟壁》："秋果楂梨涩，晨羞笋蕨鲜。""涩"本指"不光滑"，用于"口味"，则是食物在口中，人们感到其"不光滑"。

"滑"指口感滑利。如北魏贾思勰《齐民要术·笨麹并酒》："合滓餐之，甘、辛、滑如甜酒味，不能醉人。""滑"的本义是"滑溜、光

---

① 李善注："厚酒肥肉。"
② 李善注："醇，厚也。"
③ 郑玄笺："酒美而此鱼又多也。"
④ 何晏集解："孔曰：旨，美也。"
⑤ 郑玄注："饴盐，盐之恬者，今戎盐有焉。"

滑"，形容词。《说文·水部》："滑，利也。"古代又可以用"滑"来指某些使菜肴柔滑的佐料。《周礼·天官·食医》："凡和，春多酸，夏多苦，秋多辛，冬多咸，调以滑甘。"贾公彦疏："滑者，通利往来，亦所以调和四味。"孙诒让正义："谓以米粉和菜为滑也。"后来，食物口感滑利、柔滑者也称为"滑"。

"腻"是食物中油脂过多而使人对饮食产生的感觉。如清况周颐《眉庐丛话·斋面奇闻》："久之，乃得其法：则选鸡雏肥美者，擘析其至精，缕而屑之入面中，故汁浓而无脂，味鲜弗腻，盖自是而高僧之誉骤衰矣。""腻"本指"肥、脂肪多"。《说文·肉部》："腻，上肥也。"后脂肪多、油腻的食物带给人的口感也被称作"腻"。

"麻"指"麻味"。如明张岱《夜航船》卷十九："川椒麻人，水能解。""麻"作"麻味"解，可能源于其"麻木"义，麻味使人只感觉到它的强烈存在，而感知其他味觉的功能不灵敏了。

"酥"指食物松而易碎。如清夏敬渠《野叟曝言》卷四："送上夜膳，看极丰腴，酒味醇浓，羹汤鲜美。三盘茶食，香甜酥软，可口非常。"朱自清《南京》："我倒是觉得芝麻烧饼好，一种长圆的，刚出炉，既香，且酥，又白，大概各茶馆都有。"

"脆"可指食品易碎而适口。如汉枚乘《七发》："甘脆肥脓，命曰腐肠之药。"北魏贾思勰《齐民要术·饼法》："截饼纯用乳溲者，入口即碎，脆如凌雪。""脆"本形容容易折断和容易破碎。用于食物，则指食物易碎适口。

"焦"可以指"酥、脆"。如宋周紫芝《五禽言·婆饼焦》："云穰穰，麦穗黄，婆饼欲焦新麦香。""焦"本指物体受热后失去水分，呈现黄黑色并发硬、发脆，干枯的、干燥的都可以叫作"焦"，比如"锅巴"也可以称作"焦"，后来也用它来形容酥脆适口的食物。又有"焦枣"指一种焦而脆的枣，其做法是将枣去核，用火烤干而成。"焦枣"有的地区也叫"脆枣"，是"焦"、"脆"同义。现代汉语普通话中没有这种用法，但在现代汉语方言中依然保留，如今河南话中就有用"焦"表示食物松脆可口义者。

"嫩"指某些食物烹调时间短。如元乔吉《中吕·满庭芳·渔父词》："蒌蒿香脆芦芽嫩，烂煮河豚。""嫩"本指初生而柔弱娇嫩，后又可转而指一些食物烹调时间短。

　　"老"指食物烹调时间过长，火候过大。如清佚名《梼杌闲评》第十三回："秋鸿道：'家里还有些酒，我去煮些鸡蛋来，吃个头脑酒罢！'进忠道：'好乖儿子，莫煮老了。'"清曹雪芹等《红楼梦》第五十回："已预备下稀嫩的野鸡，请用晚饭去罢，再迟一回就老了。"

　　（四）复音词

　　第一，并列式。分为以下两种情况：（1）同一味道并列，构成同义并列式复音词。如"甘甜"、"甜甘"、"辛辣"，这三个词语都属于不同历史时期同义词语的连用，这是汉语复音词比较常见的一种构词方式，是汉语词汇复音化潮流下的产物。（2）不同味道并列（复合味道），构成同类并列式复合词。如"酸甜"、"香辣"、"麻辣"、"腥腻"、"香腻"、"香甘"（甘香）、"香甜"、"鲜香"、"鲜美"、"甘鲜"、"鲜爽"、"鲜甜"、"嫩腻"、"滑嫩"（嫩滑）、"爽脆"、"肥脆"、"脆美"、"恬脆"、"甘脆"、"酥脆"、"松脆"、"鲜脆"、"肥甜"、"咸苦"、"苦涩"、"酸涩"、"滑腻"、"腥咸"、"醇香"、"鲜馥"、"清香"等。这类词语的意义一般比较好理解，就是两种味道的叠加。

　　第二，偏正式。如"怪味"谓奇怪的味道。"多味"谓混合口味。"喷香"谓香气浓郁。其中"多味"、"怪味"为定中式复合词，"喷香"是状中式复合词。

　　第三，动宾式。"爽口"谓清爽可口。"可口"味食物味美合口胃。[①]"利口"谓爽口、可口。因为口味的直接体验者是"口"，故"爽口"、"可口"、"利口"这些动宾式词语可以表示饮食对"口"的作用。

　　第四，ABB式形容词。如"甜津津"形容味道甜美。"甜蜜蜜"形容味道很甜。"甜丝丝"形容味道甘甜。"甜滋滋"形容味道甘甜。"甜甘甘"形容味道甘甜。"甜渍渍"形容味道甘甜。"酸溜溜"形容酸的

---

　　① "可口"语出《庄子·天运》："三皇五帝之礼义法度，其犹相梨橘柚邪！其味相反而皆可于口。"

味道或气味。"涩剌剌"形容味道涩。"脆生生"指食物松脆。"辣乎乎"形容食物味道辣。

二 与人类嗅觉相关的词语

嗅觉是人类的基本感觉之一。嗅觉的主要器官是鼻子。《论语·乡党》曰:"恶臭,不食。"《荀子·正名》曰:"香、臭、芬、郁、腥、臊、漏、庮奇臭,以鼻异。"与人类嗅觉相关的词语,有些是对"气味"的总称,它们不像口味类味道词语,更多地指饮食的口味,"臭"、"味"、"味儿"、"气味"、"味道"等则更多地指一般气味。如:

（1）上天之载,无声无臭。(《诗经·大雅·文王》)①

（2）口之于味也,目之于色也,耳之于声也,鼻之于臭也,四肢之于安佚也,性也。(《孟子·尽心下》)

（3）性类纯美,臭味芬香,孰有加此乎?(汉仲长统《昌言·论天道》)

（4）还似往年春气味,不宜今日病心情。(唐白居易《寒食江畔》)

（5）山瓶乳酒下青云,气味浓香幸见分。(唐杜甫《谢严中丞送青城山道士乳酒一瓶》)

（6）一时便觉那香气的味有些钻鼻刺脑。(清文康《儿女英雄传》第三十一回)

（7）这肉味儿就是从这北面的几间棚子中飘来的。(民国常杰淼《雍正剑侠图》)

（8）这屋子好大味。(曹禺《日出》第三幕)

（9）怪得很,仿佛有鸦片烟的味道。(曹禺《北京人》第二幕)

---

① 郑玄笺:"耳不闻声音,鼻不闻香臭。"

其中例（1）、例（2）、例（3）、例（4）、例（6）、例（8）与饮食无关，例（5）、例（7）、例（9）与饮食相关。由于这些总称类词语不仅不是专门用来表示饮食的嗅觉感受，而且也不经常用于饮食的嗅觉感受，故从略。就嗅觉的结果而言，无外乎好的气味和不好的气味。在此，本书试图以"馨香"类词语与"腥臊"类词语为例来说明与饮食相关的嗅觉对汉语语词的影响。

（一）"馨香"类词语

1. 香

"香"字小篆字形作"馫"，从黍从甘，是个会意字。《说文·香部》云："香，芳也。……《春秋传》曰：'黍稷馨香。'""香"最初可能是用来形容饮食，至少其字形构造源自饮食。"香"也常用来形容饮食之美，如：

（1）卬盛于豆，于豆于登，其香始升。（《诗经·大雅·生民》）

（2）有飶其香，邦家之光。（《诗经·周颂·载芟》）

（3）树橘柚者，食之则甘，嗅之则香；树枳棘者，成而刺人。故君子慎所树。（《韩非子·外储说左下》）

（4）细切葱白，熬油令香。（北魏贾思勰《齐民要术·素食》）

（5）走到里面看时，原来蔺氏在厨下整酒时，闻得酒香扑鼻。因吃夜饭，也自吃了碗把，两个丫鬟递酒出来，各各偷些尝尝。（明凌濛初《初刻拍案惊奇》卷十九）

2. 馨

"馨"谓"香气远闻、芳香"。如：

（1）尔酒既清，尔殽既馨。（《诗经·大雅·凫鹥》）①

（2）有椒其馨，胡考之宁。（《诗经·周颂·载芟》）②

---

① 毛传："馨，香之远闻也。"
② 高亨注："馨，散播很远的香气。"

（3）黍稷非<u>馨</u>，明德惟<u>馨</u>。（《左传·僖公五年》）

（4）年年抵住台风袭，干伟花繁子实<u>馨</u>。（董必武《椰林》）

3. 芬

"芬"谓"香、香气"。如：

（1）故不知味者以<u>芬香</u>为臭，不知道者以美言为乱耳。（汉桓宽《盐铁论·论菑》）

（2）訾者，考也，成也。言其考明法度，醇美訾然，若酒之<u>芬香</u>也。（汉应劭《风俗通·皇霸·五帝》）

（3）洗爵奠斝，有酒其<u>芬</u>。（《宋史·乐志十二》）

4. 苾芬

"苾芬"指祭品的馨香。如：

（1）<u>苾芬</u>孝祀，神嗜饮食，卜尔百福。（《诗经·小雅·楚茨》）

（2）豆笾<u>苾芬</u>，金石锵铿。（《元史·礼乐志三》）

5. 苾苾

"苾苾"谓香气浓郁。如：

（1）是烝是享，<u>苾苾</u>芬芬，祀事孔明。（《诗经·小雅·信南山》）

（2）蔚蔚丰秋，<u>苾苾</u>香秔。（南朝宋谢灵运《山居赋》）

（3）绿穗靡靡，青英<u>苾苾</u>。（唐张九龄《荔枝赋》）

6. 馨香/羶芗

"馨香"谓五谷的香气。如：

（1）所谓馨香，无谗慝也。（《左传·桓公六年》）

（2）其适来班贡，不俟馨香嘉味，故坐诸门外，而使舌人体委与之。（《国语·周语中》）

文献中"馩芗"亦可指五谷的香气。如：

（1）建设朝事，燔燎馩芗，见以萧光，以报气也。（《礼记·祭义》）

（2）故既奠，然后焫萧合馩芗。（《礼记·郊特牲》）

"馩"，通"馨"；"芗"，通"香"。对于例（1），明焦竑《焦氏笔乘·古字有通用假借用》云："《祭义》'燔燎馩芗'，馩芗读为馨香。馩芗、馨香古通用。"① 对于例（2），清王引之《经义述闻·礼记中》"馩芗"条曰："故既奠，然后焫萧合馩芗……馨馩声相近，故或以馩为声。焫萧合馨芗者，谓染萧以脂，合黍稷烧之，使馨芗上达于墙屋，故曰萧合黍稷臭阳达于墙屋也。"② 故"馩芗"即为"馨香"。③

7. 冽香

"冽香"谓清香，"冽"为"清澈"义。如：

郭生，京都人。年二十余，仪容修美。一日，薄暮，有老妪贻尊酒。怪其无因。妪笑曰："无须问。但饮之，自有佳境。"遂径去。揭尊微嗅，冽香四射，遂饮之。（清蒲松龄《聊斋志异·天官》）

---

① 焦竑：《焦氏笔乘》，上海古籍出版社1986年版，第184页。

② 王引之：《经义述闻》，凤凰出版社2000年版，第358页下。

③ 一说"馩"读如字。"馩芗"指古代祭祀时烧牛羊脂的气味。孙希旦《礼记集解》云："芗与香同。馩、芗，牛羊肠间脂也。羊膏馩，牛膏芗，《周礼·庖人》'春行羔豚，膳膏芗'，'冬行鱻羽，膳膏馩'，是也。《特牲礼》尸未入时，设馔缩神，'祝酌奠于铏南'。天子诸侯之祭，朝践时事尸于堂，朝践礼毕，尸未入室，亦先设馔于室，而酌酒奠之，然后焫萧合馩、芗，并有黍稷，上言'合黍、稷'，下言'合馩、芗'，互相备也。"（孙希旦：《礼记集解》，中华书局1989年版，第713—714页）

8. 喷香

"喷香"谓香气浓郁。如：

（1）快到炸馃子铺的时候，就嗅到一股喷香的气味。（李英儒《野火春风斗古城》）

（2）几个孩子人多手脚快，噼哩啪啦地生了火，一会儿就闻到喷香的饭味儿了。（欧阳山《三家巷》）

（3）高太太把汽锅鸡端上桌，汽锅盖噗噗地响，汽锅鸡里加了宣威火腿，喷香！（汪曾祺《日规》）

（4）虎子摸摸纸包，里边有几块硬邦邦的东西。他举到鼻子下闻闻，喷香。就抠出一块来，拿舌头舔舔，嗨，是洋糖。（邓友梅《别了，濑户内海!》）

9. 香喷喷

"香喷喷"形容香气四溢。如：

（1）有福州府甜津津香喷喷红馥馥带浆儿新剥的圆眼荔枝。（元无名氏《百花亭》第三折）

（2）我见了这香喷喷的羊肉，待想一块儿吃，我问他多少钞一斤，他道两贯钞一斤。（元郑廷玉《崔府君断冤家债主》第二折）

（3）那呆子急了，闻得那香喷喷供养要吃，爬上高台，把老君一嘴拱下去道："老官儿，你也坐得彀了，让我老猪坐坐。"（明吴承恩《西游记》第四十四回）

（4）独有香喷喷的这锺美酒，再没得把他沾唇。（清李渔《比目鱼·联班》）

（5）一股香喷喷的油炸葱花的味儿，直钻鼻子。（孔厥、袁静《新儿女英雄传》第八回）

10. 清香

"清香"谓清淡的香气。如：

（1）揭开盒盖，满屋里喷鼻清香。太太说："好鲜果子！今年比年时到的早。不知进过万岁爷没有？收到我卧房里去。"（清西周生《醒世姻缘传》第七十一回）

（2）煮了半日，才软了，取起将皮剥去，闻见异样清香。又换了水煮，直煮到晚，才极烂的，尽量吃了一饱，香甜无比。（清佚名《梼杌闲评》第十八回）

（3）众英雄进东村口，向西不远，就听饭铺之中刀勺一阵乱响，大概是煎炒烹炸，醋溜酱爆，放出清香之味。（清张杰鑫《三侠剑》第二回）

11. 甜滋滋

"甜滋滋"形容气味甜美。如：

我偏心眼儿，总是把头儿的铝饭盒子放在文火上的热着，用树枝串起他的玉米面窝窝头，用手拿着烤，烤得那金字塔形状的"进口"物品黄澄澄，外焦里软，散发着甜滋滋的香气。（朱春雨《陪乐》）

（二）"腥臊"类词语

在上古汉语中，饮食方面不好的气味多用"腥"、"臊"来形容。如《吕氏春秋·本味》："夫三群之虫，水居者腥，肉玃者臊，草食者膻，臭恶犹美，皆有所以。"《论衡·量知》："粟未为米，米未成饭，气腥未熟，食之伤人。"

1. 腥

"腥"指腥气。如：

其数九，其味辛，其臭<u>腥</u>，其祀门，祭先肝。（《礼记·月令》）

2. 臊

"臊"指腥臭的气味。如：

（1）辨腥<u>臊</u>膻香之不可食者。……犬赤股而躁，<u>臊</u>。（《周礼·天官·内饔》）

（2）夫虎肉<u>臊</u>，其兵利身，人犹攻之也。（《史记·楚世家》）

3. 膻

"膻"指像羊肉的气味，亦泛指臊气。如：

（1）好<u>膻</u>而恶焦，嗜甘而逆苦。（《尹文子·大道上》）

（2）食陆畜者，狸兔鼠雀，以为珍味，不觉其<u>膻</u>也。（晋张华《博物志》卷一）

4. 辛辣

"辛辣"又可谓气味辣。如：

（1）又有某太史，爱嗅鼻烟，只是嗅法不同，专觅年轻少妇，生下嫩滑莹洁的六寸圆肤，把鼻烟放在脚底里，仰承着，伸给太史狂嗅，便觉得<u>辛辣</u>中和着一股温香，直钻脑髓，脑子里好像饮了一杯木樨陈酿，醉醺醺百络俱酥，此种癖性，不知他怎样体会出来的。（清网蛛生《人海潮》第十三回）

（2）又加着这事起头之后，以后定有别的事务，从了这事发生，少不得也要自己想法，其中好处那不说得，想得欢喜，只把只旱烟袋吸个不停，那股<u>辛辣</u>烟气满布在室中，薰得客堂内烟气迷漫，白雾雾的混紧。（清黄南丁《风流奇案》第三十一回）

（3）又有鼻烟，制烟为末，研极细，色红，入鼻孔中，气倍

<u>辛辣</u>，贮以秘色磁器及玻璃水玉瓶盒中。（清李调元《南越笔记》卷五）

在汉语中，表示不好的饮食气味的词语不多，这大概与饮食追求美味有着密切的关系。

三 小结

整体来看，与嗅觉相关的饮食词语数量要少于与味觉相关的饮食词语，尤其是专门用于与嗅觉相关的饮食味道类词语。究其原因，大概是因为对于饮食而言，其口味远远比带给人的嗅觉感受重要。

第六节 饮食名称与汉语词汇

"民以食为天。"自古以来，人们赖以生存的饮食经历了千变万化，种类繁多。人们如何对它们进行命名，这也是一门大学问，显示了汉语丰富的表现力。虽然早期有些饮食名称与字形有着密切的关系（如"禾"、"年"等），但大部分饮食的命名则是从词汇层面体现了人类的智慧。

这些饮食名称有对自然之物的命名，也有对人工之物的命名。本节从以下几方面来说明饮食名称与汉语词汇的关系。

一 单音节饮食名称

单音节饮食名词一般是较为笼统的一类概念，如"糖"、"瓜"、"米"等。由于单音词传递的信息较广，故它们一般只是交代了一个大的意义类别。具体是什么"糖"，什么"瓜"，什么"米"等，却需要进一步的修饰、限定，如"冰糖"、"喜糖"、"桂糖"、"水果糖"、"砂糖"等，"南瓜"、"地瓜"、"冬瓜"、"木瓜"、"胡瓜"、"甜瓜"等，

"南米"、"小米"、"大米"、"陈米"、"白米"、"粳米"、"糙米"等。

单音节饮食名词的外延一般较为广泛，确指性比较差。由于人们对事物认识的精确性的要求，逐渐在单音节的基础上加上修饰、限定成分，使表义更加清晰，从而也为区分不同的饮食提供了便利。

二　加修饰、限定成分构成的饮食名称

如果要对一类饮食做限定，则要加入修饰、限定成分。这些修饰限定成分可以是饮食的颜色，如"红枣"、"紫薯"等；也可以是饮食的形状，如"大枣"、"大豆"等；也可以是饮食的制作方式，如"蒸饼"、"腌肉"等；也可以是饮食的制作原料，如"枣糕"、"米酒"等；也可以是饮食的用途，如"药膳"、"开胃菜"等；也可以是产地，如"湘菜"、"番茄"等；也可以是饮食的性质，如"香菜"、"香菇"等；也可以是饮食的产出者，如"鸡蛋"、"蜂蜜"等；还可以是人物，如"东坡肉"、"麻婆豆腐"等。

还有一些隐喻的说法，比如"冰糖"、"荷包蛋"等。

用加修饰、限定成分构成的饮食名词在饮食命名之时运用最多，它能够尽可能满足对饮食说明的需要，且这种构造方式可以使人联想到该饮食大概是一种什么样的饮食，至少知道此种饮食所属的大类。

三　由借喻、借代而来的饮食名称

在汉语饮食词汇中，还有用借喻、借代的方式构成的饮食名词，这些词语一般形象生动地展示了该饮食所具有的某个方面的显著特点。

借喻是比喻的一种，它是以喻体来代替本体，本体和喻词都不出现，直接把甲（本体）说成乙（喻体）。由于借喻只出现喻体，所以能产生更加深厚、含蓄的表达效果，同时也使语言更加简洁。如"龙眼"、"佛手"等，这样的词语相对比较容易理解。

陈望道指出："所说事物纵然同其他事物没有类似点，假使中间还

有不可分离的关系时，作者也可借那关系事物的名称，来代替所说的事物。如此借代的，名叫借代辞。"① 饮食名称在命名之时，有时也用"借代"这种方式。如"薄脆"、"黄香"等，这类词语如果没有语境提示的话，比较难准确联想到它们所指之物。

由借喻、借代而来的饮食名词属于修辞造词，故一般而言，这类的词语相对雅致。

四 由其他方式命名的饮食名称

从古至今，一些商家的菜谱取名都颇具艺术性。陆华芳指出："菜肴艺术名称大多不涉及菜肴的具体内容，而是对菜品特色加以形容夸张，另立新意，突出的是菜肴的艺术品位和寓意；从历时的角度看，古今菜肴艺术名称的类别主要包括诗画型、寓意型、祈愿型、谐趣型、应景型。"② 谭汝为指出："经过艺术化处理，为普遍菜肴精心地取一个化俗为雅的名字，确实是中华饮食文化的一个特点。" 例如广式菜品——竹笋炒猪肋排取名"步步高升"；发菜炖猪手取名"发财到手"；冬菇烧青菜取名"金钱满地"等。③ 当然，这些菜名也有很多用了比喻或借代的方式命名。整体而言，菜肴艺术命名比较复杂，它更多地体现了商家与消费者之间的微妙心理关系。

还有一些外来饮食的命名，还有用音译的方式，如全音译的"车厘子"、"可可"、"咖啡"、"拿铁"、"汉堡"、"三明治"、"寿司"、"柠檬"等；半音译半意译的"苹果派"、"香槟酒"、"披萨饼"（又译"比扎饼"、"比萨饼"）；音意兼译的"可口可乐"等。

总之，饮食种类繁多，其命名也很复杂。尽管如此，由上面的分析可以看出，人们对饮食的命名并非无规律可循。

---

① 陈望道：《修辞学发凡》，上海教育出版社 1997 年版，第 80 页。
② 陆华芳：《汉语菜肴艺术名称研究》，硕士学位论文，湘潭大学，2008 年。
③ 谭汝为：《中华菜肴命名艺术谈》，《修辞学习》2002 年第 2 期。

第三章　汉语饮食词语的意义探析

词义是词语的灵魂，深入理解词义是词语研究的关键环节。对于汉语饮食词语，虽然它们存在于日常生活当中，但我们未必能够给予足够的关注，对它们的含义未必可以准确、深入地把握。因此，对这些饮食词语的意义探析就显得非常重要。本章分单音词、复音词、词族三部分，分别以"锅"、"味道"以及"炒"族词语为例，对汉语饮食词语意义研究的重要性加以阐释。

第一节　单音节饮食词语——以"锅"为例

自古至今，炊具典型成员的材质特点（普通、经济实惠）及功能特点（一般炊煮）并未发生过实质性的变化，而其称谓却发生了变化。近代前期及以前，炊具的典型成员称"釜"；从近代后期开始，"釜"逐渐被"锅"取代。在现代汉语普通话中，"锅"已经完全取代了"釜"成为炊具的典型成员。本节试图从文献记载出发，对"锅"做炊具的由来，"锅"的前身，以及"锅"的隐喻繁衍情况进行阐述。

一　研究现状

关于"锅"的来源及演变，学者们曾做过一些研究。如梁冬青从方言地理学的角度，考察了"鼎"、"镬"、"锅"的历时演变。她认为：作为炊具，"鼎"、"镬"、"锅"具有历史演变关系。在唐代，"鼎"已被"镬"取代。宋代以后，在中原地区，"锅"逐渐取代了"鼎"、"镬"，成了炊具的主要名称。① 徐时仪指出，"鼎"、"鬲"、"釜"、"镬"、"锅"等词皆为汉语中的烹饪工具，古时读音相近，但并非皆为同源词，而是既有声转相通的关系，又有古今词语的更替关系。② 王绍峰认为汉语中"锅"一词最早出现于隋朝的翻译佛经中，起初只是一个方言词，后来渐渐进入全民词汇，并认为"锅"的前身是"鼎"。③ 李福唐通过对近代汉语的"锅"、"镬"二词使用情况的考察，认为"锅"基本替换"镬"等词的具体时期应为元代，并指出"锅"的历史演变轨迹大致有三个阶段：萌芽期（唐以前）→发展期（唐宋）→成熟期（元以后）。④

　　总之，学者们对"锅"的考察，一般是对其前身以及取代"鼎"或"镬"占据优势地位的时间等的探讨，认为"锅"的前身为"鼎"或"镬"，大致在唐朝前后，"锅"取代了"鼎"或"镬"占据优势地位。

二　"锅"作炊具的由来

　　"锅"字《说文》不收，《汉语大字典》"锅"条有如下四个义项：①车釭。②盛膏器。③烹煮食物的器具。④形状象锅的东西。而《汉语大词典》"锅"条有如下三个义项：①烹饪用具。圆形中凹，多用铁制。②形状像锅的东西。③用作量词。可见，《汉语大字典》将"车釭"列为"锅"的第一个义项，而《汉语大词典》则认为"锅"早期就用来表示炊具。然而经过考察，我们发现"锅"的早期意义既非

　　① 梁冬青：《"鼎""镬""锅"的历史演变及其在现代方言中的地理分布》，《古籍整理研究学刊》2000 年第 4 期。

　　② 徐时仪：《鼎、鬲、釜、镬、锅的演变递嬗考察》，《湖州师范学院学报》2002 年第 2 期。

　　③ 王绍峰：《说"锅"及其他》，《阜阳师范学院学报》2002 年第 5 期。

　　④ 李福唐：《近代汉语常用词锅、镬考》，《理论界》2009 年第 2 期。

"车钌"也非"烹饪用具",而是"盛膏器"。

《方言》卷九:"盛膏者乃谓之锅。""锅"的早期意义应该是盛膏器,"膏"即为油脂。如《礼记·内则》:"沃之以膏曰淳熬。"作动词则有"注油脂使其润滑"义。如唐韩愈《送李愿归盘古序》:"膏吾车兮秣吾马,从子于盘兮,终吾生以徜徉。"唐段成式《酉阳杂俎·物异》:"石漆,高奴县石脂水,水腻,浮水上如漆,采以膏车及燃灯,极明。"可见,"膏"经常用来润滑车,以至于车施膏之处"车钌"也被称为"锅"了。《方言》卷九:"车钌,燕、齐、海、岱之间谓之锅。"清钱绎《方言笺疏》:"膏施于车钌,故钌亦得锅名。"清王念孙《广雅疏证·释器》:"凡铁之中空而受柄者谓之钌。"

"锅"为"盛膏器"还可以由从"木"的"楇"找到旁证。"楇"是古时车上盛擦车轴油的容器。《说文·木部》:"楇,盛膏器。"南唐徐锴《说文解字系传》:"古者车行,其轴当常滑易,故常载脂膏以涂轴也。此即其器也。"清段玉裁《说文解字注》:"如今时御者,亦系小油缾于车以备用是也。"盛膏器有从"木"的"楇",表明其由木头制作而成,是木之中空者;有从"金"的"锅",表明其由金属制作而成,是金之中空者。

"膏"不仅可以用于车,还可以在烹饪时放在锅里作为传热介质或调味料。王学泰指出:"现代烹调中不可或缺的油脂,在周秦两汉时期已经广泛食用。但先秦时期人们所吃的主要是动物脂肪,'凝者曰脂,释者曰膏'。'脂'指有角的家畜(如牛羊)的脂肪,常温下较坚硬,色泽洁白;'膏'是无角家畜(如犬豕)的脂肪,较稀软。人们在烹饪时用脂膏作为传热介质(如油炸和油煎)和调味料。"① 故"锅"又用来指烹煮食物的器具。如晋徐广《孝子传》:"吴人陈遗为郡吏,母好食锅底焦饭。"唐陆龟蒙《奉和袭美茶具十咏·茶灶》:"盈锅玉泉沸,满甑云芽熟。"车钌需要"膏"来润滑,故车钌可以被称作"锅",而炊具需要"膏"作中介传热,故炊具亦被称作"锅",二者

---

① 王学泰:《中国饮食文化简史》,中华书局、上海古籍出版社 2010 年版,第34—35 页。

异曲同工。由作炊具的"锅"又可以引申为"形状像锅的东西",如"烟袋锅"等。

三 "锅"的前身

关于"锅"的前身,有"鼎"说,有"镬"说。然而通过考察,我们发现,"锅"的前身既非"鼎"也非"镬",而是"釜"。"鼎"、"镬"一般形制较大,且为烹饪肉食所用的器具。只有"釜"与"锅"的形制、功能相似。

(一)"鼎"的形制及功能

《说文·鼎部》:"鼎,三足两耳,和五味之宝器也。"早期有陶鼎,商周时期,青铜器出现,又有了青铜鼎。青铜鼎不是普通老百姓可以使用的食器,它是身份和地位的象征,是封建等级制度的体现之一。周海鸥指出:"鼎最初被作为煮肉的食器,后来逐渐演变成为祭祀专属的礼器,用以祭天祀祖,并作为贵族死后的随葬品之一。……鼎也因体积庞大、材质厚重、不易移动等特点,逐渐演化为象征国家政权的传国重器。"①"鼎"的这些社会功能也可以在以"鼎"为语素构成的词语中体现出来,如"钟鸣鼎食"谓击钟列鼎而食,形容富贵豪华。"享鼎"犹鼎食。"列鼎而食"形容贵族的豪奢排场。"三牲五鼎"可以用来指盛馔佳肴,也可以用来指丰厚的祭品。"钟鼎之家"指富贵宦达之家。以上词语可以说明"鼎食"之奢华。

又如"鼎业"指帝王之大业。"鼎甲"可以用来指豪族大姓,也可以用作科举制度中状元、榜眼、探花之总称。以鼎有三足,一甲共三名,故称。此外,还有"鼎力推荐"、"鼎鼎大名"、"人声鼎沸"、"一言九鼎"等耳熟能详的说法,均可以证明"鼎"之"大"与"重"。

---

① 周海鸥:《食文化》,中国经济出版社2011年版,第9页。

（二）"镬"的形制及功能

"镬"是无足鼎，是古时煮肉及鱼、腊之器。① 如《吕氏春秋·察今》中有："尝一脟肉，而知一镬之味，一鼎之调。""镬"在产生之初是配合"鼎"而使用，即先在镬中把肉煮熟，然后放入鼎中。② 可见，"镬"与"鼎"的功能大体一致，只是"鼎"有三足，而"镬"无足。"镬"的形制及功能在由它作为语素构成的词语中亦有体现，如："镬釜"指"大锅"。如北魏贾思勰《齐民要术·笨曲并酒》："用小麦不虫者，于大镬釜中炒之。"③ "牲镬"指古代烹祭牲用的大锅。如《周礼·春官·大宗伯》："眡涤濯，莅玉鬯，省牲镬，奉玉齍。"④ "汤镬"指煮着滚水的大锅。古代常作刑具，用来烹煮罪人。如《史记·廉颇蔺相如列传》："臣知欺大王之罪当诛，臣请就汤镬，唯大王与群臣孰计议之。"

总之，"鼎"、"镬"不是普通老百姓平常所使用的炊具，它们多用来煮肉，且体积较大。唐慧琳《一切经音义》卷十四："锅，烧器也。《字书》云：'小镬也。'"当然，随着时间的推移，"鼎"、"镬"也可以泛指"锅"，但从根本上说，"鼎"、"镬"与现在所谓的"锅"有着很大的区别。由于"鼎"并不实用，后被"镬"所取代。从形制与功能上看，"镬"与"鼎"具有一脉相承的关系。王学泰也指出："鼎最初是用来煮肉的炊器，但后来逐渐被镬取代。"⑤

---

① 《周礼·天官·亨人》："亨人掌共鼎镬以给水火之齐。"孙诒让正义："注云'镬所以煮肉及鱼、腊之器'者，《说文·金部》云：'镬，鑐也。'《淮南子·说山训》高注云：'无足曰镬。'《士冠礼》郑注云：'煮于镬曰亨。'又《特牲馈食礼》'亨于门外东方，西面北上'。郑彼注云：'亨，煮也。煮豕、鱼、腊以镬，各一爨。'《少牢馈食礼》有羊镬、豕镬。是镬为煮肉及鱼、腊之器也。"

② 王学泰指出："因为铜鼎足大底厚，烈火烧时容易受热不均，这样作为合金的青铜中的锡就不免会首先熔化流了出来，损坏鼎足，甚至使之折断。如果在隆重的宴享中出现这种现象，是被视为不祥的预兆的，必须尽力避免。因此在讲究排场的祭祀或宴享活动中，如必须要有'鼎食'这个节目，那么往往是在镬中把肉煮熟，然后再盛入鼎中。鼎只起了容器的作用，而非炊器了。"（王学泰：《中国饮食文化简史》，中华书局、上海古籍出版社2010年版，第22页）

③ 石声汉注："镬釜，大锅。"

④ 郑玄注："镬，烹牲器也。"贾公彦疏："省牲镬者，当省视烹牲之镬云。"

⑤ 王学泰：《中国饮食文化简史》，中华书局、上海古籍出版社2010年版，第22页。

（三）"锅"的功能与"釜"一致

"釜"为普通老百姓日常生活所用之物。《诗经·召南·采蘋》："于以湘之？维锜及釜。"毛传："湘，亨也。锜，釜属，有足曰锜，无足曰釜。""釜"为古炊器，也叫"鬴"。《说文·鬲部》："鬴，鍑属。从鬲，甫声。釜，鬴或从金，父声。""釜"为敛口圆底，或有二耳。其用如鬲，置于灶，上置甑以蒸煮。王学泰指出："'釜'、'鼎'、'鬲'、'甑'是最早出现的陶制炊具。前三种都是煮食用的锅子，区别是釜底部无足，鼎有三个实心足，鬲有三个空心足。……甑像底部有许多小孔的陶盆，其作用相当现在用以蒸饭的笼屉，可置于釜上或鬲上配合使用。"① 可见，"釜"为人们日常生活中的常见烹饪器具，可以烹煮各种食物。"甑"类似现在的蒸笼，它配合"釜"使用。"釜"在新石器时代为陶质，王仁湘指出："陶釜的发明在烹饪史上具有非常重要的意义，后来的釜不论质料和造型产生过多少次的变化，它们煮食的原理却没有改变。更重要的是，许多其他类型的炊器几乎都是在釜的基础上发展改进而成。"②

商周以后，随着青铜器的发明以及冶铁技术的成熟，又有了铜釜、铁釜等金属制作而成的釜。当铁器被广泛使用之时，铁釜也随之出现。由于其制作成本低，而且坚固实用，逐渐成为普通老百姓的日常用具。因此只有"釜"与"锅"在形制及功能上具有高度的一致性，故"锅"的前身应该是"釜"。还有"釜锅"一词可以用来泛指炊具。如《明史·鞑靼传》："蕃以金、银、牛马、皮张、马尾等物，商贩以缎绸、布匹、釜锅等物。"清郑燮《音布》："昨遇老兵剧穷饿，颇以卖字温釜锅。谈及音生旧时事，顿足叹恨双涕沱。"这些也都可以说明"釜"与"锅"关系之密切。

此外，"釜"与"锅"的隐喻繁衍情况也具有很大的一致性，比如由它们作为构词语素构成的词语中很多都与"生活"有着密切的关系。由"釜"作为构词语素构成的词语，如"釜中生尘"、"釜中生鱼"谓生活

---

① 王学泰：《中国饮食文化简史》，中华书局、上海古籍出版社 2010 年版，第 12 页。
② 王仁湘：《饮食与中国文化》，人民出版社 1993 年版，第 10 页。

贫困，断炊已久。"范釜"借指士之清贫。"轹釜待炊"指刮锅有声，等待烧火做饭，形容生活艰难。由"锅"作为构词语素构成的词语，如"等米下锅"形容境况很窘迫。"拔锅卷席"比喻带走全部家当。"扫锅刮灶"谓倾其所有。"揭不开锅"谓断炊。"砸锅卖铁"比喻竭尽所有。①

（四）"釜"、"锅"的典型用法是普通炊具

从"鼎"、"镬"、"釜"、"锅"的历代文献用例可以清楚地看出它们的典型用法，具体用例情况如表3－1所示。

表3－1   "鼎""镬""釜""锅"历代文献用例

朝代	文献	鼎		镬		釜		锅	
		用例总计	普通炊具	用例总计	普通炊具	用例总计	普通炊具	用例总计	普通炊具
先秦	左传	26	0	0	0	6	1	0	0
	战国策	24	0	0	0	4	4	0	0
	礼记	20	0	1	0	0	0	0	0
秦汉	史记	494	0	2	0	8	6	0	0
	汉书	64	1	8	0	5	5	0	0
魏晋六朝	三国志	28	0	7	0	1	0	0	0
	世说新语	4	0	0	0	4	4	0	0
隋唐五代	大唐新语	15	0	3	0	1	1	0	0
	敦煌变文集新书	14	0	20	0	10	10	2	1
宋辽金	武林旧事	3	0	0	0	1	0	2	2
	云笈七签	204	0	16	0	152	152	26	26
元	全元杂剧	206	0	31	0	3	3	97	97
	全元南戏	20	0	1	1	2	1	7	7
明	三国演义	31	0	2	0	2	2	5	5
	西游记	12	0	0	0	0	0	98	98
清	儿女英雄传	21	0	0	0	8	5	32	17
	红楼梦	25	0	0	0	1	1	12	12

由上表可知，从先秦到明清，"鼎"、"镬"（尤其是"鼎"）的文

---

① 关于"釜"与"锅"的隐喻繁衍情况，详见"由饮食器具的功用产生的隐喻"及"'锅'的隐喻繁衍"部分的相关论述，在此仅简单举例说明。

献用例都不少见，但老百姓日常生活中的普通炊具却一般既不用"鼎"也不用"镬"，而是用"釜"或"锅"。从先秦开始，"釜"就用来表示普通炊具。到了唐朝，"锅"开始有了普通炊具的用法，但在唐宋时期，"釜"仍是普通炊具的典型用法。到了元朝，"锅"基本取代了"釜"，占据了优势地位。从元朝到明清，一直到现代，"锅"依然保持其优势地位。面对现代琳琅满目的炊煮用具，"锅"又成为炊煮用具的统称。从老百姓日常炊具这一用法来看，"釜"与"锅"用法基本一致，"锅"的前身应当是"釜"。大概从元朝开始，"锅"逐渐取代"釜"，占据优势地位。

（五）方言佐证

由表 3–1 可见，虽然历代"鼎"、"镬"（尤其是"鼎"）的用例都不少见，但几乎没有用作普通炊具者（尤其是"鼎"）。然而现代闽方言（如福州、雷州、海口、建瓯、厦门话等地）有将普通炊具称为"鼎"者，吴方言（如宁波话等）、客家方言（如梅县话等）、粤方言（如东莞话等）有将普通炊具称为"镬"者。① 方言是语言的"活化石"，由此让人感觉"锅"的前身也可能是"鼎"或"镬"。通过调查和分析，我们认为用作普通炊具的"鼎"或"镬"应该一直都是方言用法，从始至终都并未进入通语当中。炊具是基本词汇中的成员，具有极大的稳定性，因此"鼎"或"镬"在这些方言当中一直沿用至今。随着现代物质文明的发展，炊具的种类越来越多，共同语中也产生了很多新生的炊具的名称。对于这些新生的名称，闽方言、吴方言、客家方言、粤方言等也是用"锅"作为中心词，如"电炖锅"、"高压锅"等，这是共同语对方言的影响。随着时间的推移，"锅"可能也会慢慢取代方言用法。此外，通过方言调查以及翻检各类方言词典，结果发现现代方言有"鼎"、"镬"作普通炊具的用法，而"釜"却基本没有作普通炊具的用法，② 这也间接说明了"锅"是在共同语的层面对"釜"的替

---

① 李荣主编：《现代汉语方言大词典》，江苏教育出版社 2002 年版，第 4309、6282 页。
② 仅扬州部分地区方言称覆盆形的锅盖为"釜冠"，似乎有一定的联系，但普通炊具亦不称"釜"。

换，"锅"的前身应当是"釜"。

由是观之，与"鼎"、"镬"通行于上层社会不同，"釜"与"锅"则与人们的日常生活有着不可分割的关系。我们认为"锅"的前身是"釜"，二者形制相似，且典型用法、使用人群、社会功用以及由"釜"、"锅"的隐喻繁衍（说明二者有着相似的深层隐含义）等都具有一致性。

四　"锅"的隐喻繁衍①

元明以后，"锅"逐渐取代了"釜"，成为人们对普通炊具的称呼。自此，由"锅"产生的隐喻便逐渐多了起来。"锅"的隐喻繁衍情况再一次说明了"民以食为天"观念深入人心。

（一）基本炊具——生活之源

1. 由于"锅"是厨房中的重要物品，故以"锅"作为构词语素构成的一些词语可以用来代指"烹煮食物"或代指"厨房"。如"熬锅"指做菜；"烧锅"可以泛指烧菜做饭；"上锅"谓烹煮食物，把食物放入锅内烧熟；"当锅"可以指"烧饭、料理炊事"；"开锅"指起火做饭；"锅房"、"锅屋"指"厨房"等。

2. 由于"锅"在人们的日常生活中占据着不可或缺的地位，故以"锅"作为构词语素构成的词语还可以用来指"生计"等。如："清灰冷灶"（也可作"清锅冷灶"）指没吃没喝，常用以形容贫困冷清的景象。"等米下锅"形容境况很窘迫。"送锅"指送礼贺人迁入新居。"饭锅"本指"煮饭的锅"，也用来比喻职业或生计。"分锅"指分家。"拔锅卷席"比喻带走全部家当。"扫锅刮灶"谓倾其所有。"揭不开锅"指断炊。"砸锅卖铁"比喻竭尽所有。"锅伙"指旧时单身工人、小贩等组成的临时性的、设备简陋的集体食宿处。"锅夥"指旧时天津同居共食的无赖游民。

① 关于词义的繁衍，本书将在下一章重点讨论，在此仅作简要阐述。

3. "锅"也经常用于一些俗语中，形象生动地传达某种抽象概念。如"吃着碗里看着锅里"比喻贪心不足。"砸锅"比喻做事失败。"戳锅漏"指暗中捣鬼的人。"揭锅"谓掀开锅盖，喻揭示结果或秘密。"连锅端"喻全部除掉，彻底解决。"一锅煮"谓对不同事物不加区别，一般对待和处理。"一锅粥"犹一团糟，形容极其混乱。"一个老鼠害一锅汤"比喻因一人、一事或一物而害了整体，贻误全局。

（二）锅或锅底具有"黑"的特征

锅或者锅底呈黑色，比如有"锅灰"是锅底的烟灰。左齐《唤醒了的山城》："墙壁、门板、竹片也成了我们的标语牌，锅灰、木炭成了墨汁的代用品。"有"锅烟"谓锅底上的烟灰。耿简《爬在旗杆上的人》："石灰刷个白地子，用锅烟子写标语，用红土画上一个红边，不是挺好看吗？"还有"锅底"谓锅的底部与烟火直接接触的一面，颜色漆黑。马烽、西戎《吕梁英雄传》："外面有雪花飘打，满天乌云，阴得如锅底一般。"由此也产生了一些隐喻。如"锅铁脸"谓青黑脸皮。"黑锅"比喻不白之冤，一般用"背黑锅"比喻蒙受冤屈或代人受过。

（三）锅的功能是烹饪

锅的功能是烹饪，提到锅，也会使人联想到其功能——加火烹煮。东西置于锅中就意味着被烹煮，因此一些以"锅"为构词语素构成的语词具有"情况紧急、危险"之义。如"油锅内添上一把柴"比喻使事态更加严重。"热锅上蚂蚁"（也作"热锅上蝼蚁"）比喻处境艰困、惶急不安的人。"油锅上蚂蚁"形容心里焦躁、坐立不安的样子。"油锅"常比喻险境。"烧锅子"叽里呱啦的斥骂声，亦指爱叽里呱啦地斥责别人的人。

（四）像锅一样的东西

像锅一样的东西可以分为以下两种情况：第一，功能与锅具有相似性。如"烟袋锅"（也作"烟锅"）谓装在旱烟袋一头的金属的碗状物。"旱烟锅"谓旱烟袋。第二，外形与锅具有相似性。人驼背，其形状犹如锅一般，因此驼背也可称为"罗锅"或"背锅"。

五　小结

"锅"的早期意义为"盛膏器"，引申有"车钉"义。"锅"作"炊具"其前身为"釜"，元明以后，"锅"逐渐取代"釜"成为普通炊具的称谓。此后，由"锅"繁衍，产生了很多隐喻用法，其隐喻繁衍模式如图3－1所示。

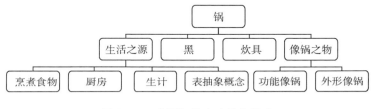

图 3－1　"锅"的隐喻繁衍模式

由此可见，"锅"的隐喻繁衍体现了它作为基本炊具在人们日常生活中的重要性。

第二节　双音节饮食词语——以"味道"为例

在现代汉语普通话中，"味道"是个名词。《现代汉语词典》（第7版）"味道"条有三个义项：①物质所具有的能使舌头得到某种味觉的特性。②气味。③指趣味；情趣。① 然而"味道"的本义是什么？它是什么结构？什么词性？又是如何发展演变为现代汉语的用法？这些问题都值得深入探讨。鉴于目前学界尚无对"味道"一词的来源及发展进行细致研究的论著，本节拟对此作出较为细致的研究，借以窥饮食味道类词语的特点之一斑，也为汉语词义以及构词法等研究贡献绵薄之力。

---

① 中国社会科学院语言研究所词典编辑室：《现代汉语词典》（第7版），商务印书馆2016年版，第1362页。

一　"味道"的本义

首先从文献用例出发，发掘"味道"一词的本义。

"味道"连用始见于东汉。如：

（1）安贫乐潜，味道守真。（汉蔡邕《被州辟辞让申屠蟠》）

此例中，"味道"与"守真"并举，二者均为动宾式复合词（或者也可以称作词组），义为"体味道的哲理、体察道理"。东汉时期，"味道"连用不多见。从魏晋开始，"味道"连用逐渐多了起来。如：

（2）蓨令田畴，至节高尚，遭值州里戎夏交乱，引身深山，研精味道，百姓从之，以成都邑。（三国魏曹操《爵封田畴令》）

（3）吐辞则藻落杨班，抗心则志拟高鸿，味道则理贯庄肆，研妙则颖夺豪锋。（三国魏曹丕《对儒》）

（4）既处隐约，潜躬味道，足不逾阈。（三国魏邯郸淳《汉鸿胪陈纪碑》）

（5）钩深探赜，味道研机。（晋潘岳《杨仲武诔》）

（6）夫士以三坟为金玉，五典为琴筝，讲肆为钟鼓，百家为笙簧，使味道者以辞饱，醲德者以义醒。（晋葛洪《抱朴子外篇·安贫》）

（7）至若齿危发秃之老，含经味道之生，莫不北面人宗，自同资敬，性托夷远，少屏尘杂，自非可以弘奖风流，增益标胜，未尝留心。（南朝梁任昉《王文宪集·序》）

（8）严君性沈静，立志明霜雪。味道综微言，端著演妙说。（北魏常景《严君平》）

魏晋时期，"味道"连用表示"体味道的哲理、体察道理"义比较常见，可以将其看作动宾式动词，后代沿用。如：

（9）及长，闲居味道，不求荣利。（《隋书·卢太翼传》）

（10）味道能忘病，过庭更学诗。（唐钱起《酬刘起居卧病见寄》）

（11）味道韬光，伴耕钓、城南涧曲。（宋曹冠《满江红》）

（12）小生白身，味道安贫，视此徒何足云云。（元官天挺《死生交范张鸡黍杂剧》第一折）

（13）雍正三年八月吉日，诏言："帝王御宇，咸资典学。朕承庭训，时习简编。味道研经，实敷政宁人之本。兹当释服，亟宜举行。"于是进讲如仪。（《清史稿·礼志八》）

到了明清时期，"味道"就很少用作"体味道的哲理、体察道理"义的动词，而多用作表"口味"义的名词了。① 到了现代汉语，"味道"的动词用法消失，名词用法取而代之，这一点从《现代汉语词典》就可以清楚地看出来。②

总之，就现有文献记载来看，表"体味道的哲理、体察道理"义的"味道"连用始见于东汉，魏晋盛行，明清以后逐渐消失。

二　"味道"成词的原因

关于"味道"成词原因的探讨，我们首先从"味"与"道"两个语素入手。

（一）味

《说文·口部》："味，滋味也。""味"本义为"滋味"，即舌头尝

---

① "味道"的"口味"义将在下文专门论述，此不赘述。

② 此外，在现代汉语方言中，"味道"一词还有名词用法。如柳州方言"味道"作形容词可以表示"有滋味、有意思、有趣味"，有"很味道"等说法。（李荣主编：《现代汉语方言大词典》，江苏教育出版社 2002 年版，第 2207 页）形容词"味道"仅存在于某些方言，可能是名词"味道"用法在某些方言的特殊发展，比较少见。

东西得到的感觉，是个名词。① 如：

  （1）子在齐闻《韶》，三月不知肉味。（《论语·述而》）

  （2）味不过五，五味之变不可胜尝也。（《孙子·势》）

引申又有"辨别滋味"义，动词。如：

  （3）为无为，事无事，味无味。（《老子》第六十三章）

  （4）黼衣黼裳者不茹荤，非口不能味也，服使然也。（《荀子·哀公》）

"味"的这些用法在上古时期都已经出现。如果动词"味"的宾语由饮食扩展到其他领域，则"味"就有了"研究、体会"义，其产生时间也是汉朝。如：

  （5）慎修所志，守尔天符，委命共己，味道之腴，神之听之，名其舍诸！（《汉书·叙传上》）

  （6）子云勤味道腴。（汉桓谭《答扬雄书》）

  例（5）"味道之腴"为动宾式词组，其结构为"味（动词）＋道之腴（名词性结构）"。例（6）"勤"为状语，"味"为谓语动词，"道腴"为定中结构的宾语，"味"与"道"之间没有直接的组合关系。

  除了"味道"外，魏晋六朝时期还有"味览"、"寻味"、"含味"、"钦味"、"研味"、"耽味"、"甄味"、"讽味"等词语，其中的"味"都是"研究、体会"义，其对象也都不是饮食。值得注意的是，在这些词语中，"味"都是一个仔细品尝的过程，要细细体会才可以。这来自"味"的辨别滋味，也是一个品尝的过程，也需要认真体会。王艾

---

  ① 本字作"未"，《说文·未部》："未，味也，六月滋味也。"《史记·律书》："未者，言万物皆成，有滋味也。"后表"滋味"义的"未"加义符"口"作"味"，分化了"未"的职能。

录指出："古代人类存在一种普遍的心理现象：在认识某一新生事物时，往往将它与某一已知事物相比较，而后抓住两事物的相似点，把已知的移植于未知的，或者依据已知的去推断未知的。"① 故"味"的"品尝、辨别滋味"义是"味道"连用的基础，"味"的宾语扩展到了饮食以外，其词义也随之泛化为"研究、体会"，这是"味道"成词的关键因素之一。

（二）道

"道"字从"辵"，《说文·辵部》："道，所行道也。"其本义是"道路"。如：

（1）周道如砥，其直如矢。（《诗经·小雅·大东》）

（2）会天大雨，道不通。（《史记·陈涉世家》）

又可以借指宇宙万物的本原、本体，亦即宇宙万物依以运行的轨则，凡宇宙间一切现象都是"道"的体现。"道路"是具体可感的，且其特征是通畅，可以借此通往其他地方，而宇宙万物运行的规则却不可称说，所以借用了与之接近的具体概念"道"（"道路"义）来表示。如：

（3）一阴一阳之谓道。（《易经·系辞上》）②

（4）有物混成，先天地生。……吾不知其名，字之曰道，强为之名曰大。（《老子·道经》）

（5）道者，万物之所然者，万理之所稽也。（《韩非子·解老》）

也可以指"事理、规律"。如：

---

① 王艾录：《复合词内部形式探索——汉语语词游戏规则》，中国言实出版社 2009 年版，第 6 页。

② 韩康伯注："道者，何无之称也，无不通也，无不由也，况之曰道。"

（6）是以立天之<u>道</u>曰阴与阳，立地之<u>道</u>曰柔与刚，立人之<u>道</u>曰仁与义。（《易经·说卦》）

（7）夫舟浮于水，车转于陆，此自然<u>道</u>也。（《邓析子·无厚》）

"道"由具体的"道路"抽象化为"本体"、"规律"等义后，成为作用广泛、玄之又玄的东西。

"道"词义的不断泛化是"味道"一词产生的语义基础，东汉魏晋南北朝的社会环境则加速了"味道"一词的产生。聂石樵指出："东汉末至南北朝时期，佛、儒、道三家之争论比汉代今古文经之争，其规模更广大，论旨更深入。他们互相争论，也互相吸收，其中除去某些迷信成分之外，对我国思想界是一种开拓和丰富，其影响于文学创作者不仅在形式，更重要的在内容，不同时期都出现不同的变化。"[①]"味道"产生于东汉，盛行于魏晋六朝，原因显而易见。东汉时期，中国土生土长的宗教派别道教也是用了"道"字。不仅为道家、玄学家，甚至为儒家、佛家所利用，阐发他们的"道义"。"道"很抽象，它看不见摸不着，变幻莫测。正如《荀子·解蔽》所说："夫道者，体常而尽变，一隅不足以举之。"如果要参透"道"，则需要去认真体悟，故用了动词"味"，构成动词"味道"，形象生动。

虽然"味道"可以组合成词，但其词汇化程度并不高，上文所举"味道之腴"与"勤味道腴"例都可以说明这一点。董秀芳指出："动宾式双音词在双音词中的比例比偏正式要低得多，而且词汇化程度不很高。"[②] 朱彦指出："词和短语之间的界限不是泾渭分明的，从词到短语是一个连续统，其间存在着很多中间状态。"[③] 我们将早期"味道"看作短语也未尝不可，随着使用频率的增加，动词"味道"作为一个词语逐渐被人们所接受。

---

① 聂石樵：《魏晋南北朝文学史》，中华书局 2007 年版，第 14 页。

② 董秀芳：《词汇化：汉语双音词的衍生和发展》（修订本），商务印书馆 2011 年版，第 158 页。

③ 朱彦：《汉语复合词语义构词法研究》，北京大学出版社 2004 年版，第 273 页。

总之，"味"有"体味"义，而"道"又抽象、深奥，需要体味。"味"与"道"的语义特征是"味道"成词的语义基础，汉族人的思维方式是其成词的认知基础。此外，社会环境以及饮食文化等对汉语词语的产生也有着不可忽视的作用。

三　"味道"词义的发展

　　宋末明初，动宾式复合动词"味道"衍生出主要由语素"味"来承担表义功能的名词用法。

　　（一）"味道"词义的发展

　　宋末明初以后，"味道"一词出现了"口味"、"气味"、"意味"三种名词性义位。

　　1. 口味

　　明朝早期开始，"味道"就出现了"口味"的意义，后代沿用。如：

　　（1）那八戒食肠大，口又大，……张开口，毂辘的囫囵吞咽下肚，却白着眼胡赖，向行者、沙僧道："你两个吃的是甚么？"沙僧道："人参果。"八戒道："甚么味道？"（明吴承恩《西游记》第二十四回）

　　（2）时三更时分，到了昆仑丘山，见沙棠果然茂盛，那伙穷鬼每人先摘一个尝尝，滋味果然清甘，槐鬼也吃了一个，都道："好味道。……"（明钟惺《夏商野史》第三回）

　　（3）我和你好的时候，过冬过年也只买得半斤四两的猪肉，这羊肉总没有尝着他是啥仔味道。（清夏敬渠《野叟曝言》卷二）

　　（4）小人也不知道，听做月饼的司务说，他家的材料好，味道比我们的又香又甜。（清刘鹗《老残游记》第十八回）

　　（5）我内人说禾花雀炸了吃没有味道，照她家乡的办法，把肉末填在禾花雀肚子里，然后红烧。（钱钟书《围城》）

　　（6）这是薇蕨，摘了去，把下面的粗干切了，炒起来吃，味

道是很好的哩！（郁达夫《我的梦，我的青春!》）

"味道"的这种用法产生于明朝，清朝逐渐增多，发展到现代汉语已经成为一种常见用法。这些"味道"的主体均为饮食。

2. 气味

"味道"的"气味"用法也产生于明朝，现代汉语沿用，但用例在明清至今都远不及"口味"义多。如：

（1）好大圣，让过风头，把那凤尾抓过来闻了一闻，有些腥气，道："果然不是好风！这风的味道不是虎风，定是怪风，断乎有些蹊跷。"（明吴承恩《西游记》第二十回）

（2）假若他一声不出呢，他就得一天到晚闻着那种酸甜而腻人的味道，还得远远的躲着大家，怕溅一身山楂汤儿。（老舍《新韩穆烈德》）

（3）我怕闻她的味道，答应了她可以让她快点走。（钱钟书《围城》）

（4）怪得很，仿佛有鸦片烟的味道。（曹禺《北京人》）

（5）这时月亮已经高升，夜风带着腥咸的味道从海面上袭来。（关露《仲夏夜之梦》）

（6）进家已经中午十二点了，躺在炕上，想睡一觉，嗅到蒸馒头煮肉的味道又睡不着，……便把她喊叫进屋来。（李英儒《野火春风斗古城》）

（7）空气里弥散着汽油和金属的味道。（张贤亮《习惯死亡》）

（8）她和方爸爸在外屋咕咕哝哝说话，踢哩趿拉进来开一下灯，接着能嗅到香油和鸡蛋的味道，听到吃面条的叹息和咂舌声。（王朔《看上去很美》）

然而，表示"气味"的"味道"，有表示饮食的气味者，如例（6）和例（8）；也有其他的气味，而且大部分不是饮食的味道，如例（1）、例（2）、例（3）、例（4）、例（5）、例（7）。但它是通过饮食的"口味"引申而来，如例（1）中有"腥气"，例（2）中有"酸甜而腻人"，例（4）中有饮食词语"鸦片烟"，例（5）中的"腥咸"等。当然，"味道"的"气味"义为人们所普遍接受后，也可以不需要提示，如例（3）和例（7）。

3. 意味①

"味道"表示"意味"的用法，在清朝已经出现，这种用法在现代汉语中也比较常见。如：

（1）小散东也说："我也知道赌钱没甚味道，从今后再不去赌他了。"那知吃过饭，有朋友来和他又麻雀，他又去了。（清陆士谔《十尾龟》第十二回）

（2）想完，又将诗读了两遍，愈觉有味道。（清佚名《平山冷燕》第十四回）

（3）上海滩上寻些甚么事情做做呢？横说竖说，还是堂子生意做做吧，究竟老本行，不担风险，赚些死工钿，虽则无味道：倒底蚀本赚钱，好弗管帐，跌弗到缸海边上去的。（清网蛛生《人海潮》第十四回）

（4）很快的，她把钱先生的话，咂摸出味道来。（老舍《四世同堂》）

---

① 《汉语大词典》收了"味道"的"情味、意味"这一义项，且排在"滋味"、"气味"两个义项之前，首例为《朱子语类》卷五十七："两个都是此样人，故说得合味道。"实际上，"味道"的"情味、意味"义的产生时间是在现代而非南宋，且其来源为"味道"的"滋味"、"气味"义。《汉语大词典》列举的《朱子语类》卷五十七中"味道"并非"情味、意味"义，而是人名。原文为："先生甚然之，曰：'两个都是此样人，故说得合。'味道云：'"舜不告而娶"，盖不欲'废人之大伦，以怼父母'耳，如匡章，则其怼也甚矣！'"味道"用作人名在《朱子语类》中不乏其例，如卷三十一："味道问：'"过此，几非在我者"，疑横渠此谓始学之要，唯当知内外宾主之辨，此外非所当知。'"又如卷三十九："味道问：'善人只是好资质，全未曾学。'曰：'是。'"又卷九十五："味道问：'神如此说，心又在那里？'曰：'神便在心里，凝在里面为精，发出光彩为神。精属阴，神属阳。说到魂魄鬼神，又是说到大段粗处。'"又如卷一百一十四："仁父味道却是别，立得一个志趋却正，下工夫却易。"可见，《汉语大词典》由于对《朱子语类》的误解而导致义项排列的失当。

（5）这些事正如电影中的，能满足我们一时的好奇心，而没有多少<u>味道</u>。（老舍《阳光》）

（6）我不是诗人，对于一年四季无所偏憎。但寒暑数十易而后，我也渐渐辨出了四季的<u>味道</u>。我就觉得冬天的味儿好象特别耐咀嚼。（茅盾《冬天》）

（7）逛山的<u>味道</u>实在比游湖好。（朱自清《瑞士》）

（8）本来已届少眠年龄的她，这样提心吊胆地细尝恐怖的<u>味道</u>，就一刻也不得入梦。（叶圣陶《夜》）

（9）关大妈嚼嚼这句话的<u>味道</u>，突然感到自己的儿子，原来已长得那么高大，那么聪明。（茹志鹃《高高的白杨树·关大妈》）

"味道"的"意味"义则完全与饮食本身无关。有的留有一些饮食的痕迹，如例（4）中的"咂摸"，例（6）中的"咀嚼"，例（8）中的"细尝"，例（9）中的"嚼嚼"等，都可以说明这一点。

（二）动词"味道"如何演化出名词"味道"

"味道"本为动词（或者也可看作动词性词组），而其引申用法均为名词。原因何在？这是由于"道"词义的不断虚化、泛化，义位不断增多，人们对它的感知也趋于模糊，导致了其在"味道"一词中语义丢失，从而使"味"的意义凸显，成为仅靠"味"来表义的动宾式复合名词。这种现象也比较常见，周荐指出："词构与词性的关系并不是一一对应的，……汉语中不少合成词在古人构造它们之初，尤其是在它们词化未了之时，其结构关系应该与其词性存在着较大的一致性。不要说由短语凝固成的词，词构与词性若合符契，即使是并非由短语凝固成的词，词构和词性也不会大相径庭。然而随着词汇的发展，词构愈趋多元，词的用法更加复杂多样，再进一步说，词构受制于固定的词形，永远追赶不上词的用法灵活多变，这样一来，词构与词性的关系自然就愈来愈难以桴鼓相应、一一对当了。"①

---

① 周荐：《汉语词汇结构论》，上海辞书出版社 2004 年版，第 120—122 页。

自古至今，"味"的"口味"、"气味"义一直是其主要用法，故在
"味道"一词演化为主要由"味"表义后，"味道"的意义也与"味"
的常用义保持一致，这也体现了汉语词汇复音化趋势对其产生的影响。

　　在现代汉语中，名词"味道"中"道"已经倾向于读轻声了，
"道"的意义明显弱化，"味道"的词汇化程度增强。董秀芳指出："现
代汉语普通话的短语语音模式一般是前轻后重，如果一个双音词的语
音模式是前重后轻，与短语模式不同了，就说明其词汇化程度是比较
高的。"①

四　五官通感对汉语词汇的影响

　　那么"味道"一词如何同时拥有"口味"、"气味"、"意味"这三
种名词性义位？这恐怕与五官通感不无关系。

（一）　五官通感概说

　　目前学界虽然对"五官"的具体所指说法不一，但大多不离
"口"、"鼻"、"耳"、"目"等器官。无论"五官"具体指哪些器官，
它们之间必然有着密切的联系，体现在词汇方面则是与之相关的词语之
间也有着千丝万缕的关系。房德里耶斯指出："感官活动的名称也是容
易移动的，表示触觉与听觉、嗅觉、味觉的词常常彼此替代着用。"②
此外，与五官相关的词语可以与心发生联系。这些都与人的认知有着密
切的关系。王云路师指出："词语之间联系的纽带、义项之间联系的纽
带，就是基于先民对事物本质的认识，对事物之间本质联系的认识，以
及先人丰富的联想和推理。"③ 相似的地方以及相关的地方更加可以体
现这方面的特点。

　　回到本书的主要研究对象"味道"，它的三个名词性义位之间的关

　　① 董秀芳：《词汇化：汉语双音词的衍生和发展》（修订本），商务印书馆 2011 年版，第
158 页。
　　② ［法］房德里耶斯：《语言》，岑麒祥、叶蜚声译，商务印书馆 1992 年版，第 228—229 页。
　　③ 王云路：《中古汉语词汇史》（下册），商务印书馆 2010 年版，第 661 页。

系主要是味觉与嗅觉的通感，进而投射到感觉所形成。

（二）味觉与嗅觉的通感

在五官当中，口和鼻之间的关系相对密切，它们在对饮食的感知上相互依赖、密不可分。因此体现在词语方面，它们也可以相互转化。由于口与鼻对饮食的作用最重要，且二者有相通之处，故导致表示二者的词语在一定程度上又具有相通性。

首先，味觉转而形容嗅觉。如：

"味"可以指物质使舌头得到某种味觉的特性，也可以指物质使鼻子得到某种嗅觉的特性。如：

（1）子在齐闻《韶》，三月不知肉味。（《论语·述而》）

（2）臣闻古之徙远方以实广虚也，相其阴阳之和，尝其水泉之味，审其土地之宜，……此民所以轻去故乡而劝之新邑也。（《汉书·晁错传》）

（3）一时便觉那香气的味有些钻鼻刺脑。（清文康《儿女英雄传》第三十一回）

（4）这屋子好大味。（曹禺《日出》第三幕）

例（1）、例（2）为味觉，例（3）、例（4）为嗅觉。

"味儿"可以用于口味，也可以用于鼻子所闻到的饮食的味道。如：

（1）王婆出来道："大官人，吃个梅汤？"西门庆道："最好。多加些酸味儿。"（明兰陵笑笑生《金瓶梅词话》第二回）

（2）玉钏儿道："阿弥陀佛！这还不好吃，什么好吃。"宝玉道："一点味儿也没有。你不信，尝一尝就知道了。"（清曹雪芹等《红楼梦》第三十五回）

（3）这肉味儿就是从这北面的几间棚子中飘来的。（民国常杰淼《雍正剑侠图》）

例（1）、例（2）为味觉，例（3）为嗅觉。

"辛辣"既可谓味道辣，又可谓气味辣。如：

（1）朝歌大蒜，辛辣异常，宜分破去心——全心——用之，不然辣则失其食味也。（北魏贾思勰《齐民要术·八和齑》）

（2）胡椒，出摩伽陀国，呼为昧履支。……形似汉椒，至辛辣，六月采。（唐段成式《酉阳杂俎·木篇》）

（3）又有某太史，爱嗅鼻烟，只是嗅法不同，专觅年轻少妇，生下嫩滑莹洁的六寸圆肤，把鼻烟放在脚底里，仰承着，伸给太史狂嗅，便觉得辛辣中和着一股温香，直钻脑髓，脑子里好像饮了一杯木樨陈酿，醉醺醺百络俱酥，此种癖性，不知他怎样体会出来的。（清网蛛生《人海潮》第十三回）

（4）又有鼻烟，制烟为末，研极细，色红，入鼻孔中，气倍辛辣，贮以秘色磁器及玻璃水玉瓶盒中。（清李调元《南越笔记》卷五）

例（1）、例（2）为味觉，例（3）、例（4）为嗅觉。

"甜滋滋"形容味道甘甜，又可形容气味甜美。如：

（1）廖三一喝，这水比不上太平井的井水，可碰上渴的时候，也是甜滋滋的。（《太平天国歌谣传说集·太平井》）

（2）除此以外，路塍上无处不是莓类同野生樱桃，大道旁无处不是甜滋滋的枇杷，无处不可得到充饥果腹的山果野莓。（沈从文《我上许多课仍然不放下那一本大书》）

（3）我尝尝雨水，觉得也是甜滋滋的。（王桂芹《假期回乡日记》）

（4）我偏心眼，总是把头儿的铝饭盒子放在文火上的热着，用树枝串起他的玉米面窝窝头，用手拿着烤，烤得那金字塔形状的进口商品黄澄澄，外焦里软，散发着甜滋滋的香气。（朱春雨《陪乐》）

例（1）、例（2）、例（3）为味觉，例（4）为嗅觉。

其次，嗅觉转而形容味觉。嗅觉词语并不多，最典型的是"香"。

"香"本指谷物熟后的气味，引申指一切好闻的气味，芳香。又转而可以指味道好吃，甘美。如：

（1）卬盛于豆，于豆于登，其香始升。（《诗经·大雅·生民》）

（2）树橘柚者，食之则甘，嗅之则香；树枳棘者，成而刺人。故君子慎所树。（《韩非子·外储说左下》）

（3）得时之黍，……春之易，而食之不喂而香。（《吕氏春秋·审时》）

（4）水泉必香。（《礼记·月令》）

例（1）、例（2）为味觉，例（3）、例（4）为嗅觉。

由此可见，"味道"由"口味"转而可以指"气味"是一种常见的现象，符合人们的普遍认知规律。此外，视觉与听觉的通感也可以作为旁证。目和耳的关系相对密切，故有"视听"连言者。

（三）味觉、嗅觉投射于感觉

"五官"与"心"有着密切的关系。《荀子·天论》曰："耳、目、鼻、口、形，能各有接而不相能也，夫是之谓天官。心居中虚，以治五官，夫是之谓天君。"实际上，"感觉"就是"心"的一种体验。在通感方面，视觉、听觉、嗅觉乃至触觉，反馈给大脑，大脑作出反应。味觉与嗅觉的关系最为密切。"味道"一词由"口之味"（口味）、"鼻之味"（气味）进而到"心之味"（意味）也是一种广义的通感。味觉、嗅觉与感觉的通感关系如图 3-2 所示。

图 3-2　味觉、嗅觉与感觉通感

《荀子·荣辱》云："彼臭之而无嗛于鼻，尝之而甘于口，食之而安于体。"此之谓也。王云路师亦指出："我们常说的'通感'就是典型的相因生义。"① 这些都可以说明，在汉语词义的发展过程中，通感起了非常大的作用。从味觉、嗅觉映射到感觉，也符合人们由具体到抽象的思维方式。名词"味道"的义位由"口味"、"气味"到"意味"体现了在人们认知规律影响下，词义由具体到抽象的发展过程。

五 小结

通过五官通感，名词"味道"由"口味"义引申出"气味"义，进而在此基础上又引申出"意味"义。"味道"一词的产生及发展演变既受到了语言自身规律的制约，也受到了社会、文化以及心理等众多因素的影响。从动词"味道"到名词"味道"词汇化程度增强。

第三节 饮食词族——以"炒"族词语为例

无论是在古代还是在现代，"炒"都是重要的烹饪方法之一，它是把食物放到锅里加热并随时翻搅使熟。从语言学的角度来看，自古至今，"炒"的意义都较为单一，基本上只用作烹饪方式，有时也借作"吵"。然而从现当代开始，"炒"又有了一些隐喻意义，且由其作为构词语素具有较大的能产性，形成了一批"炒"族词语。"'炒'族词语"顾名思义，即含"炒"族词及"炒"族短语，本节拟对这些"炒"族词语进行阐述。

一 "炒"及"炒"族词语概况

改革开放以来，"炒"远远超出了烹饪方式的范畴，逐步扩展到了

---

① 王云路：《中古汉语词汇史》（下册），商务印书馆 2010 年版，第 714 页。

其他领域。"炒"的词义不断泛化，产生了"解雇"、"炒作"等新的意义，并产生了一系列"炒"族词语，为新产生的事物提供了很好的命名方式，丰富了汉语词汇的内容。首先以现代汉语方面的权威词典《现代汉语词典》（以下简称《现汉》）为参照，探索"炒"的隐喻义进入普通话的进程。

表 3-2　　　　　　　　　　　《现汉》"炒"义项变动

《现汉》版次	义项
第 1 版（1978 年）	烹饪方式，把食物放在锅里加热并随时翻动使熟，一般先要放少量的油
第 2 版（1983 年）	烹调方法，把食物放在锅里加热并随时翻动使熟，炒菜时要先放些油
第 3 版（1996 年）	①烹调方法，把食物放在锅里加热并随时翻动使熟，炒菜时要先放些油；②指倒买倒卖；③〈方〉指解雇
第 4 版（2002 年）	与第 3 版同
第 5 版（2005 年）	①烹调方法，把食物放在锅里加热并随时翻动使熟，炒菜时要先放些油；②炒作①；③炒作②；④〈方〉指解雇
第 6 版（2012 年）	与第 5 版同
第 7 版（2016 年）	与第 6 版同

由上表可以看出，《现汉》第 1、2 版只有一个义项，即"烹饪方式"。从 1996 年第 3 版开始，"炒"多了"倒买倒卖"及"解雇"两个新义项。从 2005 年第 5 版开始，"炒"的"炒作"义已经发展成熟，并进入普通话当中。而表"解雇"义的"炒"从 1996 年第 3 版到 2016 年第 7 版都被看作方言词。可见，"炒"的新义项是从 1983 年以后才逐步进入现代汉语普通话。中国第一大报《人民日报》在 1994 年第一季度有"最近几年，'炒'字的使用频率显著增加了"以及"如今兴起的炒风，其诀窍恰正在于这个'来回翻动'上"等说法。注重实效是报纸的重要特征之一，《人民日报》的说法不仅道出了"炒"在何时使用频率增加，也大致道出了"炒风"产生的缘由，即炒菜时的"来回翻动"。这些都可以证明，"炒"的新义位的广泛使用是在二十世纪九十年代初期。当"炒"从烹饪领域转向其他领域之后，产生了一系列的"炒"族词语。《现汉》对"炒"族新词的收录情况如表 3-3 所示。

表 3-3 　　　　　　　　　《现汉》"炒"族新词收录情况

《现汉》版次	"炒"族词语
第 1 版（1978 年）	炒冷饭
第 2 版（1983 年）	与第 1 版同
第 3 版（1996 年）	炒更、炒汇、炒家、炒冷饭、炒买炒卖、炒鱿鱼
第 4 版（2002 年）	与第 3 版同
第 5 版（2005 年）	炒房、炒风、炒更、炒股、炒汇、炒家、炒冷饭、炒买炒卖、炒手、炒鱿鱼、炒作
第 6 版（2012 年）	与第 5 版同
第 7 版（2016 年）	与第 6 版同

由上表可以看出，从 1996 年第 3 版开始，一些"炒"族词语已经进入现代汉语普通话了。表 3-1 及表 3-2 的统计结果也可以表明：二十世纪后期"炒"族词语一般与商业有关，多为"倒买倒卖"义；从二十一世纪初开始，"炒"的意义更加泛化，"炒作"义已经成为"炒"族词语的重要意义。

由于"炒"族词语是新词语，因此对它们的介绍除了《现汉》外，还有一些新词语词典，比如亢世勇、刘海润主编的《新词语大词典》收了 1978—2002 年出现的汉语新词，其中就收了"炒"及"炒 B 股"、"炒冰"、"炒更"、"炒古"、"炒股"、"炒汇"、"炒汇族"、"炒家"、"炒金"、"炒楼"、"炒楼花"、"炒买"、"炒卖"、"炒卖批文"、"炒票"、"炒手"、"炒星"、"炒星热"、"炒邮"、"炒鱿鱼"、"炒族"、"炒作"等 22 个"炒"族词语，并对它们进行了解释。① 此外，《新华新词语词典》②、《现代汉语新词语词典》③、《新世纪汉语新词词典》④、《现代汉语新词语词典》⑤ 等新词语词典也都收录并解释了一些"炒"族词语。

① 亢世勇、刘海润主编：《新词语大词典》，上海辞书出版社 2003 年版，第 132—135 页。

② 商务印书馆辞书研究中心：《新华新词语词典》，商务印书馆 2003 年版，第 29—30 页。

③ 林志伟、何爱英主编：《现代汉语新词语词典》，商务印书馆国际有限公司 2005 年版，第 90—92 页。

④ 王均熙：《新世纪汉语新词词典》，汉语大词典出版社 2006 年版，第 36—37 页。

⑤ 亢世勇、刘海润主编：《现代汉语新词语词典》，上海辞书出版社 2009 年版，第 35—36 页。

关于新产生的这些"炒"族词语，从语言学的角度来看，目前学界对它们的讨论并不多见。一些新词语方面的研究性著作当中会零星涉及"炒"族词语，比如《现代汉语新词语计量研究与应用》①、《改革开放中汉语词汇的发展》②、《汉语新词群研究》③、《新时期汉语新词语语义研究》④ 等，这些论著也都为"炒"及"炒"族词语的研究提供了一定的参考价值。仅曾祥喜（2000）曾对"炒"族词有过较为详细的专门研究，他认为："炒"的本义为一种烹饪方式，即把食物放在锅里加热后随时翻搅使熟，后来便引申带投机性质的倒卖活动（获利较多，而风险较大）。"炒"的表意生动、形象。炒菜要随时翻动，同样，股市行情变化万千，炒股者就是要不停地买进，不停地卖出，高抛低吸，这样才能达到盈利的目的。股票如此，其他一些有价值的证券或商品也是如此。于是，"炒"引申出大量的"炒"族词语。并认为"炒"大概在民国初年就产生了，它是个粤语商业词，即"炒"源自粤语。"炒"究其实质，具有投机的含义。⑤ 这种说法说明了"炒"族词语的部分特征，但尚不全面。

总之，对于这些新产生的"炒"族词语，目前尚存在较大的研究空间。鉴于此，本书拟从"炒"的对象、"炒"的修饰语、动词"炒"本身的特征等方面出发，对"炒"及"炒"族词语进行分析。

二　与"炒"的对象相关的隐喻

与"炒"的对象相关的隐喻，最典型的就是"炒冷饭"与"炒鱿鱼"。

（一）炒冷饭

"炒冷饭"比喻重复已说过的话或已做过的事，没有新的内容。

---

① 亢世勇等：《现代汉语新词语计量研究与应用》，中国社会科学出版社 2008 年版。

② 陈光磊主编：《改革开放中汉语词汇的发展》，上海人民出版社 2008 年版。

③ 刘吉艳：《汉语新词群研究》，学林出版社 2010 年版。

④ 杨振兰：《新时期汉语新词语语义研究》，齐鲁书社 2009 年版。

⑤ 曾祥喜：《"炒"族词及其社会文化意义》，《鄂州大学学报》2000 年第 3 期。

"炒冷饭"产生于现当代。如：

（1）讲良心话，阿英生活好，现在我的生活也不错，诉过去的苦派啥用场呢？还不是<u>炒冷饭</u>。（周而复《上海的早晨》）

（2）出版界最忌"<u>炒冷饭</u>"，跟在别人后面亦步亦趋终是难受。（1994年《报刊精选》）

（3）用这个题目我在几年前曾写过一篇小文。现在重<u>炒冷饭</u>，是由于在不久前纪念翁偶虹先生逝世周年座谈会上受到了启迪。（《人民日报》1995年7月）

（4）我单刀直入，请他复译雨果的《九三年》或《笑面人》。他说不爱"<u>炒冷饭</u>"，只爱译新的、自己喜欢的东西。（韩沪麟《马振聘的敬业精神》）

（5）现在再来重复这个问题和答案，实在有点像"<u>炒冷饭</u>"，没有多少味道。（《人民日报》1996年11月）

"炒冷饭"之所以可以用来表"重复已说过的话或已做过的事"之义，是由于"炒"的宾语"冷饭"具有"旧、剩"的特点。如例（1）"冷饭"与"过去"呼应，例（2）"冷饭"与"亦步亦趋"呼应，例（3）"冷饭"与"曾"、"现在重"呼应，例（4）"冷饭"与"新"相对，例（5）"冷饭"与"现在再来重复"呼应，都可以说明"冷饭"即"旧饭"、"剩饭"。清李渔《闲情偶寄》云："待客至而再经火气，犹冷饭之复炊，残酒之再热，有其形而无其质矣。""有其形而无其质"正道出了"冷饭"的特点：陈旧、无新意。

"冷饭"必然是由"旧饭"、"剩饭"变冷，如：

（1）两个自吃了一回，<u>剩下些残汤冷饭</u>，与卢俊义吃了。（明施耐庵《水浒传》第六十二回）

（2）却说差役黄江得了银两，将张昭饿了数日，后用猪油<u>炒了一碗冷饭</u>，将与他食。（清佚名《乾隆南巡记》第二十二回）

例（1）"冷饭"与"残汤"并列，且与"剩下"呼应，明显地表明"冷饭"之"旧、剩"的特点。例（2）"冷饭"与"炒"呼应，既然"炒"一定会把饭炒热，而这里说"炒了一碗冷饭"则表明"冷饭"就"旧饭"、"剩饭"。

在古代还有"冷炙"指已凉的饭菜、剩余的饭菜，如：

（1）残杯与<u>冷炙</u>，到处潜悲辛。（唐杜甫《奉赠韦左丞丈二十二韵》）

（2）每市一物入内，必经数处验查，饮食之属十不能得一，又不得自举火，虽严寒不过啖<u>冷炙</u>披冷衲而已。（明沈德符《万历野获编》卷二十一）

又有"残杯冷炙"、"余杯冷炙"、"残羹冷炙"等词语也都可以用来指吃剩下来的酒食。如：

（1）唯不可令有称誉，见役勖贵，处之下坐，以取<u>残杯冷炙</u>之辱。（北齐颜之推《颜氏家训·杂艺》）

（2）尖风薄雪，<u>残杯冷炙</u>，掩青灯竹篱茅舍。（元乔吉《卖花声·悟世》）

（3）受用<u>余杯冷炙</u>，胜如剩粉残膏。（明汤显祖《牡丹亭·寻梦》）

（4）只好磕头贺喜，讨一点<u>残羹冷炙</u>做奖赏。（鲁迅《且介亭杂文·拿来主义》）

现代还有"炒剩饭"的说法，如：

（1）我能懂得多少？还不是<u>炒别人的剩饭</u>！（姚雪垠《李自成》）

（2）献策碌碌，平日自诩尚能留心古今战争胜败之由，谈起来也能够娓娓动听，其实都是老生常谈，<u>炒前人剩饭</u>。（同上）

（3）三是大量作品重复出版，许多选编本一而再、再而三地

炒剩饭，败坏了小读者的胃口。（《人民日报》1995 年 5 月）

可见，无论是"冷炙"、"剩饭"，还是"冷饭"，都含有"旧、剩"的含义。

我们还可以从现代汉语方言中找到证据：据李荣主编的《现代汉语方言大词典》，成都话有"炒陈饭"，柳州话有"炒旧饭"，武汉话、长沙话、娄底话都有"炒现饭"（这里的"现饭"指现成的饭、已经做好的饭，也就是"旧饭"）也都可以比喻重复已经说过的话或做过的事，没有新的内容。① 这些词语都与"炒冷饭"异曲同工。

此外，"炒冷饭"还可以说成"炒……冷饭"，如：

80 年代的"文化热"中不少热门话题其实是炒五四时期的冷饭，而且某些议论未必有"五四"大师精当。（《人民日报》1996 年 1 月）

由"炒……冷饭"以及上文的"炒……剩饭"等说法可以看出，"炒冷饭"更像是短语。"炒冷饭"谓把剩饭重新炒热，比喻重复已说过的话或已做过的事，没有新的内容。"炒冷饭"的意义来源主要是由"冷饭"的特点所决定。

（二）炒鱿鱼

在现代汉语中，"炒鱿鱼"可以用来比喻被解雇。如：

（1）新上任的改革家，铁腕人物，第一招就是对那些调皮捣蛋的人物实行"炒鱿鱼"。（刘心武《公共汽车咏叹调》）

（2）你们不好好干，拿不出效益来，我照炒鱿鱼不误。（陈文念《"司大胆"与蒯大富》）

（3）在北京这个中国变化的中心，如果您搞不出什么信息来，

---

① 李荣主编：《现代汉语方言大词典》，江苏教育出版社 2002 年版，第 2375—2376 页。

等着老板炒鱿鱼吧！（《市场报》1994 年）

（4）不少青年男女观望、犹豫，担心一旦被洋老板"炒鱿鱼"，将来的工作和生活怎么办？（《人民日报》1995 年 9 月）

"炒鱿鱼"这个词语是在二十世纪九十年代才开始盛行。《人民日报》1993 年 5 月："更不用说从北京方言而流行全国的'倒儿爷'、'大款'、'侃大山'；由粤方言北上而产生的'的士'、'排档'、'炒鱿鱼'等词汇，以及据此创造出的'打的'、'面的'等生活用语。"又《人民日报》1993 年 11 月："青年人的择业和就业出现了两个新词：一叫'跳槽'，一叫'炒鱿鱼'。"

"炒鱿鱼"之所以可以表示"解雇"义，是因为鱿鱼炒熟后的形状（筒状）与铺盖卷相似，而"卷铺盖"又具有"解雇"义。如：

（1）黄三溜子回去，又把小当差的骂了一顿，定要叫他卷铺盖，后来幸亏刘大侉子讲情，方才罢手。（清李宝嘉《官场现形记》第二十回）

（2）老爷越发拍桌的动怒，立刻要送坊办，还是金升伯伯求下来，这会儿卷铺盖去了。（清曾朴《孽海花》第二十三回）

（3）你要付不下饭账来，今晚上你就卷铺盖回家！（民国常杰淼《雍正剑侠图》第十四回）

（4）到东光裕镖局把这事跟李国良一提，卷铺盖回家，花四爷就回山西。（同上，第七十三回）

而"卷铺盖"比较俗，而广东有一道普通的菜肴就是"炒鱿鱼"，人们发现鱿鱼炒后就会卷曲起来，与卷铺盖具有相似之处，故"炒鱿鱼"就成为解雇的戏称。此外，"炒鱿鱼"来自粤语，正如《人民日报》所说，"炒鱿鱼"是"粤方言北上"。

"炒鱿鱼"这种说法并非在产生之初就被人们所接受。如 1994 年《市场报》有："不尊重人格的、没有双向约束力的'炒鱿鱼'该休矣"，以及"认真考究'炒鱿鱼'这词，就可发现它是一个不规范、不科学的用语"等说法，然而现在人们似乎对"炒鱿鱼"已经司空见惯了。还有"炒……鱿鱼"的说法，如：

（1）这情形恰被卢总经理看见，他立即吩咐人事部"炒"了这位小姐的"鱿鱼"，理由是她"没有自尊"。（《人民日报》1993年8月）

（2）王久军闻言把眼睛一瞪："你再给我添乱，我炒你的鱿鱼！"（1994年《报刊精选》）

由"炒……的鱿鱼"这种说法可以看出，"炒鱿鱼"也更接近于短语。"炒鱿鱼"之所以有很大的发展空间，是因为它形象生动地反映了解雇这一现象，且对解雇是一种较为隐晦的说法，相对委婉。从上面的例证中可以看出，"炒鱿鱼"或"炒……鱿鱼"本是公司（或老板）炒员工的鱿鱼。后来随着"炒鱿鱼"使用频率的增加、"炒"词义的泛化以及人们对"炒鱿鱼"一词较为广泛的认知，"炒鱿鱼"也可以是员工炒公司（或老板）的鱿鱼。如：

（1）去年风行一时的中关村"炒老板"现象就使中关村许多企业蒙受了重大的经济损失。（1994年《报刊精选》）

（2）不是被老板炒鱿鱼而是炒老板的鱿鱼，现在已成了数量不少的女性的选择。（同上）

（3）公司员工小白一度炒了公司的鱿鱼，另拉旗帜闯荡，然而好景不长。（《人民日报》1995年7月）

（4）不仅大公司裁员，连雇员控股公司也在"炒老板"。（同上，1996年7月）

然而不管是谁"炒"谁的"鱿鱼"，"炒鱿鱼"都带有一些无奈的意味。此外，在例（1）、例（4）中，直接"炒老板"表示"炒老板的鱿鱼"，"鱿鱼"已经可以不用出现了，"炒"的对象"鱿鱼"隐含在动作"炒"中。可见，"炒"的词义已经泛化，它可以独用表示"炒鱿鱼"的含义了。

总之，"炒鱿鱼"及"炒"的"解雇"义源于"炒"的对象（鱿鱼）的特质。

"炒冷饭"与"炒鱿鱼"原本就是可以吃的食物，故这种隐喻仍与饮食相关，它们都尚未完全凝固成词，可以说它们都是动宾短语。

三　与"炒"的修饰语相关的隐喻

还有与"炒"的修饰语相关的隐喻，如"热炒热卖"、"生炒热卖"与"现炒现卖"等。

"热炒热卖"比喻临时学起来，凑合应付。如：

（1）只看我，我以前难道是内行？还不是热炒热卖，两三个月里旋学出来的。（李劼人《天魔舞》）

（2）不仅工作之余钻研，工作中碰到问题也从书本上找答案，"热炒热卖"。（1994年《报刊精选》）

（3）在7年时间里，延安各类院校按照陈云同志"热炒热卖"的短期培训方针，训练干部达20万人。（《人民日报》1995年10月）

（4）新外援、韩国球员李庆洙刚到队几天，也热炒热卖地派上场了。（新华社2004年新闻稿）

还有"生炒热卖"与"热炒热卖"义同。如：

这大部分作家如果有罪，罪在他们不能不吃饭，而为了要吃饭，又不得不在顾忌多端的夹缝中作微弱之呼声，不得不在饥寒交迫之生活中匆忙写作，生炒热卖。（茅盾《如何击退颓风》）

还有"现炒现卖"与"热炒热卖"义同。如：

（1）你看东西真是过目不忘啊，现炒现卖。（王朔《浮出海面》）

（2）英语、俄语我正在学，可以现炒现卖，农业管理和农机维修可以借助单位的优势搞函授。（《人民日报》1993 年 7 月）

（3）忘了带摄像机来了，否则回去立马可以现炒现卖，这样好的小品一定叫座。（同上，1993 年 8 月）

（4）而如今，神州处处有"左思"，其一挥而就，现炒现卖之举已弄得神州纸"贱"了。（《市场报》1994 年）

"热炒热卖"、"生炒热卖"、"现炒现卖"这三个词语虽然没有出现"炒"的对象，但从这三个词语的隐喻用法可以看出，它们还是侧重"炒"的对象的特质——"冷"与"热"。

四 与动词"炒"相关的隐喻

新词"炒"及"炒"族词语大部分是与动词"炒"的特质相关而产生的隐喻用法。这类词语一般而言就是《现汉》所谓的"炒作"①和"炒作"②，而《现汉》并没有在释义上对这两种"炒作"加以区别。实际上，这两种"炒作"依然很复杂。

（一）"炒作"①："炒"的对象为有价之物（本身的价值可以衡量）

改革开放以来，随着商业尤其是金融业的蓬勃发展，产生了一大批新词。刘吉艳指出："新事物出现的时候，人们总是寻求新事物与已有事物的关联点，建立两者的相似性联系，从而用对已知事物的经验来表达新概念，在原语义的基础上产生新语义。"① 其中"炒"就由饮食领域，发展到了金融领域，且具有很大的能产性，有"炒地皮"、"炒地"、"炒房"、"炒楼"、"炒股票"、"炒股"、"炒金"、"炒汇"等，

---

① 刘吉艳：《汉语新词群研究》，学林出版社 2010 年版，第 51 页。

这些词语伴随着社会发展的需要而产生。如：

（1）许多人把土地当作赌具，做投机事业，俗语说是炒地皮。（孙中山《民生主义》）

（2）明明，你现今也去炒股票了？（梁凤仪《金融大风暴》）

（3）炒股就得看股听股谈股，马儿和莫股评家一人一杯啤酒，畅谈股市走向。（卫慧《床上的月亮》）

（4）深圳市工商局先后查处以"高息投资、期货交易"为诱饵的黑市炒汇案件72起，罚没入库金额200多万元。（《市场报》1994年）

（5）随着房地产业的迅速发展，出现了"炒地"、"炒房"、"炒楼"等现象。（1994年《报刊精选》）

（6）国内黄金市场价格的个人黄金即时交易投资品种悄然亮相，意味着"炒金"有望成为中国百姓新的投资热点。（新华社2004年新闻稿）

由于"炒房"、"炒股"等"炒"族词语的盛行，因此又有了以迅速转手买卖以获利的"炒买"、"炒卖"与"炒买炒卖"，这都是动词"炒"具有的特征。如：

（1）他在洗钱、走私、炒买土地等等方面一直给这些犯罪分子提供帮助，同时也得到巨额利益。（张平《十面埋伏》）

（2）他看股市升降之准，以及出手炒买炒卖的狠劲，市场内不大多人能出其右。（梁凤仪《九重恩怨》）

（3）有些市县成片开发土地管理混乱，圈占土地、炒买炒卖的现象时有发生。（1994年《报刊精选》）

（4）还有些人采取不正当手段收购某种钱币囤积居奇，炒买炒卖，从中捞取不义之财。（《人民日报》1995年2月）

（5）同时要保护抗虫棉的知识产权，加强种子管理，警惕炒

<u>卖</u>抗虫棉种子，打击假冒伪劣现象，保证抗虫棉示范正常进行。
（《人民日报》1995 年 7 月）

（6）避免了承包方靠各种不正当手段搜集、<u>炒卖</u>工程信息，遏制了工程发包中的腐败现象和不正之风。（同上，1996 年 4 月）

（7）二是各种煤炭公司<u>炒卖</u>煤炭，使其价格越来越高，而质级差越来越大。（同上，1996 年 4 月）

"炒股"、"炒房"等"炒"族词语都是动宾结构，而"炒买"、"炒卖"、"炒买炒卖"则是偏正结构或偏正结构的联合。在这些词语中，动词"炒"用作方式状语修饰"买"、"卖"。"买"、"卖"是泛称，而"炒"是"买"、"卖"的具体方式。因此"炒买"、"炒卖"、"炒买炒卖"这些词语出现之时，也是"炒"相对稳定地获得了"倒卖"的含义。

又有"炒更"一词。商务印书馆辞书研究中心《新华方言词典》"炒更"条释义如下："兼职，轮流在几处上班。通行于广东、广西一带。……这个词是近几年从香港引进的，'更'是'打更'的'更'，引申为职业、工作，'炒'是倒腾的意思。"① "炒更"可以重复利用晚上的时间，获得更多的收入。"炒更"可以"炒"出更多的金钱和更多的时间。如：

（1）广州人把工余、业余时间挣钱称作"<u>炒更</u>"。（《市场报》1994 年）

（2）随着技术市场的形成和发展，许多企业职工纷纷利用自己的一技之长"<u>炒更</u>"。（同上）

（3）还有一些人要抓紧时间去"<u>炒更</u>"——到大排档、到发廊，再站上个把小时……（1994 年《报刊精选》）

（4）中央芭蕾舞团的演员们总是按时到排练厅练功，没有人

---

① 商务印书馆辞书研究中心：《新华方言词典》，商务印书馆 2011 年版，第 101 页。

去"走穴"或"炒更"。芭蕾舞团的一位负责人说:"我们再去走穴、炒更,愧对芭蕾舞团前面的'中央'二字。"(《人民日报》1995 年 5 月)

"炒更"一词可以说是"炒"的词义进一步推衍的结果,"炒"的宾语由金融业名词扩展到了抽象名词"更"。然而"炒更"的目的也是为了获得金钱,也与"商业"有一定的联系。

(二)"炒作"②:"炒"的对象为无价之物(本身的价值无法衡量)

目前,"炒作"已经超越了金融行业,扩展到了其他的领域。如:

(1)不少人写文章呼吁记者不要"炒星",劝说青少年不要盲目崇拜"明星"。(《人民日报》1994 年第 1 季度)

(2)近几年,一些媒体不知自持,竞相参与"炒星"。(同上,1994 年第 3 季度)

(3)古今中外,没有哪位正直的艺术家或哪种真正的艺术是靠炒而永恒的,更没有提前就炒红的。(同上,1996 年 2 月)

(4)就这一点来说,滥炒后现代主义"文本"说对中国文艺现状来说,并不是一件好事。(同上,1996 年 4 月)

(5)他说现在记者炒新闻,又错漏百出,给厂里的工作造成了混乱。(陈道《广州异型钢材厂拍卖前后》)

(6)花钱引外援不是摆花瓶,更不是炒新闻。(新华社 2004 年新闻稿)

以上有炒作明星、艺术、艺术家、文学、新闻等,这些又已经超出了狭义"商业"的领域,进入更加广阔、更加抽象的领域。这些"炒"族词语都是动宾结构。由于有各种各样的"炒",因此又有了"炒家"、"炒手"、"炒爷"、"炒户"、"炒族"等,表示进行炒作的人。如:

（1）各路"炒家"瞬间暴富，得益于一些地方几乎形同虚设的税收管理。（《人民日报》1993年9月）

（2）他们通常拿出一笔钱，利用职业炒手信息技术等方面的优势，所赚分成。（陈道《广州股民》）

（3）另据海南省统计，售出的商品房有70%在炒爷手中，尚未进入到消费者群列。（1994年《报刊精选》）

（4）恰恰就是这些"炒户"的投机活动哄抬了房地产市场，使海南的房地产业一度出现畸形发展。（《市场报》1994年）

（5）然而，事情总有个限度，如果一任"炒族""炒"下去，谁能担保，不会再出现4年前那种恶性通货膨胀？（尹兵辉《金融的困惑》）

这些"炒"族词语是定中式偏正结构。

当"炒"的"炒作"义被人们所接受以后，"炒"还可以被其他词语修饰，构成"爆炒"、"猛炒"、"恶炒"、"热炒"等状中式偏正复合词，指出"炒"的力度。如：

（1）前些时候，不少地方爆炒房地产，柳州居然"不闻不问"。（《人民日报》1994年第3季度）

（2）加上舆论界旺火猛炒，神话居然一笔一笔地续写下去了。（同上，1996年5月）

（3）随着中国上市公司的质量正在稳步提高，经过几年的调整，股市的恶炒现象及大股东侵占上市公司资金的行为逐步得到遏制。（新华社2004年新闻稿）

（4）毋庸置疑，今年邮市的火热缘于热炒了一回"九七概念"。（杨凡《邮市也疯狂》）

在以上词语中，如果说"爆炒"、"热炒"还与烹饪有一定关系的话，那么"恶炒"、"猛炒"则与烹饪没有太大的关系，故"炒"的意义进一步泛化。也正是由于"炒"意义的泛化，所以作为构词语素"炒"具有了较大的能产性。

在此基础上，又有"炒作"一词，它是为扩大人或事物的影响而通过媒体做反复的宣传。"炒作"可以在最短的时间内，以最佳的创意和最低的成本，而最终实现最大化的传播效应，它是一种非常规的新型传播模式。如：

（1）去年全国出版 500 部左右长篇小说，不管作者、书商怎样"炒作"，真正被评论家及读者看好的充其量不过一二十部。（《人民日报》1996 年 4 月）

（2）对自己画的宣传，王成喜也从不慕虚名，不热衷于包装炒作，他坚信要成为大家靠的只能是艺术功力的不断提高。（同上，1996 年 5 月）

（3）倘进而沽名钓誉，自我"炒作"，自我膨胀，那其实是瞒不了别人却骗了自己。（同上，1998 年 1 月）

"炒作"（动词性语素"炒"＋动词性语素"作"）连言构成并列式复合词，动作"炒"相对具体，动作"作"相对抽象。

（三）"炒作"义"炒"族词语的语义特征

"炒"之所以会产生隐喻意义，形成一批与"炒作"相关的"炒"族词语，是由动词"炒"的语义特征所决定。"炒作"义"炒"族词语的语义特征与动词"炒"的语义特征紧密相连。

1. 反复

"炒"就是反复翻动，"炒"族词也有这样的特征，如：

（1）相反地，一些歌星、影星被大众传媒竞相炒来炒去，最后便炒出了疯疯傻傻的"追星族"、"发烧友"！（《人民日报》1995 年 3 月）

（2）就说"人形雌雄何首乌"这条消息吧，不知被我们的花

边新闻"炒"过多少回了。（同上，1995 年 4 月）

（3）流行歌曲可以<u>反复爆炒</u>，可谁愿为儿童歌曲倾注笔墨？（同上，1996 年 9 月）

以上例证中"炒来炒去"、"'炒'过多少回"、"反复爆炒"都可以说明，"炒"具有"反复"的特征。

2. 火热

"炒"需要加热，并且食物被炒会逐渐变热，这也是"炒"族词的特征之一。如：

（1）1993 年某城市举办的首次文稿公开竞价活动，一时间成为<u>炒得火爆</u>的新闻。（《人民日报》1993 年 12 月）

（2）最近，深圳的文稿竞价和拍卖，更是<u>炒得十分火热</u>。（同上）

（3）生产资料市场的趋"<u>冷</u>"，相对于去年一些重要物资被"炒"得漫无边际而言，不能说不是一件好事。（《市场报》1994 年）

（4）其次是一大批"炒户"<u>炒热</u>了房地产业。很明显，前者是开发性的资金投入，后者是投机性的资金周转。（同上）

（5）<u>不炒不热</u>，不热就没有好价钱。（1994 年《报刊精选》）

（6）而我对待这类"<u>炒</u>"得烫嘴的文学现象，始终保持清醒头脑。（《人民日报》1995 年 4 月）

（7）尤其是取材于真实故事的电视剧，事件本身早已被新闻媒体<u>炒得红红火火</u>，如不更高一筹，那将没有出路。（同上，1995 年 6 月）

（8）北京广渠门中学创办"宏志班"的事，近半年来被新闻媒体"<u>炒</u>"得格外火红，北京几乎家喻户晓。（同上，1996 年 6 月）

（9）此举顿时传遍春城，竟成了与会海内外文艺界、新闻界"<u>炒</u>"得最为火红的热门话题。（同上，1996 年 7 月）

食物"炒"了之后会变"热"，所以，"热"也是这些词语的一个特征。在以上例句中，"炒"或与"冷"、"清淡"等相对成文，或与"热"、"火"、"火热"、"红火"、"烫嘴"等词语呼应，这样的搭配在现代汉语中很常见，表明了"炒"具有"热"的特征。隐喻到其他领域，则有使冷门的事物变成热门。

3. 快速、力度大

"炒"相对于其他烹饪方式而言，它的速度一般比较快。如刘绍棠《狼烟》有："除此之外，袁大跑猪还强令她每日背诵《女诫》，恭楷书写《女诫》，说是不但要武火炒，而且还要文火炖，才能将她这个小家碧玉调理得收心敛性，恪守妇道。"此句"武火"（即大火）用于"炒"，而"文火"（慢火）用于"炖"，可以说明"炒"速度之快。与"炒"族词语相关，亦舒《流金岁月》有："为啥叫炒？股票黄金，都可以炒来吃的样子。……这就是中文的精髓了，炒的手势急而且促，一熟马上得兜起上碟，稍一迟疑，立即变焦炭，跟做投机生意有许多相似之处。"亦舒是香港作家，对粤语具有很高的敏感度，故对"炒"也保持较高的认知程度。新华社2004年新闻稿："从全面刺激需求转向合理需求，抑制过度需求，特别是不合理的短期炒作和开发商囤积居奇等投机行为。""炒作"与"短期"连言，也可以说明这一点。

另外，还有"爆炒"一词，它本指旺火快速加热食物致熟。也可以用来隐喻宣传等的快速、力度大。如：

（1）她完全懂得什么是必要的付出，只是这多少有些自欺欺人的感觉，如果拿十万元爆炒自己，不红都难吧？（张欣《掘金时代》）

（2）让营养学家、保健学家足足实实地一论证，新闻媒介呼呼啦啦地一"爆炒"，居然一下子变成了"皇帝的女儿"，两三块一斤还抢手。（《人民日报》1994年第1季度）

（3）台歌星数度大陆演唱会，国内某些歌星走穴成风，经一些小报的新闻爆炒，"月朗星稀"的天空仿佛一夜之间即成"繁星闪烁"。（同上）

"爆炒"也是形容速度快、力度大，例（2）"爆炒"与"一下子"呼应，例（3）"爆炒"与"一夜之间"呼应，可以明显地说明这一点。当然，上文讨论的"猛炒"一词也具有"力度大"的含义。

4. 制造声势

"炒作"义"炒"族词语还有一个特点就是"制造声势"。有"哄炒"，如：

（1）在收购战场上，各路粮贩，云集产粮区，哄炒粮价。（《市场报》1994 年）

（2）这种不负责突出表现在"吹捧"、"哄炒"。（1994 年《报刊精选》）

还有"炒"与"沸沸扬扬"连用者，如：

（1）去年夏天，埃里克松与阿布在伦敦见面，这一消息在当时被媒体炒得沸沸扬扬。（新华社 2004 年新闻稿）

（2）与之相反，越战却是布什的软肋，关于他逃避兵役的指责一度被炒得沸沸扬扬。（同上）

这些例证都可以说明，"炒"要有一定的声势。值得注意的是，在文献当中，"炒"常与"吵"通，如：

（1）至迎娶日，儿家以车子或花檐子发迎客，引至女家门，女家管待迎客，与之彩段，作乐催妆上车檐，从人未肯起，炒咬利市，谓之起檐子。（宋孟元老《东京梦华录》卷五）

（2）见自无事，不要似此寻事厮炒，使旁观指目。（宋朱熹《答杨子直》）

（3）与三四个相知方才吃得数杯，则听得街上闹炒炒。（《京本通俗小说·碾玉观音》）

（4）则问你赛娘僧住为何的，他可也有甚么闲<u>炒刺</u>？（元杨显之《酷寒亭》第二折）①

（5）有甚事<u>炒炒七七</u>？（元马致远《黄粱梦》第二折）

（6）不是我<u>炒炒闹闹</u>，痛伤情搥胸跌脚。（元无名氏《冻苏秦》第二折）

（7）马儿上簇簇稳坐的，当街里劬劬怎<u>炒戚</u>，亲爷亲娘我也不认得。（同上）

（8）娘呵！不要<u>炒聒</u>我，省些话儿罢，我盹睡咱。（元乔吉《两世因缘》第二折）

（9）那门外又是甚么人<u>闹炒</u>？（元石德玉《曲江池》第四折）

（10）更深夜迢，则听的檐马玎珰不住敲，几般儿厮<u>斗炒</u>，一会家肠荒腹热，一会家心痒难揉。（明汤式《醉花阴·离思》）

以上"炒咬"、"厮炒"、"炒刺"、"炒炒七七"、"炒炒闹闹"、"炒戚"、"炒聒"、"闹炒"、"斗炒"、"闹炒炒"等词语中的"炒"全部与"吵"通。有如此多的"炒"用如"吵"，都可以说明二者有着密切的关系。此外，"炒"与"吵"音同，当人们听到"炒"也会联想到"吵"，"炒"族词语形象生动地传达了它们所蕴含的含义，给人们留下了诸多想象的空间。

综上所述，"炒"族词语的形成与动词"炒"的语义特征密不可分。"炒"的这些语义特征并非彼此分立，而是你中有我、我中有你，最终达到获得"名"与"利"的目的。词义的发展是在继承的基础上的发展，故"炒"的跨域及词义泛化也必然是在原来词义的基础上产生。当然，不同的新义或新词在产生的过程中所着重凸显的原词的语义特征也会有所不同。

---

① "炒"，本作"吵"。

五 "炒"族词语产生的机制及动因

"炒"本是烹饪用词,后从饮食业跨入其他领域,导致"炒"的词义不断泛化,从而形成了一系列"炒"族词语。

(一)"炒"的跨域使用及词义泛化

"炒冷饭"、"炒鱿鱼"的隐喻意义由修辞所造成,"现炒现卖"、"热炒热卖"、"冷炒热卖"等词语则凸显了修饰语的特征。这些词语都形象生动地表示了饮食领域以外的一些现象,但它们的能产性并不强。

"炒作"类"炒"族词语一般由动词"炒"的特征所诱发,现在流行的"炒"族新词大多是这一类词语,它具有较强的能产性。"炒"本是烹饪用词,由饮食业跨到金融业,此后词义不断泛化,又可以用于其他领域。陈光磊指出:"专科词语和行业词语的通用化,把专门领域的术语转化或泛化成为普通词语,这是现代汉语新词语发展的一种走势。"① 王珏亦指出:"词汇往往属于一定的语域,具有特定的语域色彩。当词汇跨入别的语域时,在共时的方向上,可以造成语言活动中形形色色的修辞现象,以增强语言的表现力;也可以在历时的方向上成为语言发展中的语义现象,产生出新的词义。"② 经过跨域、泛化后的"炒"以及新产生的"炒"族词语都与动词"炒"的特征有关,其结果也都与"收益"(无论收的是"名"还是"利")有关。

在"炒冷饭、炒鱿鱼"中,动词"炒"需要宾语"冷饭、鱿鱼"的提醒才有其隐喻意义,且"冷饭、鱿鱼"都是食物。在"热炒热卖、生炒热卖、现炒现卖"中,"炒"已经可以不带宾语,仅需要状语"热、生、现"等的提示而产生隐喻义,状语的语法功能也小于宾语,且"炒"的隐含宾语已经不是食物了,这些都可以说是"炒"词义泛化的表现。在"炒作"①中,"炒"虽然带宾语,但它的宾语不是食物,而是有价值的东西(其价值可以估算),其搭配宾语对于"炒"的常规义

---

① 陈光磊:《改革开放中汉语词汇的变动》,《语言教学与研究》1997年第2期。
② 王珏:《词汇的跨域使用与词义的衍生》,《徐州师范大学学报》1997年第3期。

"烹饪方式"而言属于非常规搭配，"炒"的词义进一步泛化。在"炒作"②中，"炒"的宾语的价值已经难以估量了，其意义更加泛化。

总之，"炒冷饭、炒鱿鱼"、"热炒热卖、生炒热卖、现炒现卖"、"炒作"①、"炒作"②四种类型的"炒"族词语恰好体现了"炒"词义泛化的四个阶段。动词"炒"经跨域使用、词义泛化之后，又具有一定的能产性，它既体现了词语构造的规律性，也符合人类的认知规律，这也是"炒"及"炒"族词语可以流行的原因之一。

（二）语素搭配

从语素的组合方面来看，"炒"可以被"爆"、"恶"、"猛"、"热"等修饰，构成偏正式复合词"爆炒"、"恶炒"、"猛炒"、"热炒"等，这些词主要凸显了动词"炒"的"快速、力度大"等特征。"炒股"、"炒汇"等动宾式复合词则主要凸显了"炒"的"反复"的特征。总之，在"炒"的核心义及核心义磁场的制约下，形成了一系列"炒"族词语。而核心义又有若干语义特征，"炒"族词语的组合方式都是与"炒"的某个或某些语义特征相适应的组合，即在组合的过程中会凸显"炒"的某些方面的语义特征。

从语素的聚合方面来看，随着"炒"词义的泛化，"炒×"具有极大的能产性，这体现了词语类推仿造的重要功能。首先是关于金融的词语（如"炒股"、"炒汇"、"炒金"、"炒房"等）的聚合，其次是其他领域的词语（如"炒星"等）的聚合，都为丰富"炒"族词提供了素材。

（三）方言对普通话的影响

"炒"族词语与南方方言关系密切，它与改革开放以来，南方经济的发展，使得有些方言词语成为强势方言，进而进入通语，体现了经济对语言的影响。在论述改革开放以来汉语词汇变动的态势和特点之时，陈光磊指出："港台词语'登陆'，粤语成为强势方言，在汉语词汇变动中吹起了一阵东南风。同时，北京话作为普通基础方言——北方方言的重心，也起着有声望方言的重大作用。"①"炒"族词就是其中的一个

---

① 陈光磊：《改革开放中汉语词汇的变动》，《语言教学与研究》1997年第2期。

表现。亢世勇等指出："改革开放后，广东地区率先发展，有了迅速发展的基金的支撑，粤语地位节节攀升，'粤语北上'的结果是很多粤语词汇进入普通话。"① "炒"及"炒"族词语从二十世纪九十年代初产生至今，经过了二十多年的考验，已经逐步稳定下来。"炒"确实是随"东南风"北上的粤方言，由于其使用频率的增加，它们中的一些词语已经得到了人们的普遍认同，进入通语当中。这些词语符合词语的构造规律及人类的认知规律，比较容易流传开来。

（四）中国文化对汉语词汇的影响

"炒"及"炒"族词语首先体现了饮食文化对汉语词汇的影响。王珏指出："一般生活语域的词汇与人们的日常生活是密不可分的。就人们的一般思维习惯而言，总是较多地进行由近及远、由己及彼、由自身及外物、由切身关己之物及联系较少的东西等思维联系。故而，一般生活语域的词汇应当是衍生其他语域义的重要基础，就像基本词汇产生一般词汇那样。"② "民以食为天"，"炒"虽然是烹饪用词，但它是人们日常生活中所熟知的词语。由此隐喻，可以更加容易为人们所接受并流传下去。然而由于动词"炒"具有"快速"及"力度大"的特点，所以"炒"及"炒"族词快速获得名利的特征又受到中国传统文化的考验。即便如此，现代社会产生的这种追逐名利的现象还是需要有词语来表达，故"炒"及"炒"族词语依然有其存在的必要性，只是在词语的感情色彩上或多或少地带上了一些贬义的色彩。

（五）社会发展对汉语词汇的影响

社会发展可以导致新词或新义的产生。陈光磊指出："改革开放的中国，新事物、新观念层出不穷，词汇也就直接作出反映，及时构造新词语以供表达。新词语大量涌现，其产生和流传之广之速实为前所未有。"③ 陶炼等指出："一个新词新语用法的出现，是否具有生命力，必

---

① 亢世勇等：《现代汉语新词语计量研究与应用》，中国社会科学出版社 2008 年版，第 52—53 页。

② 王珏：《词汇的跨域使用与词义的衍生》，《徐州师范大学学报》1997 年第 3 期。

③ 陈光磊：《改革开放中汉语词汇的变动》，《语言教学与研究》1997 年第 2 期。

须对它进行规范观察。新词语表现的意思是否准确，结构是否符合汉语构词的规律，决定了它们是否能推广并获得词汇系统中的应有地位的可能性。"① 亢世勇等指出："新事物不断出现，造成表达空缺，从而诱发新词语产生，并且随着新事物的发展，新词语越来越多地被人们接受和使用。媒体的传播影响新词语的扩散，在电视、网络等媒体的作用下，有些新词语产生后很短的时间内就能传播开来，有的甚至就是一夜间的事情。"② 韩华指出："许多新词语先是在部分民众的口语中流传，然后才通过媒体的传播，在更大范围内流传，最后得到社会的认可。"③ 新产生的"炒"族词语不仅给汉语带来了新的活力，也从某个侧面记录了社会的发展。

六　方言词进入共同语的条件及结果

现代汉民族共同语以北方方言为基础方言，然而有时也会吸收其他方言词语。周振鹤、游汝杰指出："现代汉语方言地理是历史上长期以来各方言互相取代、交融、渗透、影响的产物。"④ 当今社会，社会的接触和交流越来越频繁，共同语和方言之间有着激烈的碰撞。共同语一方面借助其优势地位逐渐取代方言，另一方面也会适当吸收方言词来丰富自己。

（一）方言词进入共同语的条件

我国地域广阔、人口众多，境内有上百种方言，方言词更是数不胜数，然而能够进入共同语的方言词却并不多。方言词进入共同语大致需要具备如下条件：

第一，有共同的语义或认知基础。"炒"在粤方言以及共同语中有一个共同的义位"烹饪方式"，且极为常用，这是二者共同的语义及认

---

①　陶炼等：《改革开放中汉语词汇的发展》，上海人民出版社 2008 年版，第 48 页。
②　亢世勇等：《现代汉语新词语计量研究与应用》，中国社会科学出版社 2008 年版，第 141—142 页。
③　韩华：《新词语产生的民众因素透视》，《河南教育学院学报》2004 年第 2 期。
④　周振鹤、游汝杰：《方言与中国文化》，上海人民出版社 2015 年版，第 34 页。

知基础。"炒"本是烹饪用词，后从饮食业跨入其他领域，导致"炒"的词义不断泛化，从而形成了一系列"炒"族词语。动词"炒"经跨域使用、词义泛化之后，又具有一定的能产性，它既体现了词语构造的规律性，也符合人类的认知规律，这也是"炒"及"炒"族词语流行的重要原因。新产生的"炒"族词语不仅给汉语带来了新的活力，也从某个侧面记录了社会的发展。

第二，共同语中缺乏类似的表达。新事物、新现象不断涌现，共同语中没有现成的词语来表达，这就有可能促使方言词进入共同语。粤方言区率先出现了"炒作"类现象，且有现有的较为合适的命名，所以共同语才直接拿来使用。与此相关，粤方言"炒"除了"炒作"义外，还有"撞车"义，而"撞车"义却没有进入共同语，原因就在于共同语已经有了类似的表达，且"撞车"不是新生的事物或现象，故未引进此义。

第三，符合汉语构词法，能够恰如其分地表达新事物、新现象。首先，方言词进入共同语要符合汉语构词法，"炒×"是动宾式复合词。其次，"炒"及"炒"族词语形象地表达了新产生的事物及现象。烹饪词语"炒"跨域使用，并衍生出一系列"炒"族新词，在描绘了新事物、新现象的同时，又使人由字面可以联想到它们的意思，避免了依靠描述法带来的烦琐和费解。

第四，发达地区①方言词语往往更容易进入共同语。古代交通不便、信息不畅，在一定程度上阻碍了方言的接触和交流。而在当今社会，不仅交通发达、信息通畅，而且广东、香港等粤方言区商业繁荣，经济发展速度飞快，"炒"系词语又和商业密切相关，因此它们极易被汉语普通话吸收。此外，粤方言影视剧、歌曲等的流行也加速了人们对这种方言的了解和接受。

总之，我国人口众多、方言相对复杂，以上四点是方言词进入共同语的主要条件，但并非全部条件。方言词进入共同语还有可能受到求新

_____

① 包括政治、经济、文化、交通等因素。

求异、名人效应、媒体（包括网络）传播等因素的影响。

（二）方言词进入共同语的结果

方言词进入共同语后的结果不尽相同，大致有如下几种情况：

第一，方言词融入共同语，且有较大的发展。比如粤方言词"炒"进入共同语后有了很大的发展，使用范围越来越广，使用频率越来越高，产生了一系列"炒"族词语。这是一种比较好的融合，久而久之人们就不知道它们其实来源于粤方言了。此类的词语还有"的士"。外来词"Taxi"刚刚引进中国之时，北方方言（现代汉民族共同语的基础方言）意译为"出租车"，台湾地区意译为"计程车"，香港、广东等地音译为"的士"。可见，"的士"一词最早也是在粤方言区使用，后进入共同语，还衍生出"面的"、"打的"、"的哥"、"飞的"等说法。发展至今，我们已经看不出它们是来自粤方言的音译了。

第二，方言词融入共同语，虽然也很难感觉到它的方言色彩，但它仅仅是一个词语的吸收，没有更多的衍生用法。方言进入共同语，此类情况最多。比如古代就有方言词"筷子"进入通语，取代了通语的"箸"，这是一个广为人知且非常典型的例子。再如来自吴方言的"垃圾"、"尴尬"、"话头"，来自粤方言的"酒店"、"抢手"等。这些方言词进入共同语后，已经很难看出它们源自方言了。以上两类可以说是典型的方源词。

第三，方言词经过改造后进入共同语。比如来自粤方言的"搞掂"被改造成了"搞定"。"掂"在粤方言有"完善、完成"义，故"搞掂"义为"完结、结束"。在普通话中，"掂"则没有类似的用法，而是多用作"掂量"、"计较"等义。因此，"搞掂"一词进入普通话后就把方言词"掂"改成了"定"，"定"有"平静、稳定、完成"义，与粤方言的"掂"义近。改造后的"搞定"一词不仅与方言词"搞掂"意义接近，而且声音也接近，更重要的是它更加符合大众思维。再如粤方言有"埋单"一词，义为"结账"。"埋"在粤方言有"结算"义，故产生了"埋单"的说法。然而普通话中的"埋"并没有"结算"义，因此将"埋单"一词改造成了"买单"。① 从字面上看，粤方言的"埋单"侧重于结账这一抽象动作，而改造后的"买单"侧重于付款这一具体行为。整体来看，此类词语是共同语对方言的局部"修正"。

第四，方言词广为人知，且收入《现汉》，但方言色彩依然浓厚。比如来自东北方言的"嘚瑟"、"忽悠"，来自粤方言的"冲凉"、"单车"，来自吴方言的"打烊"、"花头"，来自湘方言的"里手"（"内行"、"行家"义）等。这些方言词是方源词的"后备力量"，与一般的方言词比较，它们的接受程度更高，但这些词语最终是否能真正意义上由方言词变为方源词还需要时间的检验。

总之，方言词进入共同语是语言接触的结果。新词之"新"与"旧"相对，"新"、"旧"本身也有相对性：对于共同语而言是新词，而对于方言而言又未必新。

---

① 2016 年《现汉》（第 7 版）"买单"一词标注了〈方〉，认为它是个方言词。时至今日，笔者认为"买单"一词可能已经进入共同语了。

第四章　汉语饮食词语的词义繁衍

饮食词语形成之后，又繁衍出很多新的用法。词义的繁衍不仅可以体现语言自身的发展，也可以体现饮食文化对汉语词汇的影响。本章主要从隐喻的角度①，以"食"系词语、饮食器具类词语、饮食感觉类词语的繁衍为例，对汉语饮食词语的词义繁衍进行阐述。

第一节　"食"系词语的繁衍

"食"本为名词，表示食物。《说文·食部》："食，一米也。"后引申又可作动词，表"吃"义。表示"食物"义和"吃"义是"食"的两个基本义位，很多由"食"为语素构成的词语都是以这两个义位为基本出发点。

"食"是人类赖以生存的基础，故"食"可以用来代表日常生活，如"食耗"、"食宿"、"食宿相兼"等。又有"食货"在古代用以称国家财政经济。《尚书·洪范》："八政：一曰食，二曰货。""食"位于"八政"之首。《汉书·食货志》："《洪范》八政，一曰食，二曰货。食谓农殖嘉谷可食之物，货谓布帛可衣，及金刀龟贝，所以分财布利通

---

① 由于隐喻用法在汉语饮食词语中占有重要地位，也是饮食词语区别与其他类词语的重要特点之一，故在此单独列为一章来集中讨论汉语饮食词语的隐喻繁衍。

有无者也。二者，生民之本，兴自神农之世。"《东观汉记·马援传》："富民之本，在于食货。"

与此相关，"食"还可以表示"俸禄、封地"，如"食邑"、"食封"、"食食"、"食俸"、"食国"、"食禄"、"食干"、"食职"、"食谷"、"食爵"等。大概俸禄、封地最主要的体现就是"食"。"食"本为"吃的东西"或"吃"，又可用来泛指生活等，可见它在人们日常生活中占据着重要的地位。此类由"食"为语素构成的词语可以是并列式、主谓式、偏正式等。

以上是"食"系词语的名词性用法，"食"系词语还有动词性用法：

有"食养"指供给生活所需。《荀子·富国》："今是土之生五谷也，人善治之，则亩数盆，一岁而再获之；然后瓜桃枣李一本数以盆鼓，……然后昆虫万物生其间，可以相食养者不可胜数也。""食路"用以指谋生之路。清文康《儿女英雄传》第一回："自己一想，可见宦海无定，食路有方。"

靠什么生活，也用"食"，如"食租"、"食实封"、"食馈"、"食力"等。这些"食"后面的宾语"租"、"实封"、"馈"、"力"等，已经不是可以吃的东西了，而是一种可以换来吃的东西，但这些东西都与食物密切相关。此类构词方式均为动宾式。

又有"食顷"指吃一顿饭的时间，多形容时间很短。用来形容时间短，用最熟悉的吃饭时间来描述，虽然大家吃饭的速度长短不一，但大体上的时间还是比较容易估摸。

又有比喻用法，如"食鸡肋"①、"食无鱼"、"食鱼"②、"食

---

① 语出《三国志·魏书·武帝纪》"备因险拒守"裴松之注引晋司马彪《九州春秋》："时王欲还，出令曰：'鸡肋。'官属不知所谓。主簿杨修便自严装，人惊问修：'何以知之？'修曰：'夫鸡肋，弃之如可惜，食之无所得，以比汉中，知王欲还也。'"

② 语出《战国策·齐策四》："齐人有冯谖者，贫乏不能自存，使人属孟尝君，愿寄食门下。孟尝君曰：'客何好？'曰：'客无好也。'曰：'客何能？'曰：'客无能也。'孟尝君笑而受之曰：'诺。'左右以君贱之也，食以草具。居有顷，倚柱弹其剑，歌曰：'长铗归来乎！食无鱼。'左右以告。孟尝君曰：'食之，比门下之客。'"后遂以"食无鱼"喻待客不丰或不受重视、生活贫苦；以"食鱼"比喻幕宾受到重视、优待。

无肝"①、"食生"，这些词语"食"后的宾语都是日常生活中可以吃的东西，但是它们都被赋予了特殊的含义。又有"食言"谓"言而无信"，"食"后的宾语"言"却都不是常规的食品了，它更为抽象。

又有"食利"、"食报"、"食跖"、"食德"等。这些动宾式词语的宾语也较为抽象，"食"表"获得"义。

还有"食鱼遇鲭"、"食生不化"、"食荼卧棘"、"食藿悬鹑"、"食不二味"、"食不下咽"、"食不甘味"、"食不充口"、"食不果腹"、"食不知味"、"食不重肉"、"食不重味"、"食不兼肉"、"食不兼味"、"食不累味"、"食不终味"、"食不遑味"、"食不暇饱"、"食不糊口"、"食少事烦"、"食少事繁"、"食甘寝安"、"食甘寝宁"、"食饐一口"、"食辨劳薪"、"食玉炊桂"、"食古不化"、"食古如鲠"、"食言而肥"等成语，它们都是与"食"有关的成语。这些成语的意义不仅仅体现在字面上，它们均蕴含深刻的意义。以"食"作为隐喻，形象生动、简洁鲜明，这足以看出"食"在人们心中的重要地位。

第二节　饮食器具类词语的繁衍

饮食器具类词语也经常会有各种各样的隐喻用法。对此，本节拟从饮食器具的制作过程、饮食器具的质地、饮食器具的形制、饮食器具的功用四个方面举例说明。

一　由饮食器具的制作产生的隐喻

"陶"作动词有"制作瓦器"义。"冶"的本义为"熔炼金属"，

---

① 语出《东观汉记·闵贡传》："闵仲叔居安邑，老病家贫，不能买肉，日买一片猪肝，屠者或不肯为断。安邑令候之，问诸子何饭食，对曰：'但食猪肝，屠者或不肯与之。'令出敕市吏，后买辄得。仲叔怪问之，其子道状，乃叹曰：'闵仲叔岂以口腹累安邑耶？'遂去之沛。"后遂以"食无肝"形容士人清廉自爱。如宋苏轼《送千乘千能两侄还乡》："口腹恐累人，宁我食无肝。"

动词。① 故"陶冶"为并列式复音词（动词性语素 + 动词性语素），义为"烧制陶器和冶炼金属"②。"陶冶"连用，上古时期已经出现，后代沿用。如：

（1）故泽人足乎木，山人足乎鱼，农夫不斫削、不陶冶而足械用，工贾不耕田而足菽粟。（《荀子·王制》）

（2）火者，陶冶烹饪，象圣王至德日新也。（《旧唐书·舆服志》）

（3）虞衡典山泽采捕、陶冶之事。（《明史·职官志一》）

（4）技艺院者，汽机、电报、采矿、陶冶、制炼、织造等事。（清郑观应《盛世危言·学校》）

"陶冶"注重动作，强调过程。陶冶的对象是陶器和金属器，使它们成为有用之物。从汉朝开始，"陶冶"的对象由本来的陶和金属扩展到了万物，因此"陶冶"又有了"教化、培育"义。即用于万物，则是"教化"；用于人，又有"培育"义。《汉书·董仲舒传》："臣闻命者天之令也，性者生之质也，情者人之欲也。或夭或寿，或仁或鄙，陶冶而成之，不能粹美，有治乱之所生，故不齐也。"颜师古注："陶以喻造瓦，冶以喻铸金也。言天之生人有似于此也。"颜氏之说形象地道出了"陶冶"可指"教化、培育"的原因：烧制陶器、炼制金属与教化、培育万物（或人）有相似之处。"陶冶"之"教化、培育"义的其他例证，如：

---

① 《说文·仌部》："冶，销也。"《段注》："销者，烁金也。"

② "陶冶"也可以转指名词，表"陶工和铸工"义。如《墨子·节用中》："凡天下群百工，轮车鞼鲍，陶冶梓匠，使各从事其所能。"《孟子·滕文公上》："以粟易械器者，不为厉陶冶；陶冶亦以其械器易粟者，岂为厉农夫哉？"《盐铁论·水旱》："古者，千室之邑，百乘之家，陶冶工商，四民之求，足以相更。故农民不离畎亩，而足乎田器，工人不斩伐而足乎材木，陶冶不耕田而足乎粟米，百姓各得其便，而上无事焉。""陶冶"的这一义项是动词义"烧制陶器和冶炼金属"的转喻义，与我们这里讨论的"陶冶"的隐喻义无直接关系，故省略。

（1）有未始有有无者，包裹天地，<u>陶冶</u>万物，大通混冥，深闳广大，不可为外，析豪剖芒，不可为内，无环堵之宇而生有无之根。（《淮南子·俶真》）

（2）所以览五帝三王，怀天气，抱天心，执中含和，德形于内，以著凝天地，发起阴阳，序四时，正流方，绥之斯宁，推之斯行，乃以<u>陶冶</u>万物，游化群生，唱而和，动而随，四海之内，一心同归。（《淮南子·要略》）

（3）况乎以汉地之广，陛下之德，处南面之尊，秉万乘之权，因天地之助，其于变世易俗，调和阴阳，<u>陶冶</u>万物，化正天下，易于决流抑队。（《汉书·贡禹传》）

（4）夫<u>陶冶</u>造化，莫灵于人。（《抱朴子内篇·对俗》）

（5）<u>陶冶</u>世俗，与时浮沉，吾不如子；论王霸之余策，览倚仗之要害，吾似有一日之长。（《世说新语·品藻》）

（6）臣闻教者，治化之本，人伦之始，所以诱达群方，进德兴仁，譬诸土石，<u>陶冶</u>成器。（《宋书·礼志一》）

（7）渐积胜业，<u>陶冶</u>粗鄙，经无数形，澡练神明，乃致无生而得佛道。（《魏书·释老志》）

（8）自受命神宗，弘道设教，<u>陶冶</u>与阴阳合德，覆育共天地齐旨。（《隋书·李穆传》）

（9）所谓<u>陶冶</u>而成之者何也？亦教之、养之、取之、任之有其道而已。（宋王安石《上皇帝万言书》）

（10）你是头一个出了名的至善至贤之人，他两个又是你<u>陶冶</u>教育的，焉得还有孟浪该罚之处！（清曹雪芹等《红楼梦》第七十七回）

如果说"人"还是具体的事物，那么"性"则是无形的事物。"陶冶"的对象由陶器、金属器扩展到了人之后，又进一步扩展，其对象可以是无形的"性"。这时，"陶冶"就有了"怡情养性"义。如：

（1）至于陶冶性灵，从容讽谏，入其滋味，亦乐事也。（北齐颜之推《颜氏家训·文章》）

（2）陶冶性灵存底物，新诗改罢自长吟。（唐杜甫《解闷》诗之七）

（3）禹锡在朗州十年，唯以文章吟咏，陶冶情性。（《旧唐书·刘禹锡传》）

（4）人主好文章书画，虽于政理无裨，然较之声色狗马，雅俗不同，且从事文墨，亦可以陶冶性灵，简省嗜欲，未必非养身进德之助。（明于慎行《谷山笔麈》卷之七）

（5）所赖乎陶冶性灵者，夫岂谓仅恃我之能事以为陶冶乎！仅恃在我之能事以为陶冶性灵，其必至于专骋才力，而不衷诸节制之方，虽杜公之精诣，亦不敢也。（清梁章钜《浪迹丛谈》卷十）

（6）徐秀才和朱先生同窗同庚，学识渊博却屡试不中，在家一边种地一边读书，淡泊了仕途功利，只为陶冶情性。（陈忠实《白鹿原》）

（7）年轻人没有事，可以多搞些体育锻炼，既陶冶了性情，又锻炼了身体。（王小波《从 Internet 说起》）

（8）我们无力与各种力量抗争，至多在精力许可的年月里守住那个被称作学校的庭院，带着为数不多的学生参与一场陶冶人性人格的文化传递，目的无非是让参与者变得更像一个真正意义的人，而对这个目的达到的程度，又不能企望过高。（余秋雨《千年庭院》）

综上所述，"陶冶"的这些隐喻意义由饮食器具的制作过程而产生。"陶冶"的宾语由具象的"陶器"、"金属"扩大到具象的"万物"（更多的是人），产生"教化、培育"义；再扩大到抽象的"性"，产生"怡情养性"义。这种"具象（特定）→具象（泛化）→抽象"的词义引申模式是汉语词义繁衍的重要模式之一。

二　由饮食器具的质地产生的隐喻

关于饮食器具的质地产生的隐喻，我们以易碎之"沙锅"为例进行说明。

"沙锅"是用陶土和沙烧制的锅，后也可作"砂锅"。沙锅形制较脆，一旦破裂则裂痕往往会直达锅底。与金属炊具相比，沙锅更容易破碎。正因为沙锅这一易破的特点，有如下语词：

"打破沙（砂）锅璺到底"比喻追根究底，"璺"谐"问"。语本宋黄庭坚《拙轩颂》："觅巧了不可得，拙从何来？打破沙盆一问，狂子因此眼开，弄巧成拙，为蛇画足，何况头上安头，屋下安屋，毕竟巧者有余，拙者不足。"元王实甫《破窑记》第二折："〔吕蒙正云〕端的是谁打了来？〔正旦唱〕打破砂锅璺到底，俺爷抱着一套御寒衣，他两口儿都来到这里。"元吴昌龄《东坡梦》第四折："葛藤接断老婆禅，打破沙锅璺到底。"清文康《儿女英雄传》第二十六回："就让姐姐装胡涂不言语，我可也'打破沙锅璺到底'，问明白了，我好去回我公婆的话。"

又可作"打破沙（砂）锅问到底"。如巴金《团圆》："她为什么不回到文工团去？不过我也并非喜欢打破沙锅问到底的人。"陶行知《谈日光教育》："但是究竟要怎样才无流弊，我们必须绞脑筋，打破砂锅问（纹）到底。"又有"打破砂锅"为"问到底"的歇后语。如明高明《琵琶记·几言谏父》："你直待要打破砂锅，是你招灾揽祸。"

还有"砂锅砸蒜"，比喻事情只能干一次。因为砂锅易碎，在它里面砸蒜只能一下。如老舍《女店员》："你告诉你们经理一声吧：连买双袜子，我都得进趟城，……砂锅砸蒜，一锤子的买卖，我永远不再上这儿来！""砂锅砸蒜"又可作"砂锅捣蒜"。如阮章竞《送别》："砂锅捣蒜就这一槌，把蒋介石狗们连根拔！"

三 由饮食器具的形制产生的隐喻

由饮食器具的形制产生的隐喻，最典型的就是"鼎"。

（一）"鼎"之"三足"

"鼎"外形最大的特点就是有"三足"，故一些三分之物可用"鼎"表示。如以"鼎"作为语素，可以构成如下词语：如"鼎足而立"像鼎的三只脚一样，三者各立一方，常比喻三方面分立相持的局面。"鼎足之势"比喻三方面分立相持的局势。"鼎峙"谓如鼎足并峙。"三分鼎足"谓一分为三，如鼎足之并立。"鼎足三分"谓如鼎之三足，各据一方，比喻三方面分立相持的局势。"鼎国"可以用来指鼎立的三个国家。"鼎足而三"谓像鼎足一样，三方面并立。"三足鼎立"谓三方如鼎足相峙并立。"鼎脚"本谓鼎之三足，也可喻指三方并峙。

以上这些隐喻用法都是由"鼎"之"三足"的特征而产生。

（二）"鼎"之"厚重"

"鼎"在形制上除了具有"三足"的特征外，还有"厚重"的特征。周海鸥指出："鼎也因体积庞大、材质厚重、不易移动等特点，逐渐演化为象征国家政权的传国重器。"① 据《史记·封禅书》记载："禹收九牧之金，铸九鼎，皆尝亨鬺上帝鬼神。遭圣则兴，鼎迁于夏、商。周德衰，宋之社亡，鼎乃沦没，伏而不见。"禹所铸的象征国家政权的传国之器"九鼎"，其重量非常大。王学泰指出："商代一个司母戊方鼎就重达八百七十五公斤，夏初所铸的九鼎的重量最少也得是它的九倍。"② 当然，这只是对"九鼎"重量的猜测之辞，但通过"司母戊方鼎"这一参照物，足可以显示"九鼎"之重。后来"九鼎"可以用来喻指"国家政权"。"吞九鼎"则谓灭国。"卜鼎"为定都之称。"奠鼎"、"定鼎"称定都或建立王朝。"王鼎"谓帝王之业。这些词

---

① 周海鸥：《食文化》，中国经济出版社 2011 年版，第 9 页。
② 王学泰：《中国饮食文化史》，广西师范大学出版社 2006 年版，第 21 页。

语虽然都源自"禹铸九鼎"之说,但也都显示了"鼎"之"厚重"的特征。

又有"扛鼎"本指举鼎。"一言九鼎"谓一句话即可产生极大的力量。"四海鼎沸"形容天下大乱,局势动荡。还有"人声鼎沸"谓人声喧嚷嘈杂,犹如鼎里的水沸腾起来一样。

以上这些隐喻用法都是由"鼎"之"厚重"的特征而产生。

四 由饮食器具的功用产生的隐喻

"釜"是古代最常见的炊具,多为铁质,也有铜质、陶质之釜。由于"釜"是炊具的典型成员,其主要作用是烧饭,以满足人类的生存之需。因此在"釜"的这些基本特征的基础上产生了一些隐喻用法。

(一)隐喻繁衍1:喻"生活"

"釜"是炊具的典型成员,也是人们日常生活不可或缺之物,故隐喻有"生活"义。如以"釜"作为语素,可以构成如下词语:

"悬釜"谓架着锅烧饭,多形容野处的艰苦生活。如《韩非子·十过》:"城中巢居而处,悬釜而炊,财食将尽,士大夫羸病。"明唐顺之《与王尧衢书》:"古人有言,人各有能有不能,悬釜带索,枯槁丘壑,虽穷死而不肯悔者。"

"焚舟破釜"比喻下决心不顾一切地干到底。如《孙子·九地》:"帅与之深入诸侯之地,而发其机,焚舟破釜。"《宋书·刘劭传》:"支军别统,或焚舟破釜,步自姑孰,或迅楫芜湖,入据云阳。"

"釜中生鱼"指釜中已生出鱼来,谓生活贫困,断炊已久。如《后汉书·范冉传》:"如此十余年,乃结草室而居焉。所止单陋,有时粮粒尽,穷居自若,言貌无改,闾里歌之曰:'甑中生尘范史云,釜中生鱼范莱芜。'"还有"釜中生尘"义与"釜中生鱼"同。如明王世贞《艺苑卮言》卷八:"颜渊箪食瓢饮;……范史云釜中生尘。"又有"鱼生空釜"谓贫穷得无粮可炊。如宋陆游《独立》:"羊踏寒蔬新少梦,鱼生空釜久谙穷。"又有"鱼釜尘甑"与"鱼生空釜"义同。如清陈烺

《梅喜缘·情诉》："甘守着裙布钗荆，甘受尽鱼釜尘甑，不惭愧牛衣对影，也惟愿鹿车挽并。""鱼釜尘甑"也可作"鱼釜"。如清张问陶《话故山》："词人久已甘鱼釜，新妇犹知羡鹿车。"清朱鹤龄《湖翻行》："竟日鱼釜无炊烟，浇愁何处沽村酒。"

"破釜沉舟"可以用来表示下定必死决心，有进无退干到底。如明史可法《请出师讨贼疏》："聚才智之精神，枕戈待旦；合方州之物力，破釜沉舟。"清王逋《蚓庵琐语》引清摄政王谕："我今居此，为尔朝雪君父之仇，破釜沉舟，一贼不灭，誓不返辙。"曹禺《日出》第二幕："你按部就班地干，做到老也是穷死。只有大胆地破釜沉舟地跟他们拼，还许有翻身的那一天！""破釜沉舟"也可作"破釜"。如明张煌言《北回示将吏》："同仇计左矣，遗老思深哉！破釜忝徒义，持筹参佐才。"清吴伟业《下相怀古》："太息取祖龙，大言竟非妄。破釜救邯郸，功居入关上。""破釜沉舟"语出《史记·项羽本纪》："项羽乃悉引兵渡河，皆沈船，破釜甑，烧庐舍，持三日粮，以示士卒必死，无一还心。"

"釜底抽薪"比喻从根本上解决问题。如明戚元佐《议处宗藩疏》："谚云：扬汤止沸，不如釜底抽薪。"清吴敬梓《儒林外史》第五回："如今有个道理，是'釜底抽薪'之法。只消央个人去把告状的安抚住了，众人递个拦词，便歇了。"叶圣陶《城中》："这当然可以，可以。不过，根本的对付方法，还在釜底抽薪。""釜底抽薪"语出《汉书·枚乘传》："欲汤之沧，一人炊之，百人扬之，无益也，不如绝薪止火而已。"

"轑釜待炊"刮锅有声，等待烧火做饭，形容生活艰难。如清钱谦益《吕季臣诗序》："国破家亡，年衰岁暮，束缊举火，轑釜待炊，季臣意殊安之，曰：'我固当如此也。'"

总之，日常生活离不开饮食，饮食又离不开炊具。人们在提到生活之时，很多时候都会想到饮食，想到饮食之时就会很自然地想到炊具，而炊具的典型成员"釜"更容易出现在人们的头脑中，因此"釜"可以喻指"生活"。

（二）隐喻繁衍2：喻"粗俗、低下"

"釜"为最普通的炊具，故隐喻又有"粗俗、低下"义。如以"釜"作为语素，可以构成如下词语：

"瓦釜"本谓"陶制的炊器"。如《墨子·号令》："葆宫之墙必三重，墙之垣，守者皆累瓦釜墙上。"《后汉书·礼仪志下》："瓦灶二，瓦釜二，瓦甑一。"宋戴复古《谭俊明雪中见访从而乞米》："地炉烧榾柮，瓦釜煮犁祁。""瓦釜"在古代可以用作简单的乐器，后以指粗俗的音乐或平庸的事物。如唐柳宗元《代人进瓷器状》："且无瓦釜之鸣，是称土硎之德。"明袁宏道《虎丘记》："竞以歌喉相斗，雅俗既陈，妍媸自别。……已而明月浮空，石光如练，一切瓦釜，寂然停声，属而和者，才三四辈。"鲁迅《中国小说史略·题记》："大器晚成，瓦釜以久。"刘半农《瓦釜集·自叙》："集名叫做'瓦釜'，是因为我觉得中国的'黄钟'，实在太多了。"又有"黄钟瓦釜"比喻艺术性较高和较低的文艺作品。如明谢榛《四溟诗话》卷三："子从我游二十余年，试诵我诗一篇或一联，以见黄钟瓦缶，声调同异，则工拙两存乎心。所论公平，靡不服矣。"茅盾《西江月·为新刊〈苏联文学〉作》："形象思维谁好，典型塑造孰优。黄钟瓦釜待搜求，不宜强分先后。"

"瓦釜雷鸣"喻庸才显赫。如《楚辞·卜居》："黄钟毁弃，瓦釜雷鸣。谗人高张，贤士无名。"李周翰注："瓦釜，喻庸下之人；雷鸣者，惊众也。"宋黄庭坚《再次韵兼简履中南玉》之三："经术貂蝉续狗尾，文章瓦釜作雷鸣。"郭沫若《沸羹集·为革命的民权而呼吁》："人民有话不能言，言者无责可自负。其结果必然成为瓦釜雷鸣、黄钟毁弃的世界。"

"釜庾"指釜和庾，均古量器名，引申指数量不多。如《三国志·魏书·王烈传》："王烈者，字彦方，……卒于海表。"裴松之注引《先贤行状》："烈乃分釜庾之储，以救邑里之命。"《晋书·翟汤传》："人有馈赠，虽釜庾一无所受。"明宋濂《莆田陈府君墓铭》："夫岂知君子之为善，固不在乎位之大小哉？若君者一介之士，未尝受釜庾之禄，而汲汲焉以化其乡人为心，其亦异于怀禄尸位者多矣。"

"釜砾"指瓦釜与砂砾，泛指廉贱之物。如宋高似孙《幽兰赋》："彼釜砾之自珍兮，有瓒疊之独刓。"

"戛釜撞瓮"谓刮磨锅子，碰撞陶器，比喻粗俗之音。如宋严羽《沧浪诗话·诗评》："读《骚》之久，方识真味。须歌之抑扬，涕洟满襟，然后为识《离骚》，否则为戛釜撞瓮耳。"清陈廷焯《白雨斋诗话》卷六："反复吟咏数十过，有不知涕之何从者。粗心人读之，戛釜撞瓮，何由识其真哉！"

可见，作为炊具的典型成员的"釜"，它必然是千家万户都在使用的普通炊具，其材质必然最为经济实惠。由于"釜"材质的普通及经济实惠，故"釜"可以喻指"粗俗、低下"。

（三）隐喻繁衍3：喻"处境危险"

"釜"的功能是烹饪，如果有生命之物（如鱼等）进入釜中，则意味着失去生命，意味着被烹煮，这样就使釜中之物陷于紧急、危险的境地。在"釜"的这种隐喻层面，有如下词语：

"鱼游釜中"谓鱼在锅里游，比喻处境十分危险，有行将灭亡之虞。如《后汉书·张纲传》："遂复相聚偷生，若鱼游釜中，喘息须臾闲耳。"清和邦额《夜谭随录·藕花》："即如儿辈，去千顷之广，而就一勺之多，辞镜湖之深，而居瓦缶之浅，非不知犹鱼游釜中，燕巢幕上，其安危无寿，天壤之悬殊也，亦以子生不如偶死耳。"又有"鱼游釜内"与"鱼游釜中"同。如《魏书·中山王英传》："建业穷蹙，鱼游釜内。"又有"鱼游沸釜"与"鱼游釜中"同。如清南荃外史《叹老》："傀偏儿一场热闹，依旧的鱼游沸釜，燕处危巢。"又有"鱼游釜底"与"鱼游釜中"同。如清秋瑾《普告同胞檄稿》："夫鱼游釜底，燕处焚巢，旦夕偷生，不自知其频于危殆，我同胞其何以异是耶？"清洪棟园《后南柯·宫议》："鱼游釜底难持久。"又有"釜底游鱼"指在锅里游动着的鱼，比喻处在极端危险境地的人。如清洪棟园《警黄钟·宫叹》："好似釜底游鱼，日暮途穷。"姚雪垠《李自成》："如今闯贼已成釜底游鱼，亡在顷刻。""釜底游鱼"语出《后汉书·张纲传》："若鱼游釜中，喘息须臾间耳。"还有"鱼游爨釜"亦与"鱼游釜中"

同。如王树枬《武汉战纪》："武昌一城如鱼游燋釜之中，大别山一弹之火，可唾手定也。"

"釜中之鱼"比喻不能久活。如《元史·王荣祖传》："彼小国负险自守，釜中之鱼，非久自死，缓急可否，卿当熟思。"明冯梦龙《喻世明言》第十八卷："杨八老和一群百姓们，都被倭奴擒了。好似瓮中之鳖，釜中之鱼，没处躲闪，只得随顺，以图苟活。"清李百川《绿野仙踪》第三十三回："尚诏孤守一城，已是釜中之鱼，其贼众不即解散者，恃有蒋金花邪法也。""釜中之鱼"也可作"釜中鱼"。如清墨憨斋主人《醒名花》第二回："湛翌王那时如釜中鱼，笼中鸟，心上战战兢兢，又不便说出真情，只得口中勉强支吾几句。"清丁耀亢《金屋梦》第五十三回："这些百姓真是釜中鱼一般，生死不保。""釜中之鱼"还可作"釜鱼"。如明何景明《诸入朝歌》之八："楼船一鼓风波力，沧海鲸鲵作釜鱼。"清陈贞慧《过江七事·禁缉事》："将使釜鱼风鹤之民，转益惊布，不至鸟兽散不止。"王闿运《与曾侍郎言兵事书》："如釜鱼游沸羹之中。"

"釜鱼幕燕"谓生活在锅里的鱼、筑巢在帷幕上的燕，比喻处境极不安全。如清王蕴章《碧血花·酒愤》："霎时间，衰草斜阳。只是釜鱼幕燕，更有何人能居安思危呢？""釜鱼幕燕"语出南朝梁丘迟《与陈伯之书》："今将军鱼游于沸鼎之中，燕巢于飞幕之上，不亦惑乎？"

"釜底游魂"比喻行将灭亡、苟延残喘的人。如清魏秀仁《花月痕》第四回："鼺是已穷之技，豕无可突之围。釜底游魂，苟延旦夕。"范文澜《紧张黑暗的一百年和伟大光明的一百年》："一百年来卖国罪魁的黑暗精神，集中表现在这一群败类身上，釜底游魂，必随抗日战争的胜利，而消灭的无踪影。"

（四）小结

"釜"的隐喻繁衍模式如图 4-1 所示。

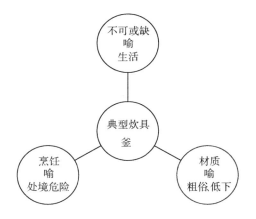

图 4 - 1　"釜"的隐喻繁衍模式

由图 4 - 1 可以看出，"釜"的一系列隐喻义，均围绕其核心义"典型炊具"。同时，"釜"的这一系列隐喻也说明了饮食在人们日常生活中的重要性，很好地诠释了"民以食为天"这一永恒不变的真理。

第三节　饮食感觉类词语的繁衍

饮食的感觉是人类最基本的感觉之一，在这些词语的基础上又繁衍出了很多其他意义。关于饮食感觉类词语的繁衍情况，本节拟分为如下三大类进行论述。

一　由对饮食的需求产生的繁衍

当人们饥饿、口渴或者嘴馋之时，就会对饮食产生需求。在汉语中，有一部分词语记录了人类这种对饮食的需求，而这些词语又产生了许多其他的含义。在此我们主要以"饥"、"饿"、"渴"、"馋"四个词语的繁衍情况来举例说明。

（一）"饥/饿"的繁衍

当人体的能量被消耗殆尽之时，人体就会产生饥饿感，因此饥饿感不是人类可以控制的一种感觉。人们对食物的需求一般用"饥"、"饿"这两个词语来表示。

"饥"是古代表示饥饿感的常用词。"饥"是身体缺乏能量所发出的信号，故"饥"可以喻指"贫困"，如有"饥寒交迫"、"饥寒交凑"可以用来指饥饿与寒冷一起逼来，形容贫困至极；又有"饥溺"可以用来比喻生活痛苦。在物质生活上的缺失是"贫困"，如果精神上的缺失则为"不得志"，故又有"饥附"一词可以用来喻指不得志时即来依附，如唐高适《睢阳酬别畅大判官》："戎狄本无厌，羁縻非一朝，饥附诚足用，饱飞安可招。"人们在饥饿之时就会有求食的欲望，故"饥"引申又有"渴望"义，如"饥德"谓如饥似渴地思受其德化。

《正字通·食部》："饿，饥甚。"《论语·季氏》："伯夷叔齐饿于首阳之下，民到于今称之。""饿于首阳之下"谓在首阳山下饿死。唐李绅《悯农二首》之一："四海无闲田，农夫犹饿死。"这里"饿死"连用，"饿"作方式状语修饰"死"。由"饿"作为构词语素构成的词语有："饿狼"比喻贪婪凶残的人，"饿眼"指贪色的目光。由这些词语我们也可以验证这样的说法：在古代"饥"的程度要比"饿"稍微低一些。古代亦有"虽饥不饿"的说法。与"饥"组合的词语，一般不是特别极端的词语，而与"饿"组合的词语，却有一定的区别，它的程度一般都很高。

总之，"饿"对饮食的需求程度比"饥"深，"饿"可以对人的身体造成某种不良的影响，甚至会危及生命，故由"饿"组成的词语多含贬义。随着时间的推移，"饿"与"饥"的区别逐渐模糊，以致现在"饿"已经成为表示饥饿的常用词语。"饥"逐渐在汉语口语中消失，只作为构词语素在一些复音词中出现。

（二）"渴"的繁衍

"渴"本为口干想喝水义。"渴"的客体为液体，一般为水。后来"渴"的客体超出了液体的范畴，其客体可以是"赏赐"、"贤才"等非液体的东西，"渴"就有了"急切"之义。如"渴赏"谓"急求功赏"，

"渴贤"谓"迫切地慕求贤才"。"赏赐"和"贤才"虽然不是液体，但它们还是具体的事物。"渴"还可以与心理动词结合，构成"渴求"、"渴念"、"渴盼"、"渴望"、"渴想"、"渴慕"等，这些词语都是状中式复合动词，而这些动词的宾语就不仅仅限于具体事物了，它们的宾语还可以是抽象事物。

又有"饥渴"连言者。王云路师指出："'饥'与'渴'是生理上的反应，转而形容心理上的状态，比喻分离之苦和思念之甚。"① 构成的词语有"如渴如饥"、"渴饥"、"饥渴"等，并列举了一些汉魏六朝时期的文献例证。同时，王云路师也指出了"佛经中亦常见'饥渴'或'渴饥'，通常表示仰慕或渴求"②。从另一个角度看，这种表示"分离之苦"、"思念之甚"的"如渴如饥"、"渴饥"、"饥渴"等词语也可以看作"渴"的"急切"义的衍伸，即分离的人急切地希望再见面。佛经中表示"仰慕、渴求"的"饥渴"、"渴饥"则可以看作急切地希望追随佛法。这些也都说明了饮食的需求对汉语词汇的影响。也正是因为"饥"和"渴"是人们日常的需求，因此是这两个语素结合，构成"饥渴"，而不是程度很深的"饿"与"渴"结合。

"渴"之所以可以引申出"急切"义，主要是因为液体进入人体不需要有咀嚼过程，当人们口渴之时，则可以大口、迅速地喝下液体。此外，"渴"似乎在一定程度上比"饥/饿"更加难以忍耐，故引申有"急切"义。

（三）"馋"的繁衍

"馋"也是由对饮食的需求所诱发。"馋"本为"贪吃、想吃"，引申有"贪求"义。由对饮食的欲望推衍到其他欲望，则"馋"有了"贪羡"义。如：

"馋嗜"谓贪馋无厌。如唐玄奘译《瑜伽师地论》卷三十九："若有众生食饱满已，性多馋嗜数复来求珍妙饮食，亦不施与。"南唐谭峭《化书·食化·燔骨》："馋嗜者必忘于痛苦，饥窘者必轻于性命。"

---

① 王云路：《中古汉语词汇史》（上册），商务印书馆 2010 年版，第 147 页。
② 同上。

还有"贪馋"可以指"贪图财利"。如唐韩愈《酬司门卢四兄云夫院长望秋作》:"驰坑跨谷终未悔,为利而止真贪馋。"钱仲联集释:"魏本引孙汝听曰:言拘于利禄而不游此山,是为贪馋之人矣。"也可以指"贪迷、不知满足",如王汶石《大木匠》:"大木匠贪馋地望着这片他在这里生活了四十五年的、正在改变着旧时面貌的土地。"李晓明《平原枪声》:"常大爷使劲把地缸掀起来,一股新鲜空气蹿入洞内,大家贪馋地狠狠呼吸了两口,心里觉得无限舒畅。"也可以形容追求向往的迫切,如孙犁《白洋淀纪事·邢兰》:"只有经受寒冷的人,才贪馋地追求一些温暖,知道别人的冷的感觉。"雪克《战斗的青春》:"许凤一看这是王少华和自己的秘密番号,又认得是王少华的笔迹,就贪馋地翻来覆去看了三遍。"

"馋嗜"、"贪馋"两个词语均为同义连言。"嗜"为"喜爱、爱好"义,然而"嗜"的喜爱程度要高一些,如果喜爱过度则为"贪"。这两个词语均为同义并列式复合词,且符合语义逻辑。由此引发,还可以扩展到与饮食并不相关的领域。如:

"馋眼"指贪色的眼睛。如元汤舜民《风入松·题马氏吴山景卷》:"馋眼的夫差若见来,将馆娃移居左侧。"明梅鼎祚《昆仑奴》第二折:"莫不你馋眼儿花,那绣户早则不扃也。"清洪昇《长生殿·禊游》:"望前尘,馋眼迷奚,不免挥策频频。"又可作"馋眼脑","脑"无实义。如元王实甫《西厢记》第一本第四折:"害相思的馋眼脑,见他时须看个十分饱。"① 又有"馋眼孔"与"馋眼脑"同。如元乔吉《扬州梦》第二折:"我这害酒的渴肚囊,看花的馋眼孔,结下的欢喜缘,可着他厮重。"

还有"眼馋"谓羡慕、眼红。如清李汝珍《镜花缘》第三十八回:"林兄小心胡须要紧,此时才留几根,莫被烧去,教人看着眼馋,又要弄出穿耳裹脚那些花样来。"清李宝嘉《官场现形记》第四十六回:"幸喜窗板露着有缝,趁势蹲下,朝里一望,可巧老头子正是一个人在那里点票子哩。大少爷看着眼馋,一头看,一头想主意。"杨朔《雪花

---

① 王季思校注:"以眼为眼脑,犹以脸为脸脑也。"

飘飘》："百岁也眼馋人家有枪。"赵树理《十里店》："搞副业赚钱多，用人有限，有些人干不上，分外眼馋。"还有"眼馋肚饱"形容贪得无厌。如清曹雪芹等《红楼梦》第十六回："往苏州走了一趟回来，也该见点世面了，还是这么眼馋肚饱的。"

以上"馋眼脑"、"馋眼孔"、"馋眼"、"眼馋"、"眼馋肚饱"等词语是由于通感而产生的隐喻。"馋"还可以用来修饰无生命的"脂"、"风"等，如：

"馋脂"指经烛火燃蚀后滴下的烛油。如清陈维崧《换巢鸾凤·咏烛》："烧残终有泪，剪断岂无心，馋脂注得十分深。"

"馋风"指使植物凋零的强劲的秋风。如闻一多《红烛·花儿开过了》："一春底香雨被一夏底骄阳炙干了，一夏底荣华被一秋底馋风扫尽了。"

"馋脂"、"馋风"均为定中式偏正复合词，但这些词语中的"馋"的意义却并不相同。"馋脂"一词中"馋"强调的是人们"馋"的表现——"垂涎"，与蜡烛烛油具有一致性，因此把经烛火燃蚀后滴下的烛油叫作"馋脂"。而"馋风"强调了"馋"的"贪"义，也就是说"猛烈"。

总之，"饥/饿"、"渴"是人类最基本的生理需求，因此有"饥不择食"的说法。"馋"可以在饥饿之时，也可以在并不饥饿之时，它是对食物的欲望。每个人"馋"的对象可能有所不同，"馋"的对象与个人的偏爱有关。

二　"食未饱"类词语的繁衍

由于"食未饱"类词语在现代汉语已经消失，在此我们以在现代汉语完全消失的"欺"，以及作为语素继续存在于现代汉语的"歉"为例进行分析。

（一）"欺"的繁衍
《现汉》不收"欺"，可见它在现代汉语已经消失。《说文·欠部》：

"歁，食不满也。"《广韵》："歁，食未饱也。"引申有"贪"义。《广雅·释诂二》："歁，贪也。"王念孙疏证："歁，《方言》'南楚、江、湘之间谓贪曰歁'。"引申有"坑"义。唐元结《峿台铭序》："石巅胜异之处，悉为亭堂，小峰歁窦，宜间松竹，掩映轩户，毕皆幽奇。"引申有"痴"义。"歁歁"，痴貌。《广韵·合韵》："歁，歁歁，痴貌。"引申有"意不满"义。《集韵·合韵》："歁，不满意。"又《覃韵》："歁，意不满。"又有"意不掩"义。《集韵·琰韵》："歁，意不掩也。"

"歁"的核心义即为"不满"。食不饱曰"歁"，食不饱就可能会有贪念，故引申有"贪"义。地不平则有"坑"义。智力不满则有"痴"义。意不满也可谓"歁"。可见，"歁"的核心义为"不满"，而核心义"不满"是其他意义引申的源泉。

（二）"歉"的繁衍

"歉"在现代汉语中为不成词语素，只能与其他语素结合构成词语。"歉"字从"欠"，本义为"食不饱"。《说文·欠部》："歉，食不满。"唐写本《玉篇》"歉"下注引《说文》作"食不饱也"。如唐李商隐《行次西郊作一百韵》："健儿立霜雪，腹歉衣裳单。"

由"吃不饱"又可以引申出"收成不好"，因为"收成不好"是"吃不饱"的重要原因之一。如：

（1）仁生于<u>歉</u>，义生于丰。（隋王通《中说·立命》）

（2）元和四年，淮楚大<u>歉</u>。（唐李公佐《庐江冯媪传》）

（3）地方年岁丰<u>歉</u>不常，时价低昂不一。（《清会典事例·户部·平粜》）

此外，"歉"的"收成不好"义也可以从一些由"歉"作为构词语素构成的词语中看出来。如：

"凶歉"谓歉收、灾荒。如唐白居易《策林》十八："凶歉之岁，何方可以足其食？灾危之日，何计可以固其心？"元王恽《棹歌十二阕》之三："两浙人稠不易安，少罹凶慊即流迁。"明吴承恩《寿潘母杨孺人六衰序》：“故时仍凶歉，而无荒顿匮乏之忧。”

“歉年”谓收成不好的年头。如唐黄滔《壬癸岁书情》：“江头寒夜宿，垄上歉年耕。”《元史·食货志》：“丰年米贱，官为增价籴之；歉年米贵，官为减价粜之。”《中国歌谣资料·穷苦饥寒庄稼汉》：“好年多打几斗喝稀饭，歉年树叶野草把糠咽。”

“旱歉”谓旱荒。如唐韩愈《顺宗实录》卷一：“比年旱歉，先圣忧人，特诏逋租悉皆蠲免。”《大唐新语》卷之四：“上元初，应六科举，授武陟尉。时属旱歉，劝县令开仓赈恤贫馁，县令不从。”《宋史·张咏传》：“是秋，以江左旱歉，命充升、宣等十州安抚使，进礼部。”

“歉俭”谓荒年歉收。如唐皇甫枚《三水小牍·王公直》：“歉俭若此，家无见粮。”

“荒歉”亦可谓荒年歉收。如宋范仲淹《上吕相公并呈中丞谘目》：“荒歉之岁，日以五升，召民为役，因而赈济。”《元典章·户部五·典卖》：“荒歉之年，先典后卖，立契卖与潘万七为主。”也可以指“荒年”。如清王士禛《池北偶谈·谈异四·濮州女子》：“周家素贫，又值荒歉。”

“饥歉”谓缺粮，庄稼收成差。如宋秦观《越州请立程给事祠堂状》：“吾州更饥歉札疠之后，程公实抚养而教诲之。”宋魏泰《东轩笔录》卷之九：“刘彝所至多善政，其知虔州也，会江西饥歉，民多弃子于道上，彝揭榜通衢，召人收养，日给广惠仓米二升，每月一次，抱至官中看视。”元无名氏《包龙图智赚合同文字》楔子：“只因年岁饥歉，难以度日。”《元史·泰定帝本纪二》：“八月甲戌，兀伯都剌、许师敬并以灾变饥歉，乞解政柄，不允。”

“歉荒”谓歉收、灾荒。如宋苏轼《祈晴文》：“神食此上，民命系焉，无俾歉荒，以作神羞。”

“歉岁”谓荒年。如金元好问《十一月五日暂往西张》：“歉岁村墟更荒恶，穷冬人影亦伶俜。”《宋史·黄廉传》：“久饥初稔，累给并偿，是使民遇丰年而思歉岁也，请令诸道以渐督取之。”《金史·太宗本纪》：“内地诸路，每耕牛一具赋粟五斗，以备歉岁。”《明史·李信圭传》："稍遇歉岁，辄老稚相携，缘道乞食，实可悯伤。"

"以丰补歉"指把丰年积余的粮食储备起来，留待灾年歉收时使用。如毛泽东《做革命的促进派》："今年，凡是丰收的地方，没有受灾的地方，应当提高一点积累。以丰补歉，很有必要。"沙千里《粮食战线的辉煌成就》："十年来的经验证明，毛主席和党中央所提出的从全国六亿多人民出发，统筹兼顾，适当安排，瞻前顾后，以丰补歉的原则是完全正确的。"

"歉收"谓收成不好。如《清会典事例·户部·平粜》："安徽省怀远县歉收，减价平粜仓谷。"《太平天国歌谣传说集·三年好日脚》："有的地方歉收了，太平军还要来赈粮。"

"歉薄"谓收成微薄。如《清会典事例·户部·赈饥》："本年夏间亢旱，收成歉薄。"又《平粜》："直隶上年秋冬以来，雨泽稍疏，麦收恐不免歉薄。"

"灾歉"谓因灾害而歉收；灾荒。如《新唐书·王播传》："初，容管灾歉，不岁贡，式始上输，大犒宴军中。"《宋史·张煦传》："会江、淮灾歉，分命大藩长吏绥抚，以煦为江南西路安抚都监。"郑观应《盛世危言·旱潦》："遇有灾歉，则坐待赈济，或相率逃亡，比户荒凉，滔滔皆是。"

"积歉"谓多年欠收。如清冯桂芬《江阴捐账录印序》："值积歉之后，取农专业之氓，而当此上下并困之时，故名曰小灾。"

由"吃不饱"、"收成不好"义引申，则有"不足、贫困"义。如：

(1) 魏公薨于乡郡，而郑公不吊祭，识者以为盛德之歉。(宋蔡絛《铁围山丛谈》卷三)

(2) 聊以试世，碌碌之夫，遇事推调，不是胆歉，尽曲情寡。(明冯梦龙《挂枝儿·调情》)

此外，"歉"的"不足、贫困"义也可以从一些由"歉"作为构词语素构成的词语中看出来。如：

"歉褊"谓贫困、不宽裕。如汉蔡邕《司空临晋侯杨公碑》："公生值歉褊，资贿屡空，手执勤役，远涉道里，以修经术，险阻艰难，曷所不尝。"

"歉迫"谓困厄、窘迫。如前蜀杜光庭《青城郑填尚书本命醮词》："伏惟少驻鸾骖，下临尘壤，愍其歉迫，假以恩休。"

"歉歉"谓不满足貌。如宋司马光《投梅圣俞》："平生未相识，歉歉不自足。"宋司马光《送通山令郝戴序》："虽子登进士第，仕至长吏，终歉歉不自足。"

"歉弊"谓贫困。如《宋书·明帝纪》："皇室多故，糜费滋广，且久岁不登，公私歉弊。"

"歉绌"谓短缺、不足。如清曾国藩《彭母曾孺人墓志铭》："早岁物产殷饶，内奉菲薄，外图丰洁。比年以来，稍稍歉绌矣。"

由物质上的短缺进而到精神上的短缺，则有"歉"的"对不住人的心情"义。如：

（1）俯仰谬恩方自歉，惭君将比洛阳人。（宋王安石《酬吴季野见寄》）

（2）晕羞脸，枉自许舞娇歌艳，比着这钧天雅奏多是歉。（清洪昇《长生殿·闻乐》）

此外，"歉"的"对不住人的心情"义也可以从一些由"歉"作为构词语素构成的词语中看出来。如：

"歉惜"谓遗憾与惋惜。如宋叶适《孙永叔墓志铭》："君负其能，踏省门五六，然终不得第名于进士，发谢齿落，遂至槁死，知者皆为君歉惜。"

"歉然"形容歉疚的样子。如宋叶梦得《石林家训》："不尔，胸次歉然，若有未了事，往往睡亦不美，况昼服日乎？"明张居正《寄石麓李相公书》："但弟以菲薄回翔廊庙，而翁以重望独淹留林壑，揆之古人弹冠之谊，殊用歉然。"章炳麟《定复仇之是非》："无他，明知听讼

· 165 ·

折狱之制，不能至周，故作法者，亦常歉然自愧，而有所假借宽贷于人。"艾芜《都市的忧郁》："袁大娘仍旧像往次一样带着歉然的神情，一面送衣，一面微笑说。"

"歉仄"谓遗憾、抱歉。如清曹雪芹等《红楼梦》第九十九回："只因调任海疆，未敢造次奉求，衷怀歉仄，自叹无缘。"冰心《寄小读者》："我十分歉仄，因为我对你们述说这一件事。"

"抱歉"谓心中不安，觉得对不起人。如清李渔《慎鸾交·赠妓》："连因俗冗，不得过来奉陪，甚是抱歉。"清李重华《贞一斋诗说·诗谈杂录》："匠门业师谓：平生所抱歉者，仙释二氏书，篇中罕能运用。"老舍《神拳》："大师兄，这两天短看你们，十分抱歉！"

"道歉"表示歉意、认错。如清易宗夔《新世说·轻诋》："越日，续又谒胡，胡一见即拱手道歉。"老舍《二马》："有时候随着个姑娘在人群里挤，踩着了老太太的脚尖也顾不得道歉，一个劲儿往前赶！"

"歉忱"谓抱歉的心情。如《清会典事例·礼部·南郊大祀》："朕自上年秋间，染患骸疾，一载以来，郊坛大典，未能躬诣，每抱歉忱。"誉盦《学界风潮记》："仍由警厅内某科长，向七学生特道歉忱。"

"歉意"谓抱歉的心情。如曹禺《日出》："这一束花是我送给你的，我祝你永远像今天这么美，并且也让它代表我的歉意。"

"歉疚"谓惭愧不安。如邹韬奋《经历》附录《我的母亲》："为着我要穿鞋，累母亲深夜工作不休，心上感到说不出的歉疚。"罗广斌、杨益言《红岩》："他定一定神，赶快把高尔基的《母亲》还回书架，用深深的歉疚的目光，望着甫志高说：'对不起，耽搁了你们的休息时间。'"

由"对不住人的心情"义再进一步引申则有"歹、坏"义。如：

（1）张世开嫌好道歉，非打即骂。（明施耐庵《水浒传》第一百零三回）

（2）那施公平昔若是常患头疼腹痛，三好两歉的，到老来也自判个死日。（明冯梦龙《警世通言》第二十五卷）

此外，"歉"的"歹、坏"义也可以从一些由"歉"作为构词语素构成的词语中看出来。如：

"要好成歉"谓好意反而招怨。如明凌濛初《初刻拍案惊奇》卷八："真是冤天屈地，要好成歉！"

"三好两歉"同"三好两歹"。如明凌濛初《初刻拍案惊奇》卷三十四："单只从小的三好两歉，有些小病。"

"为好成歉"谓做好事反被当作恶意。如明冯梦龙《警世通言》第二十一卷："贤侄千里相送小娘子，虽则美意，出于义气，傍人怎知就里？见你少男少女一路同行，嫌疑之际，被人谈论，可不为好成歉，反为一世英雄之玷？"明冯梦龙《醒世恒言》第九卷："千好万好，总只一好，有心好到底了，休得为好成歉。"

"歉人"指"坏人"。如明冯梦龙《警世通言》第二卷："你何得轻出此语，将天下妇道家看作一例？却不道歉人带累好人。"

"嫌好道歉"说好道坏，谓挑剔苛求。如明施耐庵《水浒传》第一百零三回："张世开嫌好道歉，非打即骂。"明冯梦龙《警世通言》第二十五卷："当初贫困之日，低门扳高，求之不得；如今掘藏发迹了，反嫌好道歉起来。"亦作"嫌好道恶"。清吴敬梓《儒林外史》第五十二回："小弟生性喜欢养几匹马，他就嫌好道恶，说作踢了他的院子。"

综上所述，"歉"的核心义为"小、少"，"歉"的繁衍都与其核心义"小、少"有着密切的关系。

三　"饱足"类词语的繁衍

在"饱足"类词语中，有对普通饮食的饱足，一般用"饱"来表示；也有对酒的饱足，一般用"醉"来表示。这一部分就以"饱"和"醉"的繁衍为例对此类词语的繁衍情况进行扼要说明。

（一）"饱"的繁衍

"饱"引申一般都含有"满、足"义。与"饮食"相关的"满、足"，如"饱餐"本谓"尽量吃、饱饱儿地吃"，也可指"尽情享受"；

"饱尝"谓"饱受"等。饮食本是通过口来吞食食物，进而才有人们对进入身体的食物所作出的"饱"的反馈。而这种"饱"的感觉又可以发生通感，即眼、耳、鼻、口、心都可以有"饱"的感觉。如"饱觑"谓"眯眼细看"。"饱目"谓"尽情地看"。"饱看"谓"尽量看"，"饱眼"与"饱看"同。"饱览"亦谓"尽情地看"。"饱阅"谓"尽情看"。"饱嗅"谓"尽量闻"。"饱闻"犹"多闻"。"饱读"谓"充分阅读"。

由此再进一步抽象，则有"饱学"谓"学问广博"。"饱谙"犹"熟知"。"饱识"谓"充分了解"。在这些词语中"饱"所修饰的"学"、"谙"、"识"等是意识领域的范畴，它们已经与感官没有直接的联系了。

语素"饱"还可以与一些其他抽象的语素搭配构词。如"饱受"谓充分经受。"饱掠"谓充分掠夺。"饱参"谓充分领略事理。"饱经世故"谓阅历多，积累了丰富的处世经验。"饱经世变"谓经历了许多人世变故。"饱经风霜"谓经历过许多艰难困苦。"饱经忧患"谓经历了许多困苦患难。"受"、"掠"、"参"、"世故"、"世变"、"风霜"等的多寡都不可精确测量，故而用人们在日常生活中可以切身体会的"饱"来修饰，形象地说明了"多"这一含义。以上这些词语中的"饱"都含有"多、充分"之义，"多、充分"也是"满、足"的表现之一。

此外，还有"饱贮"谓"满藏"。"饱禄"谓"饱享俸禄"。"贮"通常用"满"等修饰就可以表示"满藏"义；"俸禄"也有诸如"厚"、"优厚"等修饰就可以有"俸禄优厚"之义。在"饱贮"、"饱禄"这两个词语中，"贮"和"禄"都没有用它们经常搭配使用的修饰语，而用了"饱"，使得表达更加生动形象。

（二）"醉"的繁衍

"醉"最初表示的意思不应该是饮酒过量的"大醉"，而是饮酒适度，后来才逐渐用于饮酒过量。"醉"的繁衍有与"饮酒适度"相关者，也有与"饮酒过量"相关者。

"醉"大概在喝酒的人看来是一种美好的状态。如"醉陶陶"谓醉酒快乐貌，亦作"醉淘淘"、"醉醄醄"。"醉悦"谓陶醉愉悦。

　　人们醉酒后自然与常态是不同，可能最明显的表现就是在眼睛上，因此有"醉目"、"醉眸"、"醉眼"谓"醉后迷糊的眼睛"。

　　人们醉酒后所做之事也与平时有所不同，故又有"醉乡"指醉酒后神志不清的境界。"醉梦"谓人稀里糊涂如醉如梦。"醉语"谓醉后的胡言。"醉话"谓醉后的胡话。"醉胆"醉酒后的胆量，形容豪气。"醉痴"谓精神恍惚不安。以上这些词语都与醉酒后的状态关系密切。

　　还有"醉霞"比喻酒后脸泛红晕。"醉晕"喻红色。这些词语都是与人们醉酒后脸颊的颜色有关。

　　随着"醉"意义的进一步泛化，与"醉"直接关联的就不一定是酒了。如"醉帖"、"醉书"指草书。"醉舞"犹狂舞。"醉舞狂歌"形容沉迷于声色歌舞之中。"醉会"诗酒欢畅的聚会。以上这些词语都是与"醉酒"所体现出来的"乱"相联系。此外，还有"醉人"谓"令人陶醉"。"醉心"对某一事物强烈爱好而一心专注，也有"令人陶醉"义。这些"醉"的施事为其他事物，且它们已经不是外在的"乱"而是一种内在的"乱"。

　　以上这些词语都与人的活动相关，还有与人的活动无关者。如"醉虾"、"醉蟹"指用酒浸制的"虾"、"蟹"，这些说法形象地说明了"用酒浸制"这种食物的制作方法。当然，"醉"的对象"虾"、"蟹"虽非人类，但也必须是具有生命的生物。

第五章　汉语饮食词语的结构分析

美食讲求"色、香、味、形"俱全。饮食的"味"与"香"给人以味觉与嗅觉的冲击，而饮食的"形"与"色"则首先会给人以视觉上的冲击，即所谓的"远看色，近看形"，进而使人们对饮食做出初步评价。人们在利用饮食解决温饱问题的基础之上，还特别注重追求饮食的"形"、"色"之美，增添饮食的乐趣。在历代文献中，此类记载很多，如明末清初冒襄《影梅庵忆语》有："酒后出数十种，五色浮动白瓷中，解酲消渴。"记载了他的爱姬董小宛所制饮食的精美形制。总而言之，历代文人墨客对各种形制、色彩的饮食的描写比比皆是，此不赘述。他们大多是从美食的角度，或者说是从审美的角度来审视饮食，体现了饮食文化的博大精深，也体现了人们对饮食的审美追求。

然而本章主要讨论的并非充满了人类雕琢痕迹的饮食的"形"与"色"，而是从语言学的角度来审视饮食本身的"形"与"色"，探求饮食本身的"形"与"色"对汉语词汇的影响，而这种影响主要体现在人们对饮食的命名方面。张永言指出："每个客观事物都具有多方面的特征或标志，如一定的形状、颜色、声音、气味等，人们在给它命名的时候只能选择其中的某一个特征或标志作为依据，而这种选择在一定程度上是任意的。"① 人们在对饮食命名之时，饮食本身的"形"与"色"

---

① 张永言：《关于词的"内部形式"》，《语言研究》1981 年创刊号。

对其命名起了重要作用。这一部分词语相对其他类型的饮食词语而言，其结构相对复杂。

本章将以构词法为基本立足点，对这些以饮食"形"、"色"命名的词语进行分析，以期窥视汉语饮食词语结构之一斑，从而引起大家对词语结构研究的关注。

第一节　"形 + 名"构成的偏正式饮食名词

形容词一般包括性质形容词、状态形容词以及非谓形容词（区别词）。从饮食的"形"、"色"角度来看，构成饮食名词的形容词性语素一般表示性质，例如表空间维度单音节形容词（如"大"、"小"、"薄"、"扁"、"尖"、"卷"、"圆"等），以及一系列单音节颜色形容词（如"红"、"黄"、"白"、"青"、"黑"、"绿"、"紫"等）降格为构词语素与名词性语素构成饮食名词。此外，还有个别非谓形容词（如"空心"等）降格为构词语素与名词性语素构成饮食名词。

一　饮食的"形"与"Adj + N"式饮食名词

汉语中有一些饮食词语的命名方式与它们的形状有着密切的关系。

（一）"大／小 + 名词性语素"构成的偏正式饮食名词

陈青松指出："自然物都存在于空间之中，自身也占据一定的空间，人们对物质实体的认识就必然形成一种空间观念。……对事物的空间性和相互关系的比较和测量的观念反映在语言学中，就是表示度量性的空间和性质形容词的存在。表示'大、小'概念的词语的基本语义是表示事物的空间体积面积的大小，是最简单、最基本的表示事物测量性特点的词汇单位。……虽然各种语言中表示'大、小'概念的词的形式不一样，词义的引申不同，句法功能也不尽相同，但有一点都是相同的：都以表示空间体积的大小为其基本语义，都可以和名词发生直接关系。"① 鉴于性质形容词"大"、"小"的特殊性及重要性，我们将它们从其他性质形容词中提取出来，单独加以介绍。

首先看由"大"作为构词语素构成的饮食词语，有"大菽"、"大麦"、"大枣"、"大豆"、"大饼"、"大葱"、"大馎饦"等。如：

（1）五殖之次曰五毅，五毅之状娄娄然，不忍水旱，其种大菽、细菽，多白实。（《管子·地员》）

（2）年七十，卒于官，诏遣使者临视，惟见布被覆尸，妻子对哭，有大麦数斛，敝车一乘。（《后汉书·酷吏传·董宣》）

（3）尝从畿求大枣，畿拒以他故。（南朝宋裴松之《三国志·魏书·杜畿传》注）

（4）油麻、大豆，并锄两遍止；亦不厌早锄。（北魏贾思勰《齐民要术·杂说》）

（5）一旦，多作大饼，招群徒众入尸陁林，以饼裹腐尸肉而食，数唉不已，众僧掩鼻而走。（唐范摅《云溪友议》卷下《金仙指》）

（6）峭壁之间，有大葱，高三四尺；涧上有松，皆十余丈。（元李志常《长春真人西游记》）

（7）两次草钱都不与，刚刚吃得一个大馎饦。（元孙仲章《河南府张鼎勘头巾》第三折）

"大菽"是大豆的一个品种，属豆类较大者；"大麦"叶子宽条形，籽实的外壳有长芒。"宽条"、"长芒"也都是"大"的表现；"大枣"俗称红枣，特指红枣中籽实较大者；"大豆"是一种豆类，籽实较其他豆而大；"大饼"指比普通的饼形制略大者；"大葱"的茎、叶均较粗大；"大馎饦"指一种形制较大的面点。以上均为饮食本身具有"大"（空间维度）的特征，故由单音节性质形容词性语素"大"与单音节名

---

① 陈青松：《现代汉语形容词与形名粘合结构》，中国社会科学出版社 2012 年版，第 246—247 页。

词性语素组合构成饮食名词来指称该事物。

还有一种情况是"大"修饰的是饮食的一部分，然后再加上表示此饮食的词语，如"大头菜"。

（1）牛老爹店里卖的有现成的百益酒，烫了一壶，拨出两块豆腐乳和些笋干、<u>大头菜</u>，摆在柜台上，两人吃着。（清吴敬梓《儒林外史》第二十一回）

（2）还有咱们南来的五香<u>大头菜</u>，拌些麻油醋可好么？（清曹雪芹等《红楼梦》第八十七回）

"头"本指人体的最上部分或动物的最前部分，引申可指物的顶端或末梢。前面几例"大菽"、"大麦"、"大枣"、"大豆"等是指整个食物的"大"，而"大头菜"是局部的"大"，即这种菜的根部肥大，故名"大头菜"。当然，这也属于空间维度的"大"。

又有"大酒"指醇酒，常与"肥肉"并举，谓酒席丰盛。如：

（1）费心姑息是一役，肥肉<u>大酒</u>徒相要。（唐杜甫《严氏溪放歌行》）

（2）高堂华屋，<u>大酒</u>肥肉，粉白黛绿，哀丝豪竹，贵人不足。（清张维屏《侠客行》）

又有"大菜"可以指酒席中后上的大碗的菜（如全鸡、全鸭、肘子等）。如：

（1）自然，鸡鸭这东西，无论如何，总不过送进厨房，做成<u>大菜</u>而已，即顺提也何补于归根结蒂的运命。（鲁迅《花边文学·倒提》）

（2）地点当然是在谢老师这里。用腊味来配四个碟子，其余是两个炒菜，四碗<u>大菜</u>。（张天翼《清明时节》）

"大菜"也可以泛指酒席或特指西餐。如：

（1）吃顿大菜，你晓得要几个钱？还要甚么香槟酒、皮酒去配他。（清李宝嘉《官场现形记》第五十三回）

（2）酒席如果能塞得人发昏，送大菜又怎样？（鲁迅《彷徨·离婚》）

（3）常有理说："家常饭吃腻了，想要你给她摆一桌大菜吃吃！"（赵树理《三里湾》）

例（1）、例（2）特指西餐，例（3）泛指酒席。

还有"大餐"指丰盛的饭食。如：

（1）好啦！换衣服，我们吃大餐去！（岑凯伦《蜜糖儿》）

（2）依照传统，如果孩子找不到饼，一家人的逾越节大餐就没有着落了。（《人民日报》1993年1月）

（3）热心改革的各食堂普遍增加了花色品种，想多花点钱吃好点的机关人员，在家门口的食堂就可以享受各种大餐小吃。（1994年《报刊精选》）

"大餐"又可特指西餐。如：

（1）她曾看见他们俩在左一吧右一吧吃正宗的法国大餐。（张欣《爱又如何》）

（2）他的第一辆轿车就是礼蒙，一种有专职司机驾驶的高级加长座车，他下榻之处是豪华宾馆的基本原则楼最高级套房，吃的是法国大餐。（1994年《报刊精选》）

（3）受罪的是法国大餐，就那么一点儿，出来之后还得再吃碗面。（新华社2004年新闻稿）

由这些例证可以看出，"大酒"、"大菜"、"大餐"中的"大"已经超出了空间（主要是体积）的范畴，它所传达的意义更加抽象。

再看由"小"作为构词语素构成的饮食词语，有"小豆"、"小麦"、"小胡桃"、"小茴香"等。如：

（1）白豆、<u>小豆</u>，一时种，齐熟，且免摘角。（北魏贾思勰《齐民要术·杂说》）

（2）凡种<u>小麦</u>地，以五月内耕一遍，看干湿转之，耕三遍为度。（北魏贾思勰《齐民要术·杂说》）

（3）其蜘蛛宝黑如药丸，巨若<u>小胡桃</u>，其蛛当不细矣。（清姚元之《竹叶亭杂记》卷一）

（4）韭菜才一揸高，还有洋角葱、<u>小茴香</u>。（梁斌《红旗谱》）

"小豆"特指赤豆，赤小豆，也可以泛指颗粒较小的豆；"小麦"相对于"大麦"而言，是粮食作物；"小胡桃"即山核桃，相对普通核桃体积要小些；"小茴香"为我国传统调味香料。

上述"小豆"、"小麦"、"小胡桃"、"小茴香"等词语都较为直观地体现了饮食本身的体积对汉语词汇的影响。

此外，又有"小酒"谓暖季快速酿成的薄酒。如：

（1）携持<u>小酒</u>榼，吟咏新诗句。（唐白居易《秋日怀杓直》）

（2）生衣宜水竹，<u>小酒</u>入诗篇。（唐戎昱《骆家亭子纳凉》）

（3）自春至秋，酝成即鬻，谓之"<u>小酒</u>"。（《宋史·食货志下七》）

又有"小菜"指下酒饭的菜蔬，一般不包括荤菜。如：

（1）二童忙取<u>小菜</u>，却是些酱瓜、酱茄、糟萝卜、醋豆角、腌窝蕖、绰芥菜，共排了七八个碟儿，与师徒们吃饭。（明吴承恩

《西游记》第二十五回）

（2）刘公举目看时，只见他把小菜下酒，那盘牛肉，全然不动。（明冯梦龙《醒世恒言》第十卷）

也可以泛指一切下酒饭菜肴。如：

（1）老夫从不曾得熊掌尝新，你却把作小菜吃。（清褚人获《坚瓠甲集》卷之二）

（2）落后看见他在燕窝碗里拣了一个大虾圆子送在嘴里，方才放心。因说道："却是得罪的紧。我这散教，酒席没有甚么吃得，只这几样小菜，权且用个便饭。"（清吴敬梓《儒林外史》第四回）

（3）饭馆子小菜下锅的声响，油烟播到街头的浓味，诱出我的舌尖，溜向上下唇舐了两舐。（艾芜《人生哲学的一课》）

还有"小吃"指正式饭菜以外的熟食，多指下酒菜。如：

（1）三汤十菜，添案小吃，顷刻间，摆满了桌子，真个呲嗟而办。（明冯梦龙《醒世恒言》第七卷）

（2）酒保来问要什么菜，景兰江叫了一卖一钱二分银子的杂脍，两碟小吃。（清吴敬梓《儒林外史》第十七回）

（3）酒过一二巡，则上小盘小碗，其名南唤"小吃"，北呼"热炒"。（清李汝珍《镜花缘》第十二回）

（4）小东门街多食肆，有熟羊肉店，……先以羊肉杂碎饲客，谓之小吃。（清李斗《扬州画舫录·小秦淮录》）

今多指点心铺出售的熟食或饭馆中的经济膳食。如：

我缓缓地顺着街边走，向着那些伙计匆匆忙忙正做面饼的铺

面，以及老太婆带着睡眼坐守的 <u>小吃</u> 摊子，溜着老鹰似的眼睛。（艾芜《人生哲学的一课》）

"吃"本为动词，而"小吃"却是名词。在"小吃"一词中，"吃"为名词性语素。原因何在？在古汉语中，"食"既可以作名词又可以作动词，"吃"可能受到了"食"的影响，加之古代还有"小食"一词，亦与"小吃"义近。

以上"小酒"、"小菜"、"小吃"等词语中的"小"已经超出了空间（主要指体积）范畴，它们所传达的意义都比较抽象。

（二）其他"性质形容词性语素＋名词性语素"构成的偏正式饮食名词

除了"大"、"小"之外，还有"薄"、"扁"、"尖"、"卷"、"圆"等形容词性语素可以与其他名词性语素结合构成饮食词语，有"薄饼"、"扁豆"（藕豆）、"扁食"、"扁桃"、"尖椒"、"卷饼"、"卷心菜"、"圆白菜"等。如：

（1）尝有台使，罴为其设食。使乃裂其 <u>薄饼</u> 缘。（《周书·王罴传》）

（2）一日行至浙皖交界之地，诡言欲食 <u>扁豆</u>，令人出采，数日不获。（清顾恩瀚《竹素园丛谈》）

（3）孙胡子，<u>扁食</u> 包细馅；马思远，糯米滚元宵。（清潘荣陛《帝京岁时纪胜·皇都品汇》）

（4）<u>扁桃</u>，大如桃而扁，色正青。（宋范成大《桂海虞衡志》）

（5）有 <u>扁桃</u>，似桃而扁，一曰偏桃。（清屈大均《广东新语》卷二十五）

（6）快餐盒饭里盖浇的那四种炒肉丝，他们自己称之为"四大快餐肉丝"，即京酱肉丝、鱼香肉丝、<u>尖椒</u> 肉丝、干煸肉丝，如此而已。（刘心武《小墩子》）

（7）就拿攒拳来说，拳经上说，伸手如瓦拢，攒拳如 <u>卷饼</u>，

你这是什么拳呐？（民国常杰淼《雍正剑侠图》）

（8）苦学生在外国是看不到什么的，振保回忆中的英国只限于地底电车，白煮<u>卷心菜</u>，空白的雾，饿、馋。（张爱玲《红玫瑰与白玫瑰》）

（9）罗圈腿也是来回向地端跑着，有时他抱了两棵大形的<u>圆白菜</u>，走起来两臂像是架着两块石头样。（萧红《生死场》）

以上这些词语一般是"形容词性语素（表性质）＋名词性语素（表属概念）"构成的偏正式复合词。陈青松指出："'大'、'小'能够指称任何一个维度或全部三个维度的物理延伸度，限制最少，因而是最简单的一对空间维度词。'大'、'小'以外的其他各对词都只能对某一特定维度加以描述，受到不同程度的限制，词义较复杂。"① 因此，饮食在可以直观地由"大"、"小"进行区别的前提下，其他性质就不能显示出其优越性了。

（三）"非谓形容词性语素＋名词性语素"构成的偏正式饮食名词

这样的情况比较少见，我们以"空心菜"为例进行说明。

"空心菜"即"蕹菜"。如：

（1）结果，一盘炒<u>空心菜</u>只夹走少半边，筷子便夹不着菜了。（权延赤《红墙内外》）

（2）炊事员特意告诉我们："这<u>空心菜</u>是岛上长的，可是来之不易呀！"（《人民日报》1993年9月）

"空心菜"因其"中空"而得名，修饰语"空心"是中心语"菜"的重要特征。

---

① 陈青松：《现代汉语形容词与形名粘合结构》，中国社会科学出版社2012年版，第249页。

二　饮食的"色"与"Adj＋N"式饮食名词

事物都有其自身的颜色，饮食也不例外。从语源学的角度来看，有些饮食①根据它们的颜色特征而得名。

（一）典型搭配

这类的词语一般是单音节颜色词语与名词的组合，而单音节颜色词语都是性质形容词，故此类词语基本为"单音节性质形容词性语素（表颜色）＋名词性语素"式。

一般而言，在给饮食命名之时以五色为多，其他颜色则相对较少。"五色"即指赤、白、青、黄、黑，古代以此五者为正色。《尚书·益稷》云："以五采彰施于五色，作服，汝明。"孙星衍疏："五色，东方谓之青，南方谓之赤，西方谓之白，北方谓之黑，天谓之玄，地谓之黄，玄出于黑，故六者有黄无玄为五也。"理论上讲，通过这五种颜色可调出其他所有颜色。在人们的认知中，"五色"最为明了，故在给饮食命名时，人们更多地选用了这五种基本颜色。

由饮食的"色"构成的"形＋名"式饮食词语，其结构及表义都相对简单明了，即"形"对"名"的颜色特征加以说明。我们可以用下面的表5－1简单加以说明。

表5－1　"颜色形容词性语素＋名词性语素"构成的饮食名词举例

颜色 ＼ 词语		词语举例
五色	红②	丹参　丹芝　丹荔　丹果 朱蜜　朱柑　朱橘　朱桑　朱果 赤豆　赤芝 红枣　红糖　红茶　红萝卜　红薯　红米　红稻
	白	白瓜　白豆　白菜　白果　白糖　白面　白薯　白萝卜　白木耳　白芝麻 白蜜　白茶　白麻　白醋　白酒

① 本章讨论的大多是未经人工雕琢的饮食。

② 包括"丹"、"朱"、"赤"等。

颜色 \ 词语		词语举例
五色	青①	青梅　青枣　青杏　青蒜　青椒　青豆　青菜 绿葵　绿豆　绿橘　绿菜花　绿茶 绿醅
	黄②	黄粱　黄豆　黄茄　黄韭　黄芽菜③　黄果　黄金瓜　黄糖 黄花菜　黄酱　黄米　黄柑　黄桃　黄杏 金橘　金瓜　金糕　金针菜
	黑④	黑枣　黑麻　黑豆　黑茶　黑糖　黑芝麻　黑木耳　黑色食品 乌梅
其他颜色		紫米　紫菜　紫甘蓝　紫薯 五花肉

可见，由"五色"构成的饮食词语占了绝大多数。这些词语大多是饮食的外表是什么颜色，就用表示该颜色的单音节形容词性语素与名词性语素组合构成。"Adj（颜色）＋N"构成的饮食名词与"N"之间具有明显的种属关系，"Adj（颜色）＋N"为种，"N"为属。图5－1可以以简驭繁地说明"Adj（颜色）＋N"与"N"之间的种属关系。

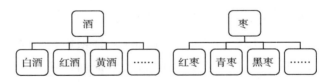

图5－1　　"Adj（颜色）＋N"与"N"种属关系

（二）非典型搭配

由表5－1可以看出，"白醋"、"白酒"、"绿醅"、"红酒"、"黄酒"比较特殊，它们都是液体。赵春利在研究颜色形容词与名词组合的语义指向时指出："与液体、气体和光体的物体名词组合时，颜色形

---

①　包括"绿"。在很多情况下，现代汉语"青"包含在"绿"和"蓝"中。

②　包括"金"。

③　亦可称"黄牙"或"黄牙白"。"黄牙"为"黄芽菜"之省，"黄牙白"中的"白"为"白菜"之省。

④　包括"乌"。

容词的语义则指向整个物体的内外。"① 显而易见，"白醋"、"白酒"、"绿醋"、"红酒"、"黄酒"中的"白"、"绿"、"红"、"黄"等语素的语义指向液体（"醋"、"酒"）的内外。

此外，除了表5－1中的颜色形容词性语素在前，名词性语素在后外，还有位置互换者，如"蛋白"、"蛋黄"、"韭黄"等。按照"形—名"组合的一般规律推理，这些词语已经不是偏正式复合词而是主谓式复合词了，然而我们认为"蛋白"、"蛋黄"、"韭黄"依然是偏正式。首先，"蛋白"、"蛋黄"中的"白"、"黄"并不是单纯的性质形容词性语素，它们表示的是蛋的"白色部分"、"黄色部分"，具有名词的特征。其次，"韭黄"是与韭菜相似而颜色发黄，故称。"韭黄"也并非主谓式的韭菜黄了，或韭菜变黄。"黄"是这种菜的内在属性，并非变化的结果。

还有"茭白"一词与上述诸词又有所不同。在古汉语中，单用"茭"即可表"茭白"义。如：

（1）芰菰剪蒲，以荐以茭。（南朝宋谢灵运《山居赋》）

（2）坐久芰荷发，钓兰茭苇深。（唐温庭筠《酬友人》）

（3）江南人呼菰为茭，以其根交结也。（明李时珍《本草纲目·草八·菰》）

由《本草纲目》例可以看出，这种食物之所以称"茭"（表声兼表义的声符"交"加表类的形符"艹"），是因为它的根部交结，这其实也是饮食"形"方面的体现。后来"茭"后又加了这种食物的颜色特征"白"构成"茭白"一词，凸显了其颜色上的特征。对此《本草纲目·草八·菰》亦有相关记载："（苏）颂曰：'菰根，江湖陂泽中皆有之。……春末生白茅如笋，及菰菜也，又谓之茭白，生熟皆可啖，甜美。'"

---

① 赵春利：《现代汉语形名组合研究》，暨南大学出版社2012年版，第279页。

"茭白"一词的构造方式既体现了这种食物"形"的特征，也体现了其"色"的特征。"茭白"一词的出现，一方面显示了汉语词汇复音化进程的巨大影响，另一方面也使词语更加清晰地表达了事物。

总之，"蛋白"、"蛋黄"、"韭黄"、"茭白"这些词语的出现，大概是颜色词可以"形名兼类"的结果。此类词语不是特别多，为了行文方便，仅在此作出扼要说明。

第二节 "名＋名"构成的偏正式饮食名词

"名＋名"偏正式饮食词语一般由饮食的"形"所体现。两个名词性语素按照语义关系又可以分为普通关系以及比喻关系两大类。

一 N_1 与 N_2 之间为普通语义关系

这里的"普通语义关系"是与"比喻关系"相对而言，即两个名词性语素没有比喻关系。N_1 为偏，N_2 为正，N_1 修饰 N_2。如：

1. 角黍/角粽

"角黍"即粽子。如：

（1）俗以菰叶裹黍米，以淳浓灰汁煮之令烂熟，于五月五日及夏至啖之。一名糉，一名角黍。（《太平御览》卷八五一引晋周处《风土记》）

（2）角黍包金，香蒲泛玉，风物依然荆楚。（宋周邦彦《齐天乐·端午》）

（3）糉，俗作粽。古人以菰芦叶裹黍米煮成，尖角，如棕榈叶心之形，故曰糉，曰角黍。近世多用糯米矣，今俗五月五日以为节物相馈送。或言为祭屈原，作此投江，以饲蛟龙也。（明李时珍《本草纲目·谷四·粽》）

（4）竞渡传从楚岁时，为投角黍吊湘累。（清赵翼《连日竞渡再赋》）

正如《本草纲目》所说，"角黍"尖角，古主要用黏黍制作而成，故称。"角黍"又称"角粽"，如：

（1）渚闹渔歌响，风和角粽香。（唐姚合《夏夜宿江驿》）

（2）五色新丝缠角粽，金盘送，生绡画扇盘双凤。（宋欧阳修《渔家傲》）

（3）结艾人，赏葵宾，菖蒲酒香开玉樽。彩丝缠，角粽新，楚些招魂，细写《怀沙》恨。（元无名氏《迎仙客·五月》）

"角粽"也因其为角状。"角"表形状，N_1 是 N_2 的形状。

2. 毛桃

"毛桃"指野生桃树及其果实。如：

（1）显庆四年八月，有毛桃树生李。李，国姓也。占曰："木生异实，国主殃。"（《新唐书·五行志一》）

（2）惟山中毛桃，即《尔雅》所谓榹桃者，小而多毛，核粘味恶。其仁充满多脂，可入药用。（明李时珍《本草纲目·果一·桃》）

由《本草纲目》可以看出，"毛桃"小而多毛。

3. 毛豆

"毛豆"是大豆的嫩荚果，内含青色豆粒，可做蔬菜食用。如：

（1）至十五月圆时，陈瓜果于庭以供月，并祀以毛豆、鸡冠花。（清富察敦崇《燕京岁时记》）

（2）偷玉米、烧毛豆、摸瓜，都是以他为首。（刘震云《故乡天下黄花》）

"毛豆" 荚上有细毛，故名。

"毛桃"、"毛豆" 中的 "毛" 是外表，N_1 是 N_2 的局部特征。

4. 麻团

"麻团" 是以米粉做成圆形，中有糖馅，外滚芝麻，然后用油炸成。如：

（1）又有粉食店，专卖山药元子、真珠元子、金桔水团、澄粉水团、乳糖槌、拍花糕、糖蜜糕、裹蒸粽子、栗粽、金铤裹蒸茭粽、糖蜜韵果、巧粽、豆团、麻团、糍团及四时糖食点心。（宋吴自牧《梦粱录》卷十六）

（2）卖青菜的、卖麻团的、箍桶的、拉板车的、吹糖人的……他从他们的吆唤声、说话声、脚步声、喘气声，甚至从他们身上的气味，就能辨别出来，无须抬头一看。（汪曾祺《皮凤三楦房子》）

5. 麻球

"麻球" 与 "麻团" 同，"球"、"团" 同义。如：

其他如面筋百叶、萝卜丝酥饼、双仁麻球、排骨年糕、葱油月饼等等。"吃不了，兜着走"，上海人还为您准备了速冻点心系列和微波点心系列。（《市场报》1994 年 B）

"麻团"、"麻球" 的显著特征是其外表裹 "麻"，N_1 是 N_2 的重要制作材料。

6. 饭团

"饭团" 通常指各种用米饭捏成的团状食物，通常中间包有各种馅料。如：

（1）约摸在上午十点钟的时候，有人送来一个饭团，一碗开水。（老舍《四世同堂》）

（2）爹爹手心上数着票子，平儿在吃<u>饭团</u>。（萧红《生死场》）

"饭团"与"麻团"、"麻球"不同之处在于："N_1"（饭）不但是"N_2"（团）的重要制作材料，而且是"N_2"（团）由内到外的主要成分；而在"麻团"、"麻球"中，"N_1"（麻）仅是"N_2"（团、球）的外部成分。

总之，"角粽"是从外形上看，粽子有角；"毛桃"是因为桃子的外表有毛；"麻团"、"麻球"、"饭团"说明食物成团状。"角"、"毛"、"球"、"团"都是饮食本身的形状及特征。

7. 汤团

"汤团"即元宵。糯米粉制成的球形食品，有馅，一般用水煮食。如：

（1）自初九日之后，即有爽灯市买灯，吃元宵。其制法用糯米细面，内用核桃仁、白糖为果馅，洒水滚成，如核桃大，即江南所称<u>汤团</u>者。（明刘若愚《酌中志·饮食好尚纪略》）

（2）十五日食<u>汤团</u>，俗名元宵，则有食与否。（清震钧《天咫偶闻》卷十）

8. 汤圆

"汤圆"即汤团。有的地方则专指无馅的，用水煮熟加糖吃的糯米粉小团子。如：

（1）又一日兴绪往请西后安，后方食<u>汤圆</u>，问汝已食乎？（清王无生《述庵秘录·清室轶闻》）

（2）旁边是一个卖汤圆的担子，那火便是煮<u>汤圆</u>的火。（清吴趼人《二十年目睹之怪现状》第五十二回）

"汤团"、"汤圆"中的修饰语"汤"指明这种团状或球形食物的制作方式是在水中烹煮，N_1 是 N_2 的制作方式。表面上看，"汤"与"团"、

"圆"之间没有直接的关系，但"团"、"圆"的典型意义并非食物，而"汤"恰好可以明确"团"、"圆"的隐含意义之一———食物。

9. 面条

"面条"指用面粉做的细条状的食物。如：

（1）最使他们兴奋的，是他把四大碗面条，一中碗炸酱，和两头大蒜，都吃了个干净。（老舍《四世同堂》）

（2）不，是生了小孩作父母的要请别人吃红蛋。过生日的人要吃面条的！（邓友梅《别了，濑户内海！》）

"面条"的材质为"面"，而形制为"条"，故名。

二 N₁与N₂之间具有比喻关系

按照一般观点，比喻包括明喻、暗喻和借喻，而"名＋名"偏正式饮食词语与暗喻相似。由两个名词性语素构成偏正式饮食名词可以分为两种情况：一种为修饰语为喻体，中心语为本体；另一种为修饰语为本体，中心语为喻体。

（一）N₁（喻体）＋N₂（本体）

假设前一名词性语素为"A"，后一名词性语素为"B"，那么"名词性语素（喻体）＋名词性语素（本体）"所表示的意义就是"像A一样的B"。如：

1. 人参

"人参"指多年生草本植物，主根肥大。根和叶都可以入药，为中药贵重药品，有滋补作用。如：

（1）治疾当得真人参，反得支罗服。（汉王符《潜夫论·思贤》）

（2）合药须得生人参，旧传钟山所出，孝绪躬历幽险，累日不值，忽见一鹿前行，孝绪感而随后，至一所遂灭，就视，果获此

草。（《梁书·阮孝绪传》）

（3）成式常见道者论枸杞、茯苓、<u>人参</u>、术形有异，服之获上寿。（唐段成式《酉阳杂俎续集》卷二）

（4）上深赏之，御笔仿梁楷泼墨仙人绘图以赐，并赐<u>人参</u>一斤。（清沈初《西清笔记》卷一）

明李时珍《本草纲目·草一·人参》："人薓年深，浸渐长成者，根如人形，有神，故谓之人薓……后世因字文繁，遂以参星之字代之，从简便尔……人参体实有心而味甘，微带苦，自有余味。""根如人形"正道出了"人参"的得名之由。

2. 冰糖

"冰糖"指一种透明或半透明的白色块状食糖，用白糖或红糖加水溶化后，逐渐浓缩结晶而成。如：

（1）造<u>冰糖</u>者，将洋糖煎化，蛋青澄去浮滓，候视火色。（明宋应星《天工开物·造白糖》）

（2）每日早起拿上等燕窝一两，<u>冰糖</u>五钱，用银铫子熬出粥来，若吃惯了，比药还强，最是滋阴补气的。（清曹雪芹等《红楼梦》第四十五回）

（3）萨齐玛乃满洲饽饽，以<u>冰糖</u>、奶油合白面为之，形如糯米，用不灰木烘炉烤熟，遂成方块，甜腻可食。（清富察敦崇《燕京岁时记》）

（4）叩其服法，以鲜白术四十斤切片，<u>冰糖</u>四斤，入瓦罐内煮干晒之，久蒸久晒，约得八斤。（清陈其元《庸闲斋笔记》卷九）

"冰糖"古时亦称"石蜜"，是用甘蔗炼成的糖。如：

（1）闽越王献高帝<u>石蜜</u>五斛，蜜烛二百枚，白鹇、黑鹇各一双。（晋葛洪《西京杂记》卷四）

（2）沙饧石蜜，远国储珍。（汉张衡《七辨》）

（3）昔有愚人煮黑石蜜，有一富人来至其家。（南朝齐求那毗地译《百喻经·煮黑石蜜浆喻》）

（4）南方龙眼荔枝，宁比西国葡萄石蜜乎？（唐刘恂《岭表录异·波斯枣》）

总之，无论是"冰糖"还是"石蜜"都与这种糖的外形有着密切的关系。明李时珍《本草纲目·果五·石蜜》云："石蜜即白沙糖也。凝结作饼块如石者，为石蜜。""冰糖"强调其为白色晶体，而"石蜜"则强调其结晶如同石块。

3. 荷包蛋

"荷包蛋"指鸡蛋去壳后在开水里煮熟或在滚油里煎熟的整个儿的鸡蛋，形状像荷包。如：

（1）因问："有好点心乎？"答以窝果子（南方所谓荷包蛋）。（清梁恭辰《北东园笔录三编》卷三）

（2）白赵氏端来一只金边细瓷碗，里面盛着三个洁白如玉的荷包蛋。（陈忠实《白鹿原》）

4. 砖茶

"砖茶"指经过加工，压成砖状的茶叶。如：

（1）其输至俄罗斯者，皆砖茶也。（《清史稿·食货志五》）

（2）大概他们冬天只能喝砖茶，是黑的。（汪曾祺《天山行色》）

5. 棒冰

"棒冰"指冰棍儿。如：

（1）阿丑忙从桌上跳下来，也老实说："我要吃<u>棒冰</u>。"（钱钟书《围城》）

（2）此时此刻，我当然非常高兴请客了，不远处就有卖<u>棒冰</u>的小贩，我们每人吃了三根棒冰。（张佐良《周恩来的最后十年》）

6. 花菜

"花菜"是花椰菜的俗称。叶大，花作球状，如花朵一般。如：

（1）甘薯粉虱自一九八七年在佛罗里达州首次被发现以来，已对美国的农业生产造成了数百万美元的损失，其破坏对象除了甘薯之外，还有包括棉花、苜蓿、胡萝卜、花生、甜瓜、柑橘、茄子、<u>花菜</u>、土豆和黄瓜在内的近五百种作物。（《人民日报》1993年3月）

（2）在北方的冬季，南方生产的黄瓜、<u>花菜</u>、西洋芹等，很受欢迎。（《市场报》1994年A）

7. 翅果

"翅果"是果实的一种。一部分果皮向外伸出像翅膀，借风力把种子散布到远处。如：

我国木本油料树种达200多种，油茶、文冠果、山杏、榛子、扁桃、花椒、车梁木、<u>翅果</u>油等品种的含油量都很高。（《人民日报》1995年12月）

8. 腰果

"腰果"这种果实呈肾脏形，故名。如：

（1）他到别的桌上又应酬了一会儿，亲自端着两碟<u>腰果</u>走过来。（陈建功、赵大年《皇城根》）

（2）近几年来，我国的竹笋、蕨菜、香菇、<u>腰果</u>、白果等森林食品大量出口。（《人民日报》1994 年第 1 季度）

又有"蛇豆"、"蛇瓜"、"蛇皮果"等也都是因为外形与"蛇"有某种关联而得名。总之，在以上这些词语中，N_1 表 N_2 的形状。

（二）N_1（本体）＋N_2（喻体）

假设前一名词性语素为"A"，后一名词性语素为"B"，那么"名词性语素（本体）＋名词性语素（喻体）"所表示的意义就是"像 B 一样的 A"。如：

1. 玉米棒子

"玉米棒子"指未脱粒的玉米果实。如：

（1）这地方要找绍兴坛子大的倭瓜，棒槌壮的<u>玉米棒子</u>，只怕还找得出来。（清文康《儿女英雄传》第十五回）

（2）阶上堆着不少长着粉色苔的<u>玉米棒子</u>。（老舍《老张的哲学》）

2. 糖瓜

"糖瓜"是用麦芽糖制成的瓜状食品。旧俗用做祭灶神的供品。如：

（1）廿日外则卖<u>糖瓜</u>、糖饼、江米竹节糕、关东糖。糟草炒豆，乃廿三日送灶饷神马之具也。（清潘荣陛《帝京岁时纪胜·市卖》）

（2）大姐婆婆不知由哪里找到一点钱，买了头号的大<u>糖瓜</u>，带芝麻的和不带芝麻的，摆在灶王面前，并且瞪着眼下命令："吃了我的糖，到天上多说几句好话，别不三不四地顺口开河，瞎扯！"（老舍《正红旗下》）

3. 冰棍

"冰棍"指把水、果汁、糖、牛奶等混合搅拌冷冻而成，一般为长条形，中有细棍儿，一端露出，可供手拿。如：

（1）然而主要的并不是公园、电影和冰棍，主要的是政治课，是海云提问和他进行解答、辅导。（王蒙《蝴蝶》）

（2）冷食店门口，有个骑车的来买冰棍，才要存车，银环上去从人家手里接过来，说了声"我借用一下"便骑上去。（李英儒《野火春风斗古城》）

"冰棍"也可称"冰棒"如：

（1）现在，几支冰棒的钱已难买到故事完整的"小人书"了。（《市场报》1994年A）

（2）在炎炎的夏日，老人连一支冰棒都舍不得吃。（王晓梅《刘姥姥，撑起那片希望的蓝天》）

"棍"、"棒"同义，二者都具有"条状"、"坚硬"的特征，而"冰棍"、"冰棒"也都具有这些特征，故名。

4. 冰砖

"冰砖"是一种冷食，将水、奶油、糖、果汁等物混合搅拌，在低温下冻成的砖形硬块。如：

（1）回过头来说，夏天可是更热了。且不说冰棍儿、冰砖、冰激凌、冰箱、冰柜、电扇、空调比从前多了多少倍，还喊热；单说这大姑娘小媳妇的夏季时装吧，可是越穿越短，越来越薄，半透明，叫仁德胡同的老太太瞧着眼晕。（陈建功、赵大年《皇城根》）

（2）然而冬冬是太懂事了，不论是北冰洋的冰砖，是粉红色的草莓冰淇淋还是高级西餐馆里的、装在高脚银杯里的菠萝三得，已经不能使他快乐，使他呜呜地叫，甚至也不能使他展眉一笑了。（王蒙《蝴蝶》）

可见，"冰砖"是硬的块状物，具有"硬"及"块状"两个特征，与砖的形制相当，故名。

5．冰糕

"冰糕"是以饮用水、牛奶、奶粉、奶油（或植物油脂）、食糖等为主要原料，加入适量食品添加剂，经混合、灭菌、均质、老化、凝冻、硬化等工艺而制成的体积膨胀的冷冻食品。如：

（1）我拐进浓荫蔽日的浴场路，穿着泳装的少女仨仨俩俩吮着冰糕来回达，挎着救生圈的孩子成群结队光着脚丫打闹跑过。（王朔《浮出海面》）

（2）灯会逛完了，……逛久了口渴想买两块冰糕吃，一掏口袋，警察也愣了，自己口袋里哪来的这么一个厚实的橙黄色钱包？（彭荆风《绿月亮》）

"冰糕"与"冰棍"、"冰棒"、"冰砖"的区别是，"冰糕"在一定程度上凸显了"糕"的特点，一般相对松软，形制也不一定是严格意义上的棍状或砖状。

6．茶砖

"茶砖"指压制成砖状的茶叶。如：

（1）凤好牛饮之客，自不便奉以"水仙""云雾"，而精研茶经之士，又断不肯尝试那"高末"，"茶砖"。（梁实秋《客》）

（2）她点燃炉灶，用斧头砸碎茶砖。（张承志《黑骏马》）

7．绿菜花

"绿菜花"即西兰花。如：

（1）一年多来，科技园引进开发了山牛蒡、大叶菠菜、绿菜花、日本桃太郎西红柿、天马黄瓜等精细菜品种43个。（《人民日

报》1993 年 6 月）

（2）牛黄、<u>绿菜花</u>、荷兰豆、西洋芹菜等每年可供应市场 100 多万公斤。（《市场报》1994 年 A）

在"N_1（本体）＋N_2（喻体）"这种偏正式中，N_2 表 N_1 的形状。

总之，"N_1（喻体）＋N_2（本体）"与"N_1（本体）＋N_2（喻体）"的区别在于：如果本体处于偏正式的中心语，则强调本体；如果喻体处于偏正式的中心语则强调喻体。即"N_1（喻体）＋N_2（本体）"强调本体，而"N_1（本体）＋N_2（喻体）"则强调喻体。

第三节　"名＋缀"构成的附加式饮食名词

还有一些由饮食的形状构成的词语是附加式，即"名词性语素＋词缀"构成的附加式饮食名词。如：

1. 团子

"团子"是米粉等做成的圆球形食物。如：

（1）节食所尚，则乳糖圆子、……宜利少、澄沙<u>团子</u>、……歌叫喧阗。（宋周密《武林旧事·元夕》）

（2）更有干果子，如锦荔、……十色糖、麝香豆沙<u>团子</u>，又有陈州果儿、……四时细色菜蔬、糟藏，秋天有炒栗子、新银杏、香药、木瓜、帐子等类。（宋吴自牧《梦粱录》卷十六）

（3）立春日赐春饼，元宵日<u>团子</u>，四月八日不落荚，端午日凉糕粽，重阳日糕，腊八日面，俱设午门外，以官品序坐。（《明史·礼志七》）

（4）拜过了，留在房里吃酒，捧上糯米做的年<u>团子</u>来，吃了两个，已经不吃了，侄女儿苦劝着，又吃了两个。（清吴敬梓《儒林外史》第二十一回）

"团子"亦指形似团子的球状食物。如：

（1）王婆把米饭用手打成坚实的<u>团子</u>，进城的父子装进衣袋去，算做午餐。（萧红《生死场》）

（2）每回明子来画花，小英子就给他做点好吃的，煮两个鸡蛋，蒸一碗芋头，煎几个藕<u>团子</u>。（汪曾祺《受戒》）

（3）他说着从怀里掏出一把揉搓得稀碎的高粱米饭<u>团子</u>，往嘴里就填。（曲波《林海雪原》）

（4）星子自小娇生惯养，拿了那糠<u>团子</u>只发怔。（方方《桃花灿烂》）

2. 卷子

"卷子"指一种面食品。和面擀成薄片，一面涂上油盐，再卷起蒸熟。如：

（1）来！来！来！一盘<u>卷子</u>，一盘羊肉，你吃！你吃！（元刘唐卿《降桑椹》第一折）

（2）酒店、米铺、磨坊，并绫罗杂货不消说，着然又好茶房、面店、大烧饼、大馍馍，饭店又有好汤饭、好椒料、好蔬菜，与那异品的糖糕、蒸酥、点心、<u>卷子</u>、油食、蜜食，……无数好东西，我去买些儿请你如何？（明吴承恩《西游记》第六十八回）

（3）贫僧是保叔塔寺内僧，前日已送馒头并<u>卷子</u>在宅上。（明冯梦龙《警世通言》第二十八卷）

（4）他却与晁住、李成名的娘子结了义姊妹，打做了一团，只等晁大舍略略转得眼时，溜到厨房里面，帮他们捍薄饼、捞水饭、蒸馍馍、切<u>卷子</u>，说说笑笑，狂个不了。（清西周生《醒世姻缘传》第十九回）

（5）只一会工夫，许多<u>卷子</u>、烙饼、煮鸡蛋、咸鸭蛋，塞满了队员们的手里。（孔厥、袁静《新儿女英雄传》第三回）

3. 圆子

"圆子"是用糯米粉做成，分包馅和实心两种。如：

（1）其他如立春则吃春饼，正月元夕吃元宵圆子，四月八日吃不落夹，五月端午吃粽子，九月重阳吃糕，腊月八日吃腊面，俱光禄先期上闻，凡朝参官例得赐饮恩，亦太平宴衎景象也。（明沈德符《万历野获编》）

（2）忽听得那卖汤圆的高叫一声："卖圆子咧！"（清吴趼人《二十年目睹之怪现状》第五十三回）

（3）这时佣人取点心进来，是酒酿圆子炖水波蛋，我吃了一碗。（亦舒《香雪海》）

（4）圆子本应是糯米粉做的，可是现在只能是秫秫面掺红芋叶子捏的了，而且一个人只有一碗。（戴厚英《流泪的淮河》）

"圆子"也可以指用蔬菜、肉类等做成的丸子。如：

（1）时尚有京师流寓经纪人，如李婆婆鱼羹、南瓦张家圆子之类。（宋周密《癸辛杂识别集·德寿买市》）

（2）次又拿了一道汤饭出来：一个碗内两个肉圆子，夹着一条花肠滚子肉，名唤一龙戏二珠汤；一大盘裂破头高装肉包子。（明兰陵笑笑生《金瓶梅词话》第四十九回）

（3）有那省俭的顾客，一碗肉圆子四枚，仅食皮子，剩下馅子便是四个肉圆，带回家用白菜粉条同烩，便可佐膳。（高阳《红顶商人胡雪岩》）

（4）横穿一条马路，来到第一勘测设计处高级工程师田瑶康家，他的爱人邓春芳正准备炸鱼块和肉圆子。（《人民日报》1994年第1季度）

4. 合子

"合子"在中国北方，尤其是在京、津、晋等地区流行的一种面食。属于馅饼类，半圆形，两层薄皮内只有一层馅，需用饼铛烙制。其馅料主要有韭菜、茴香、鸡蛋、猪肉。如：

（1）锅里烙着韭黄羊肉合子，喷鼻子香，馋的人口水往下直淌，他没割舍的给我一个儿尝尝！（清西周生《醒世姻缘传》第七十八回）

（2）童奶奶后来知道，从新称羊肉，买韭菜，烙了一大些肉合子，叫了他去，管了他一个饱。（清西周生《醒世姻缘传》第七十八回）

"合"本义为"闭合、合拢"，《说文·亼部》："合，合口也。"而"合子"的基本形制也是两层薄皮夹馅然后合拢制作而成，又加名词词缀"子"构成"合子"用以指这种食物。

5. 棒子

"棒子"指玉米。如：

（1）纪妈让天赐上东间去，一铺随檐大炕，山墙架着一条长板子，板子上放着一锅盖的棒子面饼，象些厚鞋底儿。（老舍《牛天赐传》）

（2）在朋友们的太太里，当然推爱默穿衣服最称身，譬如我内人到冬天就象麻口袋里盛满棒子面，只有你那合式样儿，不象衣服配了身体做的，真象身体适应着衣服生长的。（钱钟书《猫》）

（3）谷子黄了，高粱红了，棒子拖着长须，象是游击战争年代平原人铁矛上飘拂的红缨。（魏巍《山雨》）

（4）二亩租地的棒子没见黄，劈回家来锅底上炕。（张志民《死不着》）

综上所述，附加式饮食名词一般是由表示形状的名词性语素与词缀"子"组合而成。由于此类词语中的名词性语素的典型意义都并非饮食，故而这些名词一般需要语境提示才可以清楚地展现其意义。

第四节　由借喻、借代构成的饮食名词

在饮食的"形"、"色"对汉语词汇的影响方面，值得注意的是汉语中还有一些饮食词语是通过借喻、借代的方式构造而成。

一　由借喻构成的饮食名词

汉语中有些与饮食的"形"相关的饮食名词通过借喻构造而成。如：

1. 龙眼

"龙眼"即桂圆。如：

（1）南单于来朝，赐御仓及橙、橘、龙眼、荔枝。（《东观汉记·南匈奴单于传》）

（2）龙眼树，叶似荔支，蔓延，缘木生。（晋郭义恭《广志》）

（3）荔支方过，龙眼即熟。（唐刘恂《岭表录异》卷中）

（4）龙眼正圆。（明李时珍《本草纲目·果三·龙目》）

"龙眼"为偏正式名词。

2. 佛手

"佛手"为枸橼的变种，果实在成熟时各心皮分离，形成细长弯曲的果瓣，状如手指，故名。如：

（1）即使群芳偶缺，万卉将穷，又有炉内龙涎、盘中佛手与木瓜、香楠等物可以相继。（清李渔《闲情偶寄·床帐》）

（2）但就福建一省论之，荔枝、龙眼、佛手、酸枣糕、燕窝、鱼翅等物，均由官发价，向民间平买，此国初定例也。（清佚名

《清代之竹头木屑·贡物》)

（3）除了作诗以外，天赐还看到种种的新事，人家屋中有古玩，有字画，果盘中摆着<u>佛手</u>。（老舍《牛天赐传》）

清李调元《南越笔记》卷十三《香橼佛手》："李时珍曰：'木似朱栾，植之近水则生，实如人手有指，俗呼为佛手柑，清芬袭人。'按：今粤人呼为五指香橼。"这已经指出了"佛手"命名的由来，即其长得像人的手指，故名。

"佛手"为偏正式名词。

3. 冰糖葫芦／糖葫芦

"冰糖葫芦"是用竹签串上山楂、海棠等果实，蘸以溶化的冰糖制成。如：

（1）二姐出去，买了些<u>糖豆大酸枣儿</u>，和两串<u>冰糖葫芦</u>。（老舍《正红旗下》）

（2）车站旁边少不了摆几个小摊，卖花生，卖糖，卖<u>冰糖葫芦</u>和纸烟，吆喝着，竞赛着嗓音的嘹亮，专等那<u>些</u>出门大方和候车感到无聊的顾客。（吴伯箫《夜发灵宝站》）

"冰糖葫芦"也可称作"糖葫芦"。如：

（1）春二选了一串<u>糖葫芦</u>，作了一个揖，又请了一个安，递给莫大年。（老舍《赵子曰》）

（2）李石清答应着，举起手中拿着的四根<u>糖葫芦</u>。（曹禺《日出》）

清富察敦崇《燕京岁时记》较早地说明了冰糖葫芦的形制："冰糖壶卢乃用竹签，贯以葡萄、山药豆、海棠果、山里红等物，蘸以冰糖，甜脆而凉。冬夜食之颇能去煤炭之气。""壶卢"即"葫芦"，晋崔豹

《古今注·草木》："壶芦，瓠之无柄者也。"

"葫芦"的果实像重叠的两个圆球，而冰糖葫芦的形制也是重叠的圆球，只是圆球的数量可能多寡不一，故用竹签串起来的裹了冰糖的果实被形象地称为"冰糖葫芦"或"糖葫芦"。"冰糖"或"糖"是其制作的主要材料之一，故在"葫芦"前加了"冰糖"或"糖"。

"冰糖葫芦"或"糖葫芦"为偏正式名词。

4. 马蹄/地栗

"荸荠"又称"马蹄"。如：

（1）又如现在的农业出品，像甘蔗糖、花生、马蹄、生果、五谷等等，每年该有多少？（孙中山《行易知难》）

（2）问了北乡的荷花鱼，又问了黄村的马蹄。（《人民日报》1990年3月）

（3）此外，增城的水量繁多，有荔枝、香蕉、柑橙、乌榄、白榄、果蔗、菠萝、香柚、马蹄（荸荠）等共25个种类100多品种，其中以荔枝质量好、产量多而享有"荔乡"声誉。（1994年《报刊精选》）

（4）目前，正值桂林的农作物二期晚稻抽穗灌浆期，部分稻田出现裂缝现象，农民们在抽水保田，对一些经济作物如马蹄、柑桔、蔬菜等采用科学用水、协调调水，把干旱带来的损失降到最低限度。（新华社2004年新闻稿）

"荸荠"称"马蹄"，指其外表与马蹄相似。"荸荠"又称"地栗"。如：

（1）荤素点心包儿：……甘蔗、土瓜、地栗、麝香甘蔗、……枇杷、金杏。（宋吴自牧《梦粱录》卷十六）

（2）灯草，种于水田，茎如地栗，本昔惟产于浙江嘉、湖之境。（清叶梦珠《阅世编》卷七）

称"荸荠"为"地栗",不仅外形、颜色像栗子,其性味、成分、功用都与栗子相似,又因它是在泥中结果,故有"地栗"之称。

"马蹄"与"地栗"也都是偏正式名词。

二 由借代构成的饮食名词

由借代构成的饮食名词有由"形"而来,也有由"色"而来,还有"形"、"色"兼顾者。兹略举数例以示说明。

(一)与"形"相关的饮食名词

一些与饮食的"形"相关的饮食名词与借代有关。如:

"薄脆"指一种又薄又脆的饼。如:

(1)似孙昔奉祀攒陵,得牙盘食,有所谓薄饵,状如薄脆,而甘脆特甚。(宋高似孙《纬略》卷四)

(2)及沿街巷陌盘卖点心:馒头、炊饼及糖蜜酥皮烧饼、夹子、薄脆、油炸从食、诸般糖食油炸、虾鱼划子、常熟糍糕、馄饨瓦铃儿、春饼、芥饼、元子、汤团、水团、蒸糍、粟粽、裹蒸米食等点心。(宋吴自牧《梦粱录》卷十六)

(3)叫人把那些盒子端到船上:二盒果馅饼,两盒蒸酥,两盒薄脆……四包天津海味。(清西周生《醒世姻缘传》第十七回)

(4)另外,餐厅专设的北京风味小吃台也为食谱增光添彩,又一顺等饭庄、小吃店制作的豆面糕、艾窝窝和豆腐脑,南来顺外送的蜜麻花、薄脆和蜂糕等都深受运动员的喜爱。(1994年《报刊精选》)

"薄"和"脆"本都是形容词,而在这里它们连用表示一种食物(名词),而这种食物所具有的特征就是"薄"而且"脆"。这也是汉语造词方式之一,"薄脆"为并列式名词。

"薄脆"又名"宽焦"。如:

（1）胡饼店即卖门油、菊花、<u>宽焦</u>、侧厚、油碢、髓饼、新样满麻。（宋孟元老《东京梦华录》卷四）

（2）<u>宽焦</u>，即《武林旧事》所谓<u>宽焦</u>薄脆者，今京师但名薄脆。（明胡侍《真珠船》卷三）

"宽"和"焦"也都是形容词性语素，"宽"表明形状，"焦"表明这种食物比较脆。"宽焦"亦为并列式名词。

这是借代的方式，即以特征代本体。

（二）与"色"相关的饮食名词

一些与饮食的"色"相关的饮食名词与借代有关。如：

1. 红鲜

"红鲜"指"红米、红稻"。如：

（1）玉粒足晨炊，<u>红鲜</u>任霞散。（唐杜甫《行官张望补稻畦水归》)[1]

（2）<u>红鲜</u>终日有，玉粒吾未悭。（唐杜甫《茅堂检校收稻》诗之一)[2]

（3）<u>红鲜</u>供客饭，翠竹引舟行。（唐韩翃《送郢州郎使君》）

"红鲜"是用"红米、红稻"的颜色特征来代指该事物。当然，"鲜"除了带有颜色的特征外，还有味道的特征。

2. 黄香

"黄香"是荔枝的一种。如：

黄香色黄，白蜜色白，江家绿色绿，双髻生皆并蒂，七夕红必以七夕方熟；此皆市上所不恒有者也。（明谢肇淛《五杂组》卷之十一）

---

[1] 仇兆鳌注："江浙人谓红米曰红鲜。"

[2] 仇兆鳌注："稻有红白二种，红鲜，红稻种名。"

"黄香"也是用这种荔枝的颜色及味道来代指这种食物。

"红鲜"与"黄香"均为"形容词性语素＋形容词性语素"构成的并列式复合词。

3. 川红

"川红"为海棠的别名。如：

> 靓妆浓淡蕊蒙茸，高下池台细细风。却恨韶华遍蜀土，更无颜色似<u>川红</u>。（宋吴中复《江左谓海棠为川红》）

"川"为处所名词。在"川红"一词中，"川"表明产地，"红"是海棠在颜色方面的特征。这是用产地及其颜色特征结合，构成偏正式复合词"川红"来代指海棠。

总之，由借喻或借代构成的饮食名词较为形象、生动，体现出鲜明的修辞特色。

第五节　小结

本章主要从视觉的角度出发，讨论了饮食本身的"形"与"色"对于汉语饮食名词构造的影响。

整体来看，在饮食"形"、"色"的影响下构造的饮食名词有如下三大类：第一，大部分为偏正式复合词，包括"形—名"偏正式以及"名—名"偏正式；第二，少量附加式，一般为表示饮食形状的名词性语素与名词性词缀"子"构成；第三，少量借喻、借代构词，这类词语没有固定的构词方式。

关于这些饮食名词的构造方式，我们用表 5 － 2 做出总结。

表 5 - 2   饮食"形"、"色"影响下的饮食名词构造方式

构词方式			说明
偏正式	Adj + N		Adj（性质、颜色）+ N，如：大葱，红豆
	N + N	普通	两个名词性语素之间为普通语义关系，如：角粽、毛桃
		修辞（暗喻）构词方式确定	①N（喻体）+ N（本体），如：人参、腰果 ②N（本体）+ N（喻体），如：糖瓜、冰砖
附加式	N + Aff		N + 子，如：团子、卷子
修辞构词方式不定	借喻		如：龙眼、马蹄
	借代		如：薄脆、川红

一般而言，通过饮食的"形"与"色"构造而成的饮食名词较为形象、生动，人们可以相对容易地根据这些词语联想到它的实物。

综上所述，除了汉语饮食词语的意义外，这些词语的结构也是值得我们关注的重要内容之一。

第六章　汉语饮食词汇的特点

　　每个专类词语都应当有自己的特点，饮食词汇也不例外。在对汉语饮食词语研究的基础上，我们有必要对汉语饮食词汇的特点进行总结，这也是本书研究的重点内容之一。汉语饮食词汇具有三大特点：一是历史悠久；二是数量大、分布范围广；三是隐喻、转喻用法繁多。这三个特点看似独立，但又密切相关。

第一节　历史悠久

　　饮食自古以来就是我们日常生活首要的、不可或缺的组成部分。文字产生之前，我们在人类的日常活动中同样可以找到饮食的印记。张景明等《中国饮食器具发展史》为我们展示了从原始时期至今中国饮食器具的历史沿革，使我们对历代饮食器具有了初步的了解。①

　　原始社会虽无文字记载发现，但旧石器时代使用的各种石器，如砍砸器、刮削器、尖状器、石锥、雕刻器等，以及新石器时代丰富多彩的陶器等，这些实物也都是研究饮食文化及饮食词汇的宝贵资料。

　　人类进入文明社会以后，随着文字的产生，饮食就成为文献记载的重要话题之一，故历史悠久是饮食词汇的一个特点。关于汉语饮食词汇

---

　　① 张景明等：《中国饮食器具发展史》，上海古籍出版社 2011 年版。

历史悠久这一特点，我们从殷商卜辞以及《说文》中记载的大量的关于饮食的词语就可以明显地看出来。

一　殷商卜辞与汉语饮食词汇

就我国早期文字——甲骨文而言，其中就有很多涉及饮食。在此将重点介绍殷商卜辞中的汉语饮食词汇，试图对汉语饮食词汇的源头进行初步探索。

我国是农业大国，农业从古至今在人们的生产、生活中都占有极其重要的地位。殷商卜辞中就有"受年"、"受黍年"、"受禾"等说法，可以窥其一斑。如：

（1）甲子卜，彀贞，我受🦬年。（《甲骨文合集》00303）

（2）甲子卜，彀贞，我受黍年。（《甲骨文合集》00303）

（3）不其受黍年。（《甲骨文合集》00376 正）

（4）🦬不其受年。（《甲骨文合集》00440 反）

（5）丙寅卜，彀贞，今来岁我不其受年。（《甲骨文合集》00641 正）

（6）丙寅（卜），争贞，我受年。（《甲骨文合集》00801）

（7）贞不其受年。（《甲骨文合集》05977）

（8）止受禾。（《甲骨文合集》22246）

（9）屵受禾。（《甲骨文合集》22246）

（10）……弗其受黍年。（《甲骨文合集》22345）

从甲骨文字形来看，"年"字从人负禾，表收成之义。"受年"、"受黍年"等说法，就是古人祈求有一个好的收成。"受禾"与"受年"同义，"禾"本义为稻谷，在卜辞中往往泛指庄稼。"受禾"也是古人祈求庄稼有个好收成。后代有"禾"作"年"用者，如《东旫尊铭》："唯东旫惠于金，自乍宝彝，其万禾年，子孙以禾为年。"杨树达《耐林颐金文说·东眣尊跋》："铭文以禾为年，与《中叚》同，年字本从禾也，彝铭有省形通用之例。"

卜辞中还有很多对雨的占卜，因为雨对庄稼收成的好与坏起着至关重要的作用。如：

（1）王固：雨。（《甲骨文合集》00152 反）

（2）贞翌甲寅其雨。（《甲骨文合集》00156）

（3）翌辛丑不雨。（《甲骨文合集》00423）

（4）辛丑卜，亘贞，今日其雨。（《甲骨文合集》00511）

（5）王固曰：丙戌其雨（不吉）。（《甲骨文合集》00562 反）

（6）壬寅卜，敫贞，自今至于丙午雨。（《甲骨文合集》00667 正）

（7）壬寅卜，敫贞，自今至于丙午不其雨。（《甲骨文合集》00667 正）

（8）翌壬寅其雨。（《甲骨文合集》00685 正）

（9）王固曰：癸其雨。三日癸丑允雨。（《甲骨文合集》16131 反）

（10）辛亥卜，旅，贞今夕不雨。（《甲骨文合集》22539）

"雨"是一种自然现象，《说文·雨部》："雨，水从云下也。"《尔雅·释天》："雨，羽也，如鸟羽动则散也，雨水从天上下也，雨者辅也，言辅时生养也。"不可否认，雨水是农业生产的重要条件。这些祈雨的卜辞可以说明，在生产力低下的远古时代，农业生产在很大程度上是依赖上天的赐予，因此人们祈雨的心情十分迫切。

人们的日常生活离不开饮食，祭祀同样也离不开饮食。殷商卜辞中与饮食相关的祭祀更加数不胜数，如：

（1）贞翌乙酉出于祖乙牢又一牛。（《甲骨文合集》00025）

（2）贞翌乙未，乎子渔出于父乙宰。（《甲骨文合集》00130 正）

（3）五百牛出青。（《甲骨文合集》00203 反）

（4）出父一牛。（《甲骨文合集》00272 反）

（5）甲午卜，贞翌乙未￥于祖乙羌十￥五，卯宰￥一牛。（《甲骨文合集》00324）

（6）……翌辛亥酒……王亥九羌。（《甲骨文合集》00357）

（7）乙巳卜，㱿贞，来辛亥酒。（《甲骨文合集》00369）

（8）贞翌甲辰勿酒羌自上甲。（《甲骨文合集》00419正）

（9）贞宰￥一牛。（《甲骨文合集》00501）

（10）庚子卜，贞其戌丁用，于癸卯酒。（《甲骨文合集》00557）

（11）彡夕一羊，一豕。（《甲骨文合集》00672正）

（12）贞勿䍩先酒于父乙及，卯三宰。（《甲骨文合集》00712）

以上例证表明，饮食不仅是人们日常生活的重要组成部分，而且一些饮食已经被赋予了神圣的含义，它们被用来祭祀，表达人们对神灵以及祖先的敬畏之情。用来祭祀之物可以是牛、羊、猪等，也可以是酒。虽然卜辞是记录占卜之事，内容相对单一，但还是可以在一定程度上较为生动地反映出古人的生活面貌。

总之，卜辞所记载的古人运用饮食充当祭祀用品，对收成、天气、祖先、战争等进行占卜，充分体现了当时的时代特色，为我们研究汉语饮食词汇提供了很好的素材。

二　《说文》与汉语饮食词汇

汉代许慎所著《说文》是我国第一部系统较为完备的字典，其说解的字义一般是许氏认为的本义。《说文》对文字的说解坚持"以形为主，因形以说音说义"的原则，全书分为 540 部，共收字 9000 余个，重文 1000 余个。《说文》可谓我国文献语言学的奠基之作，具有极高的理论及应用价值，对后世产生了深远的影响。

我们要从语言学的角度来研究汉语饮食词汇，并将饮食词汇的研究纳入汉语史的考查范围，《说文》成为一部探索汉字早期形、音、义的必不可少的工具书。古人造字之时，很多字形的构造都与饮食相关，这在《说文》中就有很好的体现。本节以《说文》"禾"部、"米"部、"食"部、"肉（月）"部以及"酉"部的一些汉字为例，对此现象作出扼要说明。

（一）"禾"部

《说文·禾部》："禾，嘉谷也。二月始生，八月而孰，得时之中，故谓之禾。"从释义的角度看，许氏不仅解释了"禾"的基本含义，还说明了其得名之由。《段注》："嘉谷亦谓禾，民食莫重于禾，故谓之嘉谷。""禾"本为谷子，又可用作农作物的泛称。从"禾"的字很多都与农作物有关。

1. 从"禾"的字为某种农作物的称谓。如："穆，禾也。"① "稞，禾也。""穊，禾也。""稷，齋也，五谷之长。""穄，穈也。"② "稻，稌也。"③ "稌，稻也。"④ "秏，稻属。""穮，稴穧，谷名。""穬，芒粟也。"⑤ "䆆，稴也。""秳，春粟不溃也。""稞，谷之善者。""秜，一稃二米。""秫，稷之黏者。""秔，稻不黏者。""稴，稻紫茎不黏也。""秦，伯益之后所封国，地宜禾。从禾，春省。一曰：秦，禾名。䅭，籀文秦从秝。"⑥ "秾，齐谓麦秾也。"⑦

---

① 《段注》："盖禾有名穆者也。""穆"之"禾"义典籍中鲜见，其常用义为"和谐"、"和睦"。

② 《穆天子传》卷二："羊牛三千，穄麦百载。"郭璞注："穄，似黍而不黏。"

③ "稻"为禾的总称，通常指水稻。《段注》："今俗嘌谓黏者不黏者，未去糠曰稻。糯稻、秈稻、秔稻皆未去糠之偁也。既去糠则曰糯米、曰秈米、曰秔米。古谓黏者为稻，谓黏米为稻。……稻其浑言之偁，秔与稻对为析言之偁。"

④ "稻，稌也。""稌，稻也。""稻"与"稌"互训。《段注》："《释草》曰：'稌、稻周颂毛传同。'许曰：'沛国呼糯。'而郭璞曰：'今沛国呼稌。'然则稌、糯本一语，而稍分轻重耳。"朱骏声《说文通训定声》："古专谓黏者为稌，吾苏所云糯米也。或以称不黏者，亦通语耳。"

⑤ "穬"指稻麦，一种有芒的谷物。《段注》："《周礼·稻人》：'泽草所生，种之芒种。'郑司农云：'芒种，稻麦也。'按：凡谷之芒，稻麦为大，芒粟次于此。麦下曰芒谷。然则许意同先郑也。稻麦得呼粟者，从嘉谷之名也。"

⑥ 按照许氏的说解，"秦"本义为地名。《段注》："'地宜禾'者，说字形所以从禾从春也。职方氏曰：'雍州谷宜黍稷，岂秦谷独宜禾与？'……按此字不以春禾会意为本义，以地名为本义者，通人所传如是也。"可见，段玉裁认为许慎不以禾名为本义，而以地名为本义，是受了"通人"的影响。就"秦"的字形来看，似乎其本义为禾名更为科学。

⑦ "秾"同"来"，"麦"义，此为齐地用字。正如《段注》所言："来之本义训麦，然则加禾旁作，来俗字而已，盖齐字也。"

2. 从"禾"的字为农作物的一部分。如："秆，禾茎也。""稾，秆也。"① "稭，禾稾去其皮，祭天以为席。""穅，谷之皮也。"② "穅，糠也。""秴，穅也。""秕，禾皮也。""穰，黍䅥已治者。""采，禾成秀也。人所以收。""稼，禾之秀实为稼。""秒，禾芒也。"③ "稍，出物有渐也。"④

3. "禾"的称量方法。如："秉，禾束也。"⑤ "秅，二稃为秅。"⑥

4. 揭示农作物生长过程。如："褐，禾举出苗也。""秕，不成粟也。""秋，禾谷孰也。""稔，谷孰也。""秜，稻今年落，来年自生谓之秜。""稑，疾孰也。""穋，疾熟也。""稙，早种也。""种，先穜后孰也。""稺，幼禾也。""穧，谷可收曰穧。"

---

① "稾"指谷类的茎秆。《广韵·皓韵》："稾，禾秆。"《汉书·贡禹传》："已奉谷租，又出稾税。"颜师古注："稾，禾秆也。"

② "穅"为"谷皮"义，即农作物子实脱下的皮或壳称为"穅"。"穅"字形今作"糠"，《说文》不收"糠"。从"禾"与从"米"同意，"禾"侧重于作物本身，"米"侧重于果实。《段注》："云谷者，晐黍稷粱麦而言。谷，犹粟也。今人谓已脱于米者为穅。"《玉篇·禾部》："穅，米皮也。""穅"的核心义为"空"，农作物脱下子实，剩下空的皮或壳为"空"。"穅"引申还有"空、虚"义，如"穅心儿"、"萝卜穅了"等。正如《段注》所说："穅，穅之言空也，空其中以含米也。"

③ "秒"本为"禾芒"，即稻麦子实外壳上长的细刺。《段注》："禾芒曰秒，木末曰杪。""秒"、"杪"皆含"小"义。苏宝荣指出："今用为'分秒'之'秒'，当也取其'小'义。"（苏宝荣：《〈说文解字〉今注》，陕西人民出版社2000年版，第251页）

④ "稍"当与"秒"同源。"稍"字从禾肖声，依《说文》，其本义为"渐进"。朱骏声《说文通训定声·小部》："稍，按此字当训禾末，与秒为谷芒者别。"《周礼·天官·大府》："四郊之赋，以待稍秣。"俞樾《群经评议》："秣字从禾从末，义即存乎声，谓禾末也。秣稍连文，义盖相近，稍亦禾末也。稍之为禾末，犹杪之为木末，从肖与小同。"依照字形、故训及文献记载，"稍"本义为"禾末"似乎更加合理。《段注》："稍之言小也、少也。凡古言稍稍者，皆渐进之谓。"《周礼》："'稍食，禄廪也。'云稍者，谓禄之小者也。""稍"的核心义之一当为"小、少"，故引申有义"渐进"、"小"等。"稍"还有一个核心义当为"末"，故又有"末端"、"尽"等义。这些都是其本义"禾末"的扩展。

⑤ "秉"字从又（手）持禾，本义为"禾束"，即一手所持禾的数量为一束。《诗经·小雅·大田》："彼有遗秉，此有滞穗。"毛传："秉，把也。"《仪礼·聘礼》："四秉曰筥。"郑玄注："此秉谓刈禾盈手之秉也。"《左传·昭公二十七年》："或取一秉秆焉。"杜预注："秉，把也。"后不仅限于把禾，也可以把持其他物品，故后来"秉"又有"把持"义。《诗经·邶风·简兮》："左手执籥，右手秉翟。"因为握在手中，故又引申出"执掌、操控"义。《诗经·邶风·定之方中》："匪直也人，秉心塞渊。"毛传："秉，操也。"

⑥ "秅"为古时禾稼的计数单位，四百束为以秅。《仪礼·聘礼》："四秉曰筥，十筥曰稯，十稯曰秅，四百秉为一秅。"郑玄注："一车之禾三秅，为千二百秉，三百筥，三十稯也。"

5. 从"禾"的字有形容词者，状农作物的某种状貌。如："秧，禾若秧穰也。"[①]"秒，禾危穗也。""稊，禾垂皃。""秨，禾摇皃。""穆，禾采之皃。""移，禾相倚移也。"[②]"樴，禾樴也。"[③]"稠，多也。"

6. 从"禾"的字还有与"禾"相关的动作。如："穧，刈谷也。""案，轹禾也。""稽，积禾也。"

（二）"米"部

《说文·米部》："米，粟实也。象禾实之形。"《段注》："米谓禾黍，故字象二者之形。四点者，聚米也。"王筠《说文句读》："禾实仍是粟实，必重复言之者，盖谓米是圆物，四点象之足矣；而有十以象其颖与秒者，以米难象，故原其在禾时以象之也。""米"指去皮后的粮食作物的籽实，后多指稻米。从"米"的字多与粮食有关。

从"米"之字表示农作物籽实的称呼。如："糈，粮也。""糯，谷也。""粱，米名也。""粮，谷也。""粒，糂也。"这些词语除了"粮"、"粒"至今较为常用外，其他都不常用了。《周礼·地官·廪人》："凡邦有会同师役之事，则治其粮与其食。"郑玄注："行道粮，谓糒也；止居曰食，谓米也。"古时行道曰粮，止居曰食。后亦通称供食用的谷类、豆类和薯类等原粮和成品粮。故"粮"与"食"连用又可以构成复音词"粮食"或"食粮"。现在"食粮"也常被用来喻指其他赖以生存或必不可少的东西，如"精神食粮"。"粒"本为"米粒、谷粒"，由于其形状小而圆，因此在后代多用它作量词，称量小而圆之物，如"一粒纽扣"等。

---

① "秧穰"即禾苗叶多貌。《玉篇·禾部》："秧，禾苗秧穰也。"《广韵·养韵》："秧，秧穰，禾稠也。"《集韵·唐韵》："秧，秧穰，禾下叶多。"后"秧"多指"禾苗"。《段注》："秧，今俗谓稻之初生者曰秧。"又泛指植物的幼苗。朱骏声《说文通训定声》："秧，今谓苗初生者曰秧。"

② "移"为禾柔弱貌。朱骏声《说文通训定声》："倚移，叠韵连语，犹旖旎、旖施、橇施、猗傩、阿那也。"后泛指柔弱，不仅限于禾。《春秋繁露·五行五事》："春阳气微，万物柔易，移弱可化。"

③ "樴"指禾籽如珠玑相连成串。《段注》："《九谷考》曰：'禾采成实离离，若聚珠相联贯者，谓之樴，与珠玑之玑同意。'《吕氏春秋》：'得时之禾，疏樴而穗大；得时之稻，长秱疏樴。'高注云：'樴，禾采果赢是也。'玉裁谓樴贵疏者，禾采紧密，每颗皆绽而后能疏也，樴疏而穗乃大。"朱骏声《说文通训定声》："樴，禾颖贯穗者也。"

从"米"之字用于指具有某种特质的米。如："粓，陈臭米。""粜，恶米也。""毪，溃米也。""粟，嘉谷实也。""粲，稻种一秭，为粟二十斗，为米十斗曰毇；为米六斗太半曰粲。""粺，毇也。""糙，早取谷也。""糲，粟重一秭，为十六斗太半斗，舂为米一斛曰糲。""繫，糲米一斛舂为九斗曰繫。""粢，牙米也。""糠，麸也。""粹，不杂也。""粗，疏也。""精，择也。"这些表示具有某种特质的"米"的字，如今大多也销声匿迹了，仅"粹"、"粗"、"精"还有着较强的生命力。"粹"已经不能独立使用了，只能与其他语素构成复音词表示某种意义，如"国粹"、"纯粹"、"粹学"，但它们均与"米"没有直接的联系。"粗"与"精"虽仍可独立成词，但它们也不用来指米了。当然，这些用法与其本义有着密切的联系，它们都是由本义引申而来，即由米之精粗、好坏扩展到了其他领域，包括无形的、看不见摸不着的东西。现在还有"精粹"连言者，用来指细致淳美或精华，这些都是由"米"之"精粹"引申而来。由具象到抽象，是词义引申的重要规律之一。

从"米"的字还有指烧制、加工过的米。如："粗，杂饭也。""臬，舂糗也。""糗，熬米麦也。""糟，酒滓也。""糜，糁也。""糵，炊米者谓之糵。""糂，以米和羹也。一曰粒也。""糒，干饭也。"这些词语在现代汉语普通话中也都已经不常用了，仅"糟"作为构词语素仍有一定的生命力。有与其本义接近者，如"酒糟"、"麦糟"等，但大部分是用来表示"坏、不好"之义，如"一团糟"、"乱七八糟"、"糟老头"、"糟糕"等，这些意义、用法与其本义一脉相承。"酒糟"是造酒剩下的渣滓，因此相对而言也是不好的、坏的，因此"糟"就引申有"坏、不好"之义。

从"米"的字还有表示与"米"相关的动作者。如："釋，渍米也。""籴，市谷也。""粜，出谷也。"这些动词在现代汉语也不常用了，取而代之的是"淘米"、"买"、"卖"等词语。

总之，从"禾"的字一般与农作物有关，而从"米"的字则多与农作物的籽实相关。

（三）"食"部

《说文·食部》："食，一米也。" "食"的本义为饭食。与从"禾"、从"米"的字一般表示未加工的粮食不同，从"食"的字一般用于加工过的可以吃的食物。

从"食"的字可以表示某种熟食。如："饴，米糵煎也。""餱，干食也。""餸，叽也。""饎，酒食也。""饘，糜也。""饔，孰食也。""饡，以羹浇饭也。""糝，熬稻粻程也。""饼，麦餈也。"现在有"糝子"（一种油炸食品），也与其本义"糝饭"（由糯米煮后煎干制成）不同。在现代汉语中，这些词语除了"饼"之外均不常见了。典型的"饼"为扁圆形面食，具体做法多样。后也用"饼"指与饼的形状类似的其他事物，如"豆饼"、"铁饼"、"香饼"、"翠饼"、"番饼"等。

从"食"的字可以表示饮食的味道。如："馚，食之香也。""馂，食臭也。""餲，饭餲也。""饐，饭伤泾也。""饐，饭伤热也。"这些用法在现代汉语也都已经不用了。

还有与饮食相关的状态。如："饉，蔬不孰为饉。""饥，谷不孰为饥。"农作物的收成决定着人们可食之物的多寡。

还有表示饮食的时间。如："餗，昼食也。""餔，日加申时食也。"这些用法在现代汉语中也都没有了，取而代之的是"早饭/餐"、"午饭/餐"、"晚饭/餐"以及"夜宵/宵夜"等复音词。

还有表示与饮食相关的形容词。如："饛，盛器满皃。"表示食物满器的样子。《诗经·小雅·大东》："有饛簋飧，有捄棘匕。"毛传："饛，满簋貌。"王先谦《诗三家义集疏》："《说文》'饛，盛器满貌。'《方言》、《广雅》并曰：'朦，丰也。'义亦与'饛'近。"

还可以表示与进食相关的动作。如："饭，食也。""餈，稻饼也。""饐，楚谓小儿嬾饐。""餈"与"饐"在现代汉语中已经消失。"饭"常见，但与其本义有别。"饭"本为动词，表"吃饭"义。《说文·食部》："饭，食也。"《段注》："食之者，谓食之也，此饭之本义也。"《论语·述而》："饭疏食饮水，曲肱而枕之，乐亦在其中矣。"现在单用"吃"或用复音词"吃饭"来表示进食。现代汉语"饭"一般用作名词性语素，狭义指煮熟的谷类食品，多指大米干饭，但单用"饭"也基本不能表示这些含义，而要"饭"作为构词语素，组成"大米饭"、"小米饭"等来表示；广义可泛指食物（包括副食等），如"午饭"、"便饭"、"管饭"、"素饭"、"开饭"、"饭桌"等。

还有表示请人吃饭者。如："飸，相谒食麦也。""饷，饟也。""馌，馌设饪也。""餬，寄食也。""餫，野馈曰餫。""饁，饷田也。""飨，乡人饮酒也。""馈，饷也。""馔，具食也。""飵，楚人相谒食麦曰飵。""饎，餴也。从食，非声。陈、楚之间相谒食麦饭曰饎。"这些词语有通语也有方言，在现代汉语中均已不再使用了，代替它们的较为常见的词语是"请客"。

（四）"肉（月）"部

《说文·肉部》："肉，胾肉。"本义为供食用的肉块。"肉"（?）作为偏旁，楷化后与"月"同。从"肉（月）"的字大多与肉食或人、动物的器官有关。这一部分重点介绍与肉食相关的"肉"部字。

从"肉（月）"的名词。如："肌，熟肉酱也。""脍，细切肉也。""肞，肉汁滓也。""胙，祭福肉也。""胸，脯挺也。""胥，蟹醢也。""腱，生肉酱也。""脯，干肉也。""腼，膜肉也。""腌，渍肉也。""膔，豕肉酱也。""腜，薄切肉也。""腴，有骨醢也。""脙，嘉善肉也。""脄，脯也。""腾，雁也。""臐，肉羹也。""膮，豕肉羹也。""膊，切肉也。""膱，雁也。""膴，无骨腊也。""肃，干鱼尾肃肃也。"这些词在现代汉语已经消失。"脍"还作为构词语素继续活跃在现代汉语中，如"脍炙人口"等。

从"肉（月）"之字表示与饮食相关的动词。如："膳，具食也。""肴，啖也。""腆，设膳腆。腆，多也。""肺，食所遗也。""胆，食肉也。""脂，食肉不厌也。""膊，薄脯，膊之屋上。"这些词语在现代汉语也已经消失。

（五）"酉"部

《说文·酉部》："酉，就也。八月黍成，可为酎酒。"本义为酒。"酉"当为"酒"之本字。酒用粮食酿造而成，故酒也与饮食有着密切的关系。

从"酉"之字表示名词。如："酒，就也，所以就人性之善恶。从水、从酉，酉亦声。一曰造也，吉凶所造也。古者仪狄作酒醪，禹尝之而美，逐疏仪狄。杜康作秫酒。""酋，绎酒也。""酎，三重醇酒也。""酏，黍酒也。""酤，一宿酒也。""畬，酒疾孰也。""酴，酒母也。""醳，酒也。""醨，薄酒也。""醅，浊酒也。""醤，酒也。""醪，汁滓酒也。""醴，酒一宿孰也。""醹，厚酒也。""醆，泛齐，行酒也。""醹，厚酒也。""酸，爵也。一曰酒浊而微清也。"这些词语在现代汉语，除了"酒"成为通称外，其他的词语均已消失。

从"酉"之字表示动词。如："酌，盛酒行觞也。""酖，乐酒也。""酣，酒乐也。""酬，主人进客也。""醋，客酌主人也。""醖，酿也。""醻，王德布，大饮酒也。""醼，饮酒俱尽也。""醧，私宴饮也。""醵，歠酒也。""醵，会饮酒也。""醨，饮酒尽也。""酿，酝也，作酒曰酿。""酾，下酒也。一曰醇也。"这些词语到现代汉语也只剩下"酿"表示"酿造"义。"酿"本专指酿酒。因为酿酒需要一定的时间，有一个较长的过程慢慢发酵，故"酿"还可以表示逐渐形成义，如有"酿事"、"酿祸"、"酿病"、"酝酿"等。

从"酉"之字表示形容词。如："酞，酒色也。""酺，酒色也。""配，酒色也。""醰，酒味苦也。""釄，酒味淫也。""酷，酒厚味也。""醇，不浇酒也。""醇"本指不加水的味道较浓的酒，现在一般还用"醇"来表示酒的味道好。"酷"本指酒味浓厚，后引申有"残酷"、"残暴"、"极、甚"等含义，均与"酷"表酒味之浓厚有着密切的联系。

从"酉"之字表示酒后的状态。如："醉，卒也。卒其度量，不至于乱也。一曰溃也。""醺，醉也。""醄，醉饱也。""酲，病酒也。一曰醉而觉也。""醟，酗也。""醉"本谓饮酒适量，而"醺"为醉酒义。后代形容酒后的状态一般用"醉"、"微醺"，与其本义有微别。"醉"指醉酒，如有"狂醉"、"昏醉"、"烂醉如泥"等说法。而"微醺"指微醉，接近于适量饮酒。

从"酉"之字还有与"酒"无关者。如："截，酢浆也。""酸，酢也。""醢，肉酱也。""酱，盐也。""醯，酸也。作醯以鬻、以酒。""醯，酱也。""酸，酢浆也。""醵，酢也。"这些词语一般指醋或酱。"酿"本指酿酒，后来也可以用来指利用发酵作用制造醋、酱油等。①

第二节 数量大、分布范围广

数量大、分布范围广也是汉语饮食词汇的一个特点。

一 饮食词语数量大且容易跨域使用

汉语饮食词语的分布范围非常广，涉及饮食的方式（动词）、饮食的器具（名词）、烹饪方式（动词）、饮食的感觉（动词）、饮食的味道（形容词）、饮食的"形"、"色"（名词居多）。然而以上这些词语的类型（无论是名词、动词还是形容词），都是开放的词类。

常用的饮食单音词大多具有极大的能产性，可以与其他语素相配合，构成很多其他词语。与饮食相关的词语，除了一些常用词以及由它们作为构词语素构成其他词语之外，汉语中还有很多与饮食相关的词语。具体例证见前几章，兹不赘述。

其他领域词汇的使用范围大致限于某一个圈子。如"法人"、"维权"、"传票"、"诉讼"、"抗辩"等，它们一般用于与法律相关的场合。又如"备课"、"教龄"、"教案"、"讲台"等，它们一般为教师用语。再如"听诊器"、"注射"、"麻醉"、"休克"等医学领域的词语，

---

① 这些词语看似与"酒"无关，实际上却有着密切的关系。例如相传醋是由古代酿酒大师杜康的儿子黑塔发明。因黑塔学会酿酒技术后，觉得酒糟扔掉可惜，由此不经意酿成了"醋"。"醋"中国古称"酢"、"醯"、"苦酒"等。"酉"是"酒"字最早的甲骨文。同时把"醋"称为"苦酒"，也同样说明"醋"是起源于"酒"的。

我们在日常生活中也很少涉及。饮食词汇虽然也可以说是专类词汇，但是它的数量以及分部范围却远远在其他类词汇之上，它是全民都在使用的一个专类词汇。此外，如果再加上各类词语的隐喻用法，汉语饮食词语的分布范围会更加广泛。例如，烹饪器具"饭碗"可以用来表示工作，烹饪方式"炒"可以用在金融领域，饮食的味觉"酸"可以用来表达情感等。对于这些隐喻用法，我们将在第三个特点"隐喻、转喻用法繁多"部分详细介绍。

二　饮食词语典型用法全民常用

"民以食为天"，饮食词语在人们的日常生活中也是随处可见，且典型、常用的饮食词语一般以单音节居多。"复音化"虽是汉语词语发展的总体趋势，现代汉语词汇的一个特点是双音节词占多数。然而不可否认，单音词在常用词中依然占有相当大的比重。刘叔新也指出："中古以前，汉语本以单音节形式的词占压倒优势。以后新产生的词多取双音节形式。近代以来，词汇迅速扩大，双音词日益孳乳增多。到了现代，双音词的数量就大大超过了单音词。……近代以来，单音节形式的能产性虽然日益弱化，单音词在现代汉语的词中却仍占有相当份量。它们大多是古代一部分单音词的遗留，由于指称的是一些最基本的现象、事物、行为、数量等，因而能稳定地沿用下来。……古代其余部分的单音词，或者消亡掉，或者只作为现代汉语的词素而存活下来。非古已有之的那部分单音词，主要是感叹词、虚词、象声词、地名和国名略称、普遍用开的专名词等，也都较常使用。"① 很多饮食词语因为它们常用，故从古至今都是单音节词语。反过来说，这也侧面反映出汉语饮食词汇在某种程度上具有稳定性。我们可以看以下这些词语：

① 刘叔新：《汉语描写词汇学》，商务印书馆 2005 年版，第 183—184 页。

（1）饮、食、吃、喝（饮食方式类）

（2）锅、碗（饮食器具类）

（3）炒、蒸、煮、熬、煎、炸（烹饪方式类）

（4）饥、饿、饱、渴（饮食感觉类）

（5）酸、甜、苦、辣、咸（饮食味道类）

这些词语在人们的日常生活中几乎天天都会涉及，用来表示与饮食相关的概念也是它们的典型用法。随着时间的推移，有些词语的词义可能已经有了新的发展，但这些发展也是以饮食义为基础的。

第三节　隐喻、转喻用法繁多

叶蜚声、徐通锵指出："词义演变的方式和途径则主要与人类的认知规律有关，具体说主要就是隐喻和转喻。"① 汉语饮食词语的词义演变也不例外，很多词语的词义都通过隐喻或转喻发生了变化，这也能够体现在人类认知的支配下，汉族饮食文化对汉语词汇的影响。这是饮食词汇中比较有意思的部分，也是值得深入研究的一部分内容。

"民以食为天"，在饮食文化的影响下，汉语中产生了一批语义鲜明的词语。汉语饮食词语在使用过程中有很多又发生了隐喻变化，如"吃香"一词并非与"吃"（把食物放在口中咀嚼）这一动作发生直接联系，而是指受欢迎，被人重视；"吃闲饭"用来比喻无所事事；"渴求"义为急切地要求；"背黑锅"用来比喻蒙受冤屈或代人受过；"炒鱿鱼"比喻被解雇，卷起铺盖离开。"陶醉"本指酣畅地饮酒而醉，后以"陶醉"谓沉醉于某种事物或境界中。"煎熬"本为烹饪方式，又可比喻焦虑、痛苦、受折磨等。"吃醋"源于典故，可以用来比喻产生忌妒情绪。"大锅饭"本指供多数人吃的普通伙食，常用以比喻社会物质

---

① 叶蜚声、徐通锵：《语言学纲要》，北京大学出版社 2010 年版，第 262 页。

分配、生活待遇等方面的平均主义，如此等等。此类词语在汉语词汇中占了相当大的比重。

一 发生隐喻或转喻后的汉语饮食词语的特征

在汉语词汇史上，发生隐喻或转喻后的词语具有如下特征：

（一）表义内容的抽象性

词义引申，有些抽象的概念一时没有现成的语词来表达，就化具体为抽象。当然，这也是词义发展的一般规律——由具体到抽象。"吃苦"可以用来指"遭受痛苦、经受艰苦"。如《敦煌变文集·伍子胥变文》："昭王被考（拷），吃苦不前，忍痛不胜。"明施耐庵《水浒传》第四十二回："不成我和你受用快乐，倒教家中老父吃苦？""煎熬"本为烹煮方式，也可以比喻"焦虑、痛苦、受折磨"。如汉王逸《九思·怨上》："我心兮煎熬，惟是兮用忧。"唐李白《古风》之二十："名利徒煎熬，安得闲余步。""吃醋"可以比喻产生忌妒情绪。如明凌濛初《初刻拍案惊奇》卷三十二："只怕你要吃醋拈酸。"清曹雪芹等《红楼梦》第六十八回："我并不是那种吃醋调歪的人。""渴盼"表示急切盼望。如老舍《四世同堂》："他渴盼校长会忽然的进来，像一股阳光似的进来，把屋中的潮气与大家心中的闷气都赶了走。""沉醉"为大醉，又可比喻深深地迷恋某种事物，沉浸在某种境界里。"吃饭"可以用来泛指"生活、生存"。"吃荤饭"谓以包揽词讼或敲诈勒索为生。"吃洋饭"谓靠替外国人做事谋生。"吃大锅饭"比喻不加区别地平均享用劳动成果。"陶冶"的宾语由具象的"陶器"、"金属"扩大到具象的"万物"（更多的是人），产生"教化、培育"义；再扩大到抽象的"性"，产生"怡情养性"义等。

（二）表义内容的新颖性

汉语饮食词语的隐喻一般是利用搭配新奇的方式构造新词。按照这种原则构造出的新词虽然符合语法规则，但不符合语义（逻辑）规则。由于这些词语中包含与人们日常饮食密切相关的语素，因此人们一般都会正确理解它们的含义。久而久之，形成了固定的用法，同时增强了形象义，也使表达更为精练。邵敬敏等指出："在言语行为中，为了达到某种语用效果，人们常常有意识地突破常规的词语组合或一般的句子构造等语言规则和表达原则，或者进行超常的搭配，或者运用有特殊形式标志的结构，以达到特定的修辞效果。"① 如动词"吃"、"喝"、"炒"的对象应该是饮食名词，而在"吃香"、"吃惊"、"吃食堂"、"炒地皮"、"喝西北风"等词语当中，它们的支配对象已经不是饮食名词了。这些词语都超出了常规的搭配形式，非常新颖。我们可以再举一些例子：

【五福饼】

> 汤悦逢士人于驿舍。士人揖食，其中一物是炉饼，各五事，细味之，馅料互不同。以问士人，叹曰："此五福饼也。"（宋陶谷《清异录》卷下）

"五福饼"是炉饼的一种，它由五种不同样式的饼集于一盘，馅料各不相同。"五福"即五种幸福。《尚书·洪范》曰："五福：一曰寿，二曰富，三曰康宁，四曰攸好德，五曰考终命。"唐陈子昂《临邛县令封君遗爱碑》："家膺五福，堂享三寿。"此饼名为"五福饼"不仅取其馅料不同，同时也蕴含了美好的寓意。"五福"是个抽象的概念，它一般不用来修饰具体的饮食名词"饼"。而在此恰恰构成"五福饼"一词，表义十分新颖。

【吃巧】

> 浙人七夕，虽小家亦市鹅鸭食物，聚饮门首，谓之"吃巧"。（宋庄绰《鸡肋编》卷上）

---

① 邵敬敏主编：《现代汉语通论》，上海教育出版社 2001 年版，第 307 页。

"七夕"是农历七月初七之夕。民间传说，牛郎织女每年此夜在天河相会，旧俗妇女于此夜在庭院中进行乞巧活动。

此条指出旧时浙人在七夕无论是富贵人家还是贫苦人家，都要买鹅、鸭等食物，一家人在门前饮食，这个活动叫作"吃巧"。这大概是"乞巧"活动的延续，体现了人们的美好愿望。"吃"这一动作支配的对象应该是饮食名词，然而"巧"却并非饮食名词。尽管如此，在这样一个超常搭配的语境中，给我们带来的却是耳目一新的感觉。"吃巧"一词不仅点名了饮食的时间是七夕，而且指出了这一活动的寓意是希望自己的愿望可以实现。

（三）形式简化，表义复杂

邢福义用现代汉语语料讨论汉语语法结构时指出："在汉语语法结构中，有一个十分值得注意的事实，这就是语义蕴含上的兼容性和形式选用上的趋简性。……事实表明，汉语语法重于意而简于形。在结构形式的选择上，常用减法；在结构语义的容量上，则常用加法。……总之，趋简和兼容，减法和加法，增加了汉语语法结构分析的难度。趋简程度越大，兼容内容越多，线索就越错杂，头绪就越纷乱，因而分析就越困难。"[①] 王艾录也有过类似的表述："语言符号的长度与通过外在语法形式表现出来的语义内容的隐现程度成反比关系：语言符号的长度越长，其语义内容和语义关系的外在语法表现就越显著；反之，语言符号的长度越短，其语义内容和语义关系的外在语法表现就越隐蔽。比较而言，在多数情况下，复句的长度最长，单句次之，复合词最短。所以，复句的语义结构关系最外露、最明显的；复合词的语义结构关系最隐蔽、最模糊；单句（短语）居于其中。"[②] 在饮食词语发生隐喻或转喻之前，相关的概念表达都是用短语或者句子来描述。而由隐喻或转喻构成的词语又是语言的基本单位，它相对于词组、句子，其结构最为紧凑，语义容量更加丰富。因此，经过隐喻或转喻的汉语饮食词语既简明

---

① 邢福义：《汉语语法结构的兼容性和趋简性》，《世界汉语教学》1997 年第 3 期。

② 王艾录：《复合词内部形式探索——汉语语词游戏规则》，中国言实出版社 2009 年版，第 70 页。

形象又表义丰富。如：

【快活汤/君子觞】

> 当涂一种酒曲，皆发散药，见风即消，既不久醉，又无肠腹滞之患，人号曰快活汤，士大夫呼君子觞。（宋陶谷《清异录》卷下）

此条指出了当时当涂人对一种酒的爱称。酒的作用之一就是使人舒筋活血，消除烦恼，因此，世人将其称为"快活汤"。由于此酒不像普通酒那样可以使人久醉滞肠腹，故士大夫们又将此酒称为"君子觞"。如果没有"快活汤"或"君子觞"这样的名称，我们要说明这种特殊的酒曲，恐怕要花费很多笔墨才可以说得清楚，而"快活汤"或"君子觞"却能够言简意赅地把这种酒曲表达出来。

（四）体现原词义某一方面的特征

王艾录在谈到"隐喻造词"时也指出："客观世界中的相似现象纷纭复杂，甲物既可与乙物相似，同时也可与丙物、丁物等相似；甲物从此角度与乙物相似，从彼角度又与丙物相似……诸如此类，不一而足。但是人们利用相似造词去表达事物时，却总是'抓住一点，不及其余'。"① 发生隐喻的汉语饮食词语也主要是凸显这个词语的某个方面的特征。比如"炒鱿鱼"主要凸显鱿鱼被烹炒后卷曲起来的特征，"炒冷饭"主要凸显"冷饭"的"旧"的特征，"炒作"主要凸显"炒"这种烹饪方式"快速"的特征。"饮水"表示"清廉"主要凸显了水"清澈、单纯"的特征。"鼎"外形最大的特点就是有"三足"，故一些三分之物可用"鼎"表示，如"鼎足而立"、"鼎足之势"、"鼎足三分"、"三足鼎立"等。"鼎"在形制上除了具有"三足"的特征外，还有"厚重"的特征，如"扛鼎"、"一言九鼎"、"四海鼎沸"则主要凸显了"鼎"的"厚重"这一特征。我们还可以看以下几个例子：

---

① 王艾录：《复合词内部形式探索——汉语语词游戏规则》，中国言实出版社 2009 年版，第78 页。

【小宰羊】

> 时戡为青阳丞，洁己勤民，肉味不给，日市豆腐数个，邑人呼豆腐为小宰羊。（宋陶谷《清异录》卷上）

"小宰羊"是当时青阳人对豆腐特有的称谓，它生动地描述了豆腐的鲜美如小羊羔之肉。本条既说明了豆腐名为"小宰羊"的缘由，也说明了豆腐"鲜美"的特点。通过此条记载，我们既可以看到时代的痕迹，也可以看到地域的痕迹。

【双晕羹/学士羹】

> 窦俨尝病目，几丧明，得良医愈之，劝令频食羊眼。俨遂终身食之。其家名双晕羹，世人有呼为学士羹者。（宋陶谷《清异录》卷下）

此条指出"羊眼羹"又名"双晕羹"、"学士羹"。"双晕羹"取其可治双目模糊的症状，着重于其治病的功用；"学士羹"因其使用者为学士，着重于其使用的主体。

【蜜父、蜡儿】

> 建业间，园丁种梨曰蜜父，种枇杷曰蜡儿。（宋张端义《贵耳集》卷中）

将梨称为"蜜父"是言梨味甘。将枇杷称为"蜡儿"大概是由于此种枇杷的颜色为淡黄色，像蜡一样。

二　发生隐喻或转喻的机制

关于汉语饮食词汇发生隐喻或转喻的机制，本书主要从人类认知方面寻找答案。

　　中国饮食文化影响下的汉语语词之所以可以产生，主要是由于人们日常交际的需要。饮食语词所包含的信息一般都是交际双方共知的信息，可以在短时间内达到共鸣，使语言表达更为简明。中国饮食文化影响下的语词构造有时虽不符合逻辑，但由于饮食是人们日常生活中最基本的东西，用它们来作比喻，不仅可以轻松地理解，而且形式简单，体现了语言的经济性原则，反映了广大劳动人民的智慧。

　　在使用语言的过程中，追求新颖是人们的一种倾向，而这种求新的过程也可能会导致语言发生演变。比如语言中的一些用法最初是为了求新，在某个或某些人中间使用，后来其他人也觉得这种说法新鲜，随即跟风，久而久之，最终固定下来，从而导致语言发生变化。如二十世纪金融业迅猛发展，为扩大人或事物的影响而通过媒体做反复的宣传被命名作"炒"，形象地运用了烹饪方式"炒"来表示当时一种新的现象。表示"炒作"义的"炒"最初只在南方（粤方言区）使用，其使用领域为金融界。后来"炒"的使用范围不仅扩展到了全国，而且使用领域也已经远远超越了金融界。

第七章　汉语饮食词汇的研究视角与理论延伸

在当今整体学术背景之下，我们在对汉语饮食词汇的面貌进行描写和分析的同时，还很有必要在此基础上做出一些理论方面的思考。理论是在实践的基础上总结而来，再用以指导实践。任何研究都必须有一定的理论作为依据，然而理论又要在实践中得到检验，并在实践中再提取出新的理论，周而复始，循环往复。

第一节　当今学术背景述评

就对现代语言学理论方面的探讨而言，国外起步相对较早，成果也相对要多一些。国外语言学理论的蓬勃发展给我们带来一些启示，它不仅使我们在看待语言现象时多了一些新的视角，也使我们在研究的过程中更加自觉地进行理论方面的探索。

我国的传统语言学被称为"小学"，长期以来处于"经学"的附庸地位，除了清朝段玉裁、王念孙等少数学者具有朴素的语言学观念外，其他大部分学者的"小学"研究是为解经服务。直到清朝末年，西学东渐，我们才开始有了自觉的语言学理论研究。从 20 世纪 80 年代开始，我国的理论研究才逐步走向热潮。21 世纪前 10 年，理论探索已经成为学者们的普遍追求，理论研究空前活跃。我国语言学理论研究的历史只有 100 多年，与国外相比，时间并不长。然而我们可以有较多的现有理论作为参考，在国外语言学理论的基础上继续探索，少走些弯路，从而加快语言学理论研究的进程。

国外对语言学理论的研究，大概始于 16 世纪，迄今为止，已有五六百年的历史了，目前研究已相对成熟。随着国外语言学论著的不断引进，以及国际间交流与合作的加强，我们想要了解国外语言学已并非难事。当然，我们要做的不仅是学习国外语言学的研究视角和研究方法，而且还需要对国外语言学的方法和理论细加甄别。国外语言学理论大部分是从印欧语（多为曲折语）提取而来，而汉语是典型的孤立语，直接将国外的语言学理论运用到汉语的实践当中有时会水土不服，也容易误入歧途。加之虽然国外语言学理论研究已经有了很长的一段时间，但它还存在很多值得进一步完善之处，也不能说是完全成熟的语言学理论。因此，我们在运用国外语言学理论指导汉语语言实践的过程中，就会显示出形形色色水土不服的状况。这就要求我们在参考国外语言学理论的同时，必须考虑到汉语自身的特点，积极探索，努力寻求立足于汉语的语言学理论研究之路。

目前，我国的理论研究仍具有极大的紧迫性。在今后的语言研究当中，我们在继承我国传统语言学精髓的同时，还要积极吸收国外先进的语言学方法与理论为研究服务。此外，我们还要在此基础上尽快创立自己的理论框架。这些都对推进我们的语言学研究有着及其重大的意义。

在此，我们主要考虑以汉语词汇为基本立足点的研究视角及理论延伸。

第二节 词的核心义对词义发展以及词语繁衍具有制约性

王云路师在汉语词汇意义演变途径的基础上，探索汉语词汇的意义系统，提出了汉语词汇的"核心义"理论。① 她认为："核心义不是本

---

① 王云路：《论汉语词汇的核心义——兼谈词典编纂的义项统系方法》，载《山高水长：丁邦新先生七秩寿庆论文集》，台湾"中研院"语言学研究所 2006 年版，第 320 页。

义，不是主要意义，不是常用意义，而是由本义概括而来，贯穿于所有相关义项的核心部分，是词义的灵魂，因而是看不见的，没有一个具体词是这个意义。"在此基础上，她又进一步指出："由这个核心义统摄的范围我们称之为核心义磁场。一般说来，一个词有一个核心义磁场。"此观点在王云路师、王诚的《汉语词汇核心义研究》一书中有更为详细的阐述。①

"核心义"及"核心义磁场"理论的提出，对汉语词汇研究具有重大贡献，它使汉语词汇的系统性研究以及词义繁衍研究等相关研究有据可依，使汉语词汇研究过程中的诸多现象具有较强的解释力。在词义发展及词语繁衍的过程中，核心义发挥了重要的作用。在我们对汉语饮食词汇的研究过程中，充分体现了这一理论的强大解释力。对此，我们以"点心"一词的成词理据以及"饮"系语词的繁衍为例加以说明。

一　说"点心"②

"点心"是现代汉语常见的一个饮食词语，它表示"糕饼之类的食品"。然而为什么称"点心"而不是"滴心"或"点腹"、"点胃"等？原因在于：汉语词语搭配在词性（如内动词与外动词、自动词与他动词等）、词义（如褒义与贬义、核心义特征相应、泛指与特指等）等方面都需要具有一致性。"点"与"心"的核心义中均隐含"小"的特征，具有搭配的一致性。

（一）"点"的核心义

"点"的本义为小黑点。《说文·黑部》："点，小黑也。从黑占声。""点"作名词为"小黑点"，作动词则为"点小黑点"，③作形容词指"黑"，均隐含"小"或"黑"义，如：

---

① 王云路、王诚：《汉语词汇核心义研究》，北京大学出版社 2014 年版。
② 详细分析可参楚艳芳、王云路《"点心"发覆——兼谈词的核心义对语素搭配的制约性》（《汉语史学报》第十三辑，上海教育出版社 2013 年版）一文，在此仅节选了部分与核心义相关的内容。
③ "文不加点"正用其义，表示文章不用涂改，一挥而成。

（1）九十曰鲐背，……或曰冻梨皮，有斑<u>点</u>如冻梨色也。（《释名·释长幼》）

（2）如彼白珪，质无尘<u>点</u>。（《晋书·袁宏传》）

（3）面如凝脂，眼如<u>点</u>漆，此神仙中人。（《世说新语·容止》）

（4）晦美风姿，善言笑，眉目分明，鬓发如<u>点</u>漆。（《宋书·谢晦传》）

例（1）、例（2）为"点"的名词用法，比较明显；例（3）"点漆"谓黑漆，侧重在小黑点；例（4）"点漆"侧重在黑色，谓头发像黑漆一样。"点漆"似可看作偏正式名词。

（1）妆铅<u>点</u>黛拂轻红，鸣环动佩出房栊。（南朝梁王叔英妇《赠答》）

（2）方如地象，圆似天常，班彩散色，沤染毫芒，<u>点</u>黛文字，曜明典章。（《初学记》卷二十一引三国魏繁钦《砚赞》）

（3）青崖若<u>点</u>黛，素湍如委练，望之极为奇观矣。（《水经注·浍水》）

（4）青崖翠发，望同<u>点</u>黛。（《水经注·济水二》）

以上四例都是"点黛"连言。例（1）"点"为动词，与"妆"对文同义，现代汉语依然有"妆点"一词。后三例"点黛"均为并列结构。古时妇女用黑青色颜料画眉，称"点黛"，用黑青色颜料画成的眉毛也称"点黛"，例（3）、例（4）都是比喻"青黑色山崖"像妇女化妆后的眉毛，为名词义。例（2）"点黛"谓用黑色墨汁书写，为动词义。以上数例"点黛"谓青黑色或涂成青黑色，但无论是画眉毛还是写字，都是沾上（或粘上）很小部位的黑色，因而符合"小黑"的本义。

我们可以比较与"点"相关的"黛"字。毕沅《释名疏证补》卷四曰："《说文》：䭾，画眉也。从黑朕声。后来皆作黛字，不能复矣。叶德炯曰：《御览》服用部二十引《通俗文》：'染青石谓之点黛.'又引《后汉书》曰:'明德马后,眉不施黛,独左眉角小缺,傅之如粟.'代也.灭眉毛去之,以此画代其处也."点"从黑从占,谓用黑点遮盖,即粘上;"黛"从黑从代,谓用黑色代替眉毛.久之,"点"的"小点"义占据主导地位,"黛"的黑色义或代指美女义占据主导地位.

中古时期,"点"的动词含义扩大,不仅"点一下"称为"点",小物下落、附着,只要不大、不多,都可以叫"点";对象由"小黑点"扩展到其他下落的小物体,犹言"滴落"、"附着".如:

（1）于是露点饴蜜,溜泓澄于玉掌;云垂五采,覆旖旎于仙楼。（梁简文帝《七励》）

（2）武平中,有血点地。（《隋书·五行志下》）

（3）穿花蛱蝶深深见,点水蜻蜓款款飞。（唐杜甫《曲江》）

（4）短短桃花临水岸,轻轻柳絮点人衣。（唐杜甫《十二月一日三首》）

（5）西掖重云开曙晖,北山疏雨点朝衣。（唐岑参《西掖省即事》）

（6）二毛晓落梳头懒,两眼春昏点药频。（唐白居易《自叹》）

例（1）谓露水落下如同饴糖、蜂蜜;例（2）谓少量血滴落在地;例（3）"点水"表示一触水面即起,现代汉语还有"蜻蜓点水"的说法;例（4）表示少量柳絮落到了人的衣服上;例（5）言"疏雨"落到衣服上;例（6）"点药"表示施用少量的药于患处,现代汉语还有"点眼药水"的用法。由这些例证可以看出,"点"可以用来表示小的、少量的物体"下落、附着"。此时"点"的隐含义"小、少"凸显,而"黑"义逐渐消失。现代汉语仍有"一点（儿）"、"点滴"、"点眼药"、"打点滴"等说法,都与"点"的核心义"小、少"密切相关。

"点"的含义就是下落、附着,"点心"本为动词,指少量食物"下落到心里",即少量进食。后又可用作名词,指小食品。也都隐含

"少"、"小"之义。

为了进一步理解"点"的含义及其变化，我们再比较与"点"在意义和用法上均相似的"滴"字。《说文》："滴，水注也。"《玉篇》："滴，水滴也。"又："沥，滴沥，水下。"晋潘岳《悼亡诗》："春风缘隟来，晨溜承檐滴。""滴"可以表示水滴下落，也表示名词水滴，故"点滴"连言可以表示零星而微小的事物。但"点"与"滴"作动词，又有着明显的区别：（1）"点"有施动者，一般是指有生命的人，而"滴"是自动者，一般是指无生命的事物。（2）"点"的客体可以是固体也可以是液体，而"滴"的客体一般是液体。（3）"点"一般不具有持续性特征，而"滴"往往具有持续性特征，是一个连续不断的动作。（4）由于"点"可能受到人（或动物）的控制，故物体的下落角度不固定，而"滴"的下落角度一般为垂直向下。

吃少量食物之所以称"点心"而非"滴心"，恐怕与动词"点"与"滴"的差别有关："点心"之"点"的主体为有生命的人，客体一般为固体，"点"的动作不具有持续性，食物的下落角度并非垂直向下。

（二）"心"的核心义

食物进入人体，最直观的部位应该是到"腹"或"胃"，为什么称"心"呢？我们看看相关的例子。文献中表示"空着肚子"一般用"空腹"来表示。

（1）上以醋渍三日后，焙干研末，和前药酒，调面糊为丸，空腹温酒下五十丸。（《华佗神医秘方真传·妇科门》）

（2）上二十一味，末之，炼蜜和丸，如弹子大，空腹酒服一丸，一百丸为剂。（《金匮要略·血痹虚劳病脉证并治》）

（3）治卒心痛，桃白皮煮汁，宜空腹服之。（《肘后备急方》卷一）

（4）平晓向甲寅地日出处开之，其酒赤如金色，旦空腹服半升。（《备急千金要方·养性》）

（5）若入腹者，空腹服酢酪一升。（《千金翼方·小儿》）

（6）空腹一盏粥，饥食有余味。（唐白居易《闲居》）

"空着肚子"又可称"空心"，如：

（1）共放鸡腹内，水酒各半，蒸熟空心食。（《华佗神医秘方真传·妇科门》）

（2）冬朝勿空心，夏夜勿饱食。（《全晋文》卷一百十六葛洪《养生论》）

（3）渐羸瘦方：桃仁一两，去皮，尖杵碎，以水一升半煮汁，着米煮粥，空心食之。（《肘后备急方》卷一）

（4）右九味捣筛，蜜和丸如梧子，空心服。（《唐王焘先生外台秘要方》卷十三）

（5）候稠如饧，贮净洁器中，每日空心暖酒调一匙头饮之。（《四时纂要·冬令》）

（6）凡服药旦空心服之，以知为度，微觉发动流入四肢，头面习习然为定，勿更加之。（《备急千金要方·胆腑方》）

以上"空腹"、"空心"同义，说明在一定条件下，"心"与"腹"同义。此外，还有"心"、"腹"连言或对言的说法，如"心腹"、"腹心"、"披心腹"、"心腹之疾"、"心腹之病"、"心腹之患"以及"推心置腹"、"分心挂腹"等，均可证明"心"与"腹"有着密切的关系，甚至是同义的。

既然"心"与"腹"同义，有"空心"也有"空腹"，为什么"吃小食"称"点心"而不称"点腹"？笔者以为，词语搭配与其语素的核心义是密切相关的。在古人眼里，"心"、"腹"只是"浑言无别"，析言之，"心"、"腹"又有区别。作为人体器官，"心"小而"腹"大，故相对而言，"心"往往具有"小"的核心义（也是其隐含义），而"腹"往往具有"大"的核心义。如俗语"以小人之心，度君子之腹"，不能说成"以小人之腹，度君子之心"，"心"与"腹"的位置不能互换，因为小人言小，君子言大，所谓"君子坦荡荡"。有"寸心"一词，表示心之小，南朝梁沈约《饯谢文学离夜》："以我径寸心，从君千里外。"唐杜甫《偶题》："文章千古事，得失寸心知。"是其例。又有"区区之心"等也都言小。还有"小心"、"小心翼翼"、"小心谨慎"、"（小）心眼（儿）"等说法，均可证"心"隐含"小"这一核心义特征。

"腹"隐含"大"义，可以通过由"腹"构成的词语进一步证明之："大腹便便"形容肚子肥满。"击壤鼓腹"指吃得饱，有余闲游戏。"腹尺"用来比喻食量大。"满腹经纶"、"腹载五车"比喻读书甚多，学识极富。"边氏腹"称满肚子学问犹如装满典籍的书籖。"饱腹"指吃饱肚子。"精神满腹"谓满腹才学。"食不果腹"谓吃不饱肚子，形容生活贫困。可见，以"腹"为语素构成的词语也多含"大"、"满"、"饱"等义。还有"充腹"、"果腹"等词，均表示吃饭或吃饱饭的意思。如《战国策·燕策一》："人之饥所以不食乌喙者，以为虽偷充腹，而与死同患也。"《尉缭子·治本》："非五谷无以充腹，非丝麻无以盖形。""果腹"源于《庄子·逍遥游》："适莽苍者，三餐而反，腹犹果然。"唐柳宗元《憎王孙文》："充嗛果腹兮，骄傲欢欣。"《明史·倪岳传》："故朝廷有糜廪之虞，军士无果腹之乐。""充腹"等表示吃饭，非食时吃东西，一般不被称为"充腹"。

从字形上看，"腹"从"复"。从"复"的字大多含"大"义，如"鍑"，《说文·金部》："鍑，釜大口者。"《玉篇·金部》："鍑，似釜而大也。"又如："蝮"，《说文·虫部》："蝮，虫也。"在古代一指"虺"，一指"蝮蛇"。这两种动物都具备"大"的特征。《尔雅·释鱼》："蝮，虺，博三寸，首大如擘。"唐玄应《一切经音义》卷二引《三苍》："蝮蛇……大者长七八尺，有牙，最毒。"战国宋玉《招魂》："蝮蛇蓁蓁，封狐千里些。"王逸注："蝮，大蛇也。"再如"鰒"。《说文·鱼部》："鰒，海鱼名。"指鲍鱼或鲨鱼。

可见，"点"的核心义特征决定了与之相应搭配的语素只能是

"心"。"腹"这样一个具有核心义"大"的词语与言"小"的"点"搭配起来自然不合适。①

总之,目前国外语言学家越来越注重将语言的形式、功能、意义结合起来进行研究,而功能与意义的介入使语言研究变得更为纷繁复杂。在词义发展及词语繁衍的过程中,词的核心义发挥了重要作用。

二 "饮"的核心义分析

《玉篇零卷·食部》:"饮,饮歈也。咽水也。""饮"也是人们日常生活中不可或缺之事。"饮"的客体,一般限定于"液体"或者说是"流体"。"饮"不像"食"一样在口腔中需要一个咀嚼的过程。一般而言,"饮"从口到腹不需要咀嚼,是一个瞬间的过程。因此,我们认为"饮"的核心义为"急速进入"。

(一)核心义对词义衍生的制约性(同一个词语的引申系列)

动词"饮"的本义为"喝",由此引申,"饮"又有如下引申义:

引申义1:"没入"。如"饮羽"谓箭深入所射物体,中箭。"饮石"谓箭射入石头,形容弓箭强劲。②"饮刃"锋刃没入肌体,挨刀剑。"饮弹"犹中弹。以上词语"饮"后的客体("羽"、"石"、"刃"、"弹"等)都是比较具体的对象。这些词语集中体现了"饮"的"急速

---

① 为什么不用"点胃"呢?我们认为,"心"、"腹"在古人看来都可以作为泛指器官,含义广泛而抽象,"心"可以思考,可以表达心意和情感,"腹"是人体中一个相对大的空间,可以容纳内部脏器,可以容纳很多抽象事物,"腹有诗书气自华"即其例。"心腹"连言可以表示真情,汉王褒《四子讲德论》:"是以海内欢慕,莫不风驰雨集……咸絜身修思,吐情素而披心腹。"是其义。"心腹"可以代指四肢之外的身体。《战国策·秦策三》:"秦韩之地形,相错如绣。秦之有韩,若木之有蠹,人之病心腹。"晋袁宏《后汉纪·顺帝纪一》:"譬之一人之身:本朝者,心腹也;州郡者,四支也。"此例很形象地说明了"心腹"对人的重要性,也说明其泛指性。因而"心腹"比喻要害部位。《东观汉记·来歙传》:"上以略阳嚣所依阻,心腹已坏,则制其支体易也。"是其例。"心腹"还代指亲信等在身边参与机密的人物。《后汉书·窦融传》:"宪既平匈奴,威名大盛,以耿夔、任尚等为爪牙,邓迭、郭璜为心腹。"而"胃"则完全作为一个人体器官看待,《说文·肉部》:"胃,谷府也。""胃"通常不具有泛指性,不具有多重含义,所以没有"点胃",也没有"空胃"。

② 语本《史记·李将军列传》:"广出猎,见草中石,以为虎而射之,中石没镞,视之石也。"

进入"的核心义。

引申义2："饮忍"。如"饮恨"、"饮恨而终"、"饮恨吞声"、"饮气"、"饮气吞声"、"饮贫"、"饮冤"等说法，这些也都是消极方面的词语，是主体被动地接受"恨"、"气"、"贫"、"冤"等"进入"。因此，这些词语也体现了"饮"的核心义"急速进入"。一般而言，"饮"是一个由外到内的过程，被动地"进入"即是"遭受"。在以上词语中，"饮"后的客体（"恨"、"气"、"贫"、"冤"等）都是抽象的对象。

引申义3："享受"。如"饮惠"、"饮德"、"饮泽"、"饮誉"等。在此类词语中，"饮"的客体虽然不在主体所能掌控的范围之内，但它们对主体而言是有益的事物。这些客体都较为抽象。因此，"享受"是主体主动地接受"饮"的客体的"进入"，这也与"饮"的核心义密切相关。

总之，由动词"饮"的本义及其引申义可以看出：液体进入身体的"喝"，"箭"、"刀"、"子弹"等，进入石头或身体的"没入"，"怨恨"、"贫穷"、"冤屈"等，被动进入的"饮忍"，"恩惠"、"德行"等，主动进入的"享受"等，都体现了"饮"的核心义"急速进入"。核心义就像一只"无形的手"在词义繁衍的过程中始终发挥着掌控作用。

（二）"饮"核心义"急速进入"的佐证

因为"饮"的核心义为"急速进入"，故有很多表示"大"或"急速"、"极度"义的语素与"饮"搭配构成其他语词。如：

"快饮"犹"痛饮、畅饮"。如汉王充《论衡·别通》："今则不然，饱食快饮，虑深求卧，腹为饭坑，肠为酒囊，是则物也。"宋陆游《晚兴》："遗名要耐千年看，快饮方夸百榼空。"清文康《儿女英雄传》第十六回："又喜得先从褚大娘子口里得了那邓九公的性情，因此顺着他的性情，一见面便合他快饮雄谈，从无心闲话里谈到十三妹，果然引动了那老头儿的满肚皮牢骚，不必等人盘问，他早不禁不由口似悬河的讲将起来。"清蒲松龄《聊斋志异·秦生》："快饮而死，胜于馋渴而死多矣。"

"剧饮"犹"豪饮、痛饮"。如《三国志·魏书·华歆传》："策以其长者待以上宾之礼。"裴松之注引晋华峤《谱叙》："歆能剧饮，至石余不乱。"宋岳珂《桯史·部胥增损文书》："居二日，来邀张至酒家剧饮。"明施耐庵《水浒传》第一百零六回："陈瓘、侯蒙、罗戬，随即上城楼，笑谈剧饮。"清屠文漪《摸鱼儿》："杯乍举，便剧饮，淋浪那计归时路。"

"痛饮"谓尽情地喝酒。如南朝宋刘义庆《世说新语·任诞》："王孝伯言：名士不必须奇才，但使常得无事，痛饮酒，熟读《离骚》，便可称名士。"唐杜甫《陪章留后侍御宴南楼》："寇盗狂歌外，形骸痛饮中。"明施耐庵《水浒传》第二十三回："柴进教再整杯盘来，劝三人痛饮。"

"穷饮"犹"狂饮"。如南朝梁沈约《郊居赋》："烈穷饮以致灾，安忘怀而受祟。"

"极饮"犹"痛饮、剧饮"。如北魏郦道元《水经注·江水三》："北背大江，江上有钓台，权常极饮其上，曰堕台，醉乃已。"《魏书·常山王寿兴传》："及显有宠，为御史中尉，奏寿兴在家每有怨言，诽谤朝廷。因帝极饮无所觉悟，遂奏其事，命帝注可，直付寿兴赐死。"《南史·梁本纪下·简文帝纪》："于是隽等并齎酒肴、曲项琵琶，与帝极饮。"

"狎饮"谓放纵地饮酒。如唐任蕃《梦游录·刘道济》："又有彭城刘生，梦入一倡楼，与诸辈狎饮。"明沈德符《万历野获编》："其后兵部尚书王琼头戴褒刺褒衣，潜入豹房，与上通宵狎饮。"清薛福成《庸盦笔记·幽怪一·宝应戚烈妇祠》："嗟乎！诸人敢在烈妇祠中狎饮，宜其自速厥戾矣。"

"轰饮"犹"狂饮、闹酒"。如宋贺铸《六州歌头》："轰饮酒垆，春色浮寒瓮，吸海垂虹。"明沈德符《万历野获编》："四人相对轰饮，日渐旰，其人亦微哓相劝。"清王韬《淞隐漫录》卷四："前岁中秋，招众赏月，轰饮无不沈醉。"

"豪饮"犹"痛饮、纵饮"。如宋陆游《病后暑雨书怀》："止酒亡聊还自笑，少年豪饮似长鲸。"宋沈括《梦溪笔谈》卷九："石曼卿喜豪饮，与布衣刘潜为友。"清文康《儿女英雄传》第三十二回："当下两席上见他这等豪饮，一个个都替他高兴。"老舍《鼓书艺人》："陶副官酒量惊人，宝庆从没见过这么豪饮的，喝起酒来，肚子象个无底洞。"

"畅饮"可以指尽情地喝酒。如元王恽《春夜宴史右相宅》："相逢成夜集，畅饮厌流霞。"明罗贯中《三国演义》第二十一回："随至小亭，已设樽俎：盘置青梅，一樽煮酒。二人对坐，开怀畅饮。"清吴研人《二十年目睹之怪现状》第九十八回："畅饮了一回，方才吃饭。"也可以泛指痛快地喝。如茅盾《诗与散文》："那时，他像烦渴到眼中冒火星的人骤然畅饮了清泉，像溺水的人抓得了一块木板。"又有"开怀畅饮"谓毫无拘束地尽情饮酒。如元无名氏《射柳捶丸》第三折："令人安排酒肴，与众大人每玩赏端阳，开怀畅饮。"明施耐庵《水浒传》第四十三回："李逵不知是计，只顾开怀畅饮，全不记宋江分付的言语。"

"横饮"犹"畅饮"。如元刘唐卿《降桑椹蔡顺奉母》第一折："忘杯横饮无拘系，不负三冬瑞雪天。"元无名氏《刘玄德醉走黄鹤楼》第三折："玄德公，你出一酒令，俺横饮几杯咱。"元郑光祖《伢梅香骗翰林风月》第四折："夫人既不饮，小生横饮几杯。"明无名氏《王矮虎大闹东平府》第四折："今日个正是元宵之夜，斟酒来，俺弟兄每横饮几杯者。"

"倾饮"犹痛饮，谓饮酒过量。如唐赵璘《因话录》卷四："累石之际，因白师曰：'有少好酒，和尚饮否？'彦范笑而倾饮。"清蒲松龄《聊斋志异·道士》："道士倾饮二十余杯，乃辞而去。"又卷八："倾饮过醉，离席兴辞，索琴。"

"恣饮"犹"畅饮、痛饮"。如宋沈括《梦溪笔谈》卷二十五："取木皮煮，饮一斗许，令其恣饮。"宋庄绰《鸡肋编》卷上："又于五门之下设大尊，容数十斛，置杯杓，凡名道人者皆恣饮。"明冯梦龙《醒世恒言》第四卷："当下依原铺设毡条，席地而坐，放开怀抱恣饮，也把两瓶酒赏张霸到一边去吃。"清蒲松龄《聊斋志异·陆押官》："众异之，乃共恣饮。"

"饫饮"犹"畅饮"。如清蒲松龄《聊斋志异·苗生》："苗曰：'仆善饮，非君不能饱，饫饮可也。'"

"放饮"谓"畅饮、纵酒"。清墨憨斋主人《醒名花》第六回："自当从命，相公且开怀放饮，莫辜负此良辰。"清青心才人《双和欢》第十七回："人以彼求欢，彼正借人遣兴，豪歌彻夜，放饮飞觞，其名遂振一时。"吴晗《灯下集·关于中国资本主义萌芽的一些问题》："以欢宴放饮为豁达，以珍味艳色为盛礼。"

　　以上这些"×饮"类词语中的"×"均具有"急速、极度"的意思，故与"饮"组合，表示"畅饮、豪饮"义。

　　还有"洪饮"可以用来指"豪饮"。如唐曹唐《长安客舍叙邵陵旧宴寄永州萧使君》之二："五夜清歌敲玉树，三年洪饮倒金尊。"金王若虚《新唐书辨中》："前史载人洪饮者率至一石以上，然后为异，踰斗之量世亦多矣，何足著之乎？"

　　"浩饮"犹豪饮。如宋梅尧臣《和宋中道喜至次用其韵》："思如曩时会，浩饮不计巡。"元黄庚《题东山翫月图》："剧谈浩饮不知醉，仰天长笑欢颜开。"

　　以上这些"×饮"类词语中的"×"均有"大"义，与"饮"组合，表示"畅饮、豪饮"义。

　　还有"牛饮"本指俯身而饮，形态如牛，故云。如《韩诗外传》卷四："桀为酒池，可以运舟，糟丘足以望十里，而牛饮者三千人。"清蒲松龄《聊斋志异·秦生》："一盏既尽，倒瓶再酌。妻覆其瓶，满屋流溢。生伏地而牛饮之。"又可泛指"狂饮、豪饮"。如晋葛洪《抱朴子外篇·疾谬》："及好会，则狐蹲牛饮，争食竞割。"宋梅尧臣《和韵三和戏示》："将学时人斗牛饮，还从上客舞娥杯。"郭沫若《归去来·在轰炸中来去》："真是愉快，假使是在十年前，听到这样的消息，一定又牛饮了一大瓶白兰地。"

　　"长鲸饮"语出唐杜甫《饮中八仙歌》："左相日兴费万钱，饮如长鲸吸百川。"后以"长鲸饮"喻"豪饮"。如明陈所闻《画眉序·初春同吴肃卿吴季常集欧阳惟礼昆仲云住阁看晴雪》套曲："放怀共作长鲸饮，莫负太平佳兆。"又有"鲸饮"比喻"豪饮"。如明朱朴《与沈东川夜话》："把酒为鲸饮，吹箫学凤鸣。"明李东阳《体斋宅赏莲，席上得十字》："我狂不去当重来，鲸饮碧箭三万吸。"郭沫若《孔雀胆》第四幕："自背囊中将酒瓶取出，拔塞鲸饮。"

"牛"、"鲸"都是比较大的动物，用它们与"饮"结构，构成"牛饮"、"鲸饮"来表示"畅饮、豪饮"。

还有"酣饮"犹"畅饮、痛饮"。如《后汉书·周举传》："商与亲昵酣饮极欢。"《资治通鉴·后梁纪一》："渥居丧，昼夜酣饮作乐。"清王夫之《读通鉴论》："拒谋臣之策，不擒之于酣饮之下，何其愚也！"清陆以湉《冷庐杂识·陈忠愍公》："夷酋入城，登镇海楼酣饮。"

"醺饮"指"醉饮、畅饮"。如宋黄庭坚《看花回·茶词》："夜永兰堂醺饮，半倚颓玉。"

"酗饮"指无节制地饮酒。如清王夫之《读通鉴论》卷三："举富人子而官之，以谓其家足而可无贪，畏刑罚而自保，然则畏人之酗饮，而延醉者以当筵乎？"清黄六鸿《论驿政》："一则行止老成，专意办公，而不交接浮浇，赌嫖酗饮。"清钮琇《觚賸》："阅三月，有贵人携妓而来，设宴招提，是僧隅坐酗饮。"

"酣"、"醺"、"酗"表示饮酒过度，它们与"饮"组合，也可以表示"畅饮、豪饮"义。

还有"泥饮"可以用来指"痛饮"。如宋陆游《怀青城旧游》："泥饮不容繁杏落，浩歌常送寒蝉没。"清曹寅《和程令彰十八夜饮南楼》："为君古淡非今日，泥饮醇醪味得真。"郁达夫《中秋无月访诗僧元礼与共饮于江干醉后成诗》："偶来邃阁如泥饮，便解貂裘作质留。"

"烂饮"犹"痛饮、狂饮"。如宋王奕《贺新郎》："多景楼头吟北固，笑平山堂里谁为主？且烂饮，琼花露。"元耶律楚材《西域有感》："功名到底成何事，烂饮玻璃醉似泥。"元吴师道《简王文学》："乞君安得千壶酒？烂饮狂歌慰别离。"

"泥"、"烂"应该都是醉酒（饮酒过度）后的状态，它们与"饮"组合，也可以表示"畅饮、豪饮"义。

还有"觞饮"是"执杯而饮，畅饮"。如《国语·越语下》："肆与大夫觞饮，无忘国常。"唐韦应物《答长宁令杨辙》："嘉宾自远至，觞饮夜何其。"清吴肃公《明语林》卷十二："王颇善新声，常自制杂剧传奇，命美人谱之，日与诸名士觞饮啸歌。"这种"执杯而饮"的状态，也是畅饮、豪饮的表现，因此，"觞"与"饮"组合也可以表示"畅饮、豪饮"义。

可见，一般具有"急速"、"极度"、"大"等特征义的相关语素更容易与具有核心义"急速进入"的"饮"相结合，构成表示"畅饮、豪饮"义的复音词。此外，由上面这些例证可以看出，"×饮"类表示"畅饮、豪饮"义的复音词特别多，而我们发现，"饮"与其他语素结合，表示少量饮酒或饮的复音词却不多见。这同样说明了"饮"的核心义及核心义磁场对与"饮"组合的语素的选择性。

总之，词的"核心义"对语素搭配具有不可忽视的制约作用，主要体现在词义发展及词语繁衍的过程中。传统的复音词研究一般根据语素的功能再参考意义等因素，将其分为"主谓"、"联合"、"偏正"、"动宾"、"动补"等几大类。而词的核心义统摄下的语素搭配主要是从意义的角度出发，探讨语素间如何相互选择、最终组合成词的规律，属于词语内部组合构造关系的研究范畴。

第三节　词语的意义是历时积淀的共时呈现

自从瑞典语言学家索绪尔提出了"共时"与"历时"这一对范畴后，共时研究在语言学研究中一度占据了主流地位。当共时研究不能完全解决问题的时候，历时研究逐步开始受到重视。目前，越来越多的学者倾向于将二者结合起来对语言现象进行研究。

语言现象在共时方面主要体现在成分之间的分布状况，包括句法、语义和语用等。就汉语史研究而言，语言的新旧形式在大部分情况下可以长期共存，旧形式对新形式具有制约作用，即使是旧形式已经消失，也会把它的某些特征继续保留在新形式当中，对新形式的某些功能起制约作用。语言的新旧形式并存，其结果至少有如下三种：第一，旧用法没有被新用法所取代。第二，新用法取代了旧用法。第三，新、旧用法在长时期内保持共存的状态。我们在研究的过程中，首先要在共时方面把语言中存在的现象描写清楚，然后再从历时方面寻求语言发展演变的轨迹，进而再对语言的发展演变中存在的现象作出解释。随着历史语言学的兴起、兴盛，历时研究逐渐引起学者们的广泛关注。对语言进行历时研究也包括语法、语义和语用等方面的演变研究。

总之，从共时方面的描写出发，寻求历时方面的解释，进而探索语言发展演变的轨迹，这种共时与历时相结合的研究方法，对于语言学研究而言意义重大。

一 词语历时兴替的不完全性

关于词语历时兴替的不完全性，我们以"食"、"饮"、"吃"、"喝"为例加以说明。古代的"食"、"饮"在很大程度上被现代的"吃"、"喝"替代，但这绝不是简单的替换关系。

（一）"食"与"吃"的区别

"食"作为语素，它可以构成的成语比较多，俗语、谚语几乎没有。现在看来，"食"是个书面语词。语素"吃"可以和很多其他语素一起组合成词，还有一些成语、俗语、谚语。另外，"吃"还引申出了被动的用法，而"食"没有。这可能一方面与"食"、"吃"的语义差别有关系；另一方面在"食"使用范围较广的时代，被动句还没有完全成熟，当"吃"取代"食"占据主导地位的时候，被动句开始发展起来，故"吃"引申出了被动的用法。

作为词语，"食"既可以作名词使用，也可以作动词使用；作为语素，"食"可以是名词性的，也可以是动词性的。而在汉语词汇系统中，"吃"是一个动词；就汉语的构词单位而言，"吃"又是一个动词性语素。故"吃"只能是动词或动词性语素。"吃"很难有名词性的用法，如果要表示"吃"的对象，一般直接用"吃"的对象本身来表示。有时也可以笼统地说"吃的东西"或简称为"吃的"。然而有一个例外，在"小吃"一词中，"吃"却是一个名词性语素。它是由"形容词性语素（小）＋名词性语素（吃）"构成的偏正式名词，故又有动宾词组"吃小吃"，偏正词组"小吃店"、"小吃街"等。造成"小吃"这种例外的原因，恐怕受到了表示"点心、零食"义的"小食"的类化（"小食"的产生时间早于"小吃"），而这种类化的语言学基础则是口语中"吃"取代"食"占据了优势地位。

（二）"饮食"与"吃喝"的区别

"饮食"与"吃喝"的差异更多地体现在古今差异方面，"饮食"古代多见，现代汉语已经成为书面语；"吃喝"从唐朝以后逐渐占据主导地位，现代的"吃喝"在很大程度上替代了古代的"食饮"。按照一般的理解，"吃喝"是对"饮食"的替换。然而，"吃喝"与"饮食"又存在着明显的差异，二者并非完全的等同关系。

表7－1　　　　　"食饮""食饮""吃喝""喝吃"历代使用情况

时间	饮食		食饮		吃喝		喝吃	
	动词	名词	动词	名词	动词	名词	动词	名词
上古	＋＋＋	＋＋＋	＋	＋＋	－	－	－	－
中古	＋＋＋	＋＋＋	＋	＋	－	－	－	－
近代前期（唐宋元）	＋＋＋	＋＋＋	＋	＋	－	－	－	－
近代后期（明）	＋＋＋	＋＋＋	＋	＋	＋	－	－	－
近代后期（清）	＋＋＋	＋＋＋	＋	＋	＋＋	＋	＋	－
现代	－	＋＋＋	－	－	＋＋＋	＋	－	－

"饮食"连用，上古时期已经出现，"饮食"可以用作名词，也可以用作动词。在文献记载当中，"饮食"又可作"食饮"。"食饮"也是在上古时期出现，后代沿用。与"饮食"相似，"食饮"也具有名词和动词两种用法。"吃喝"连用较早见于明末清初，它可以用作动词，也可以用作名词，但动词用法居多。清朝还出现了"喝吃"的用法，但"喝吃"全部为动词用法。现代汉语复音词"饮食"的结构一般为"名词＋名词"，而"吃喝"的结构则是"动词＋动词"。

整体看来，"饮食"是一个词语（既可以是名词性词语，也可以是动词性词语），而"吃喝"则更像是词组（一般是动词性词组）。

（三）"食"、"饮"作为构词语素活跃在现代汉语中

虽然在现代汉语"吃"、"喝"占据了主导地位，成为饮食方式类词语不可否认的典型成员，但古代的"食"、"饮"也并未销声匿迹，它们作为构词语素继续活跃在现代汉语中。如"食堂"、"肉食"、"面食"、"主食"、"副食"、"食物"、"食盐"、"食粮"、"食谱"、"食言"、"食用"、"丰衣足食"、"废寝忘食"等都是现代汉语较为常见的词语。"饮料"、"冷饮"、"热饮"、"饮食"、"饮水"等也是现代汉语较为常见的词语。这也是词语历时兴替不完全性的重要表现之一。

二　"饥饱"语义场的变化

相互联系的词语构成语义场。由"饥饱"类词语构成的语义场古今变化较大。

关于"饥饿"、"饱"这类的饮食感觉，有两个极端：一端为"饥/饿"；另一端为"饱"。关于中间状态的表达，古今汉语有所不同。古代汉语有专门的词语来形容，如"鎌"、"鰔"、"歆"、"歉"等，而现代汉语则没有专门的词语来表示，故它只能用修饰语加两个极端的词语（"饥"、"饱"）构成的短语表示，如"半饱"、"半饥半饱"、"未饱"、"没吃饱"、"没饱"等。如：

（1）今王美秦之言，而欲攻燕，攻燕，食未饱而祸已及矣。（《战国策·赵策一》）

（2）先进酒一杯，次举粥一瓯。半酣半饱时，四体春悠悠。（唐白居易《新沐浴》）

（3）这几天来，走路忘了到什么地方去，吃饭也感觉不出饱还是没饱。（唐元稹《莺莺传》）

（4）已饥方食，未饱先止。（宋苏轼《东坡志林》卷一）

（5）角哀捱着寒冷，半饥半饱，来至楚国，于旅邸中歇定。（明冯梦龙《喻世明言》卷七）

（6）不想夫人听见，走来说道："儿，你身子不快，怎地反吃许多饭食？"秀娥道："不妨事，我还<u>未饱</u>哩。"（明冯梦龙《醒世恒言》第二十八卷）

（7）呆子一顿，把他一家子饭都吃得罄尽，还只说才得<u>半饱</u>。（明吴承恩《西游记》第二十回）

（8）贾母先不放心，自然发狠，如今见他来了，喜且有余，那里还恨，也就不提了，还怕他不受用，或者别处<u>没吃饱</u>，路上着了惊怕，反百般的哄他。（清曹雪芹等《红楼梦》第四十三回）

（9）那知城璧日日止吃个<u>半饱</u>，至于酒，不但二斤三斤，求半斤也是少有的；即或有，不过四两六两之间，是个爱吃不吃的待法。（清李百川《绿野仙踪》第二十回）

（10）要我们的兵去打外国，断断乎不可给他吃得个全饱，只好叫他吃个<u>半饱</u>，等到走了一截的路，他们饿了，自然要拼命赶到外国人营盘里抢东西吃。（清李宝嘉《官场现形记》第三十一回）

（11）这日一早起来，喝了半碗白粥，肚中实在<u>没饱</u>，发恨道："这瘟官做他干吗？……没顿饱饭吃，天也太不平了！"（清曾朴《孽海花》第五回）

（12）一半做了船钱，一半将来买些饭吃。<u>半饥半饱</u>，又挨过千余里，才到了贵地。（清娥川主人《世无匹》第四回）

（13）方鸿渐午饭本来<u>没吃饱</u>，这时候受不住大家的玩笑，不等菜上齐就跑了，余人笑得更利害。（钱钟书《围城》）

（14）一个买烧饼充饥，吃了7个<u>没饱</u>，又买了一个，才饱了。（1994年《报刊精选》）

"吃"是一个由饥到饱的过程，食未饱状态的短语多是以"饱"为中心词，其前面加"半"、"未"、"没"等修饰语来表示。

关于古今汉语"饥饱"类词语的语义场，我们可以用图7-1、图7-2来表示。

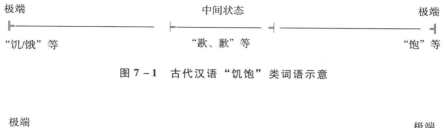

图 7 - 1 古代汉语"饥饱"类词语示意

图 7 - 2 现代汉语"饥饱"类词语示意

从以上两个图示可以看出，古今"饥饱"类词语的语义场存在差异。在现代汉语，表示"饥饱"中间状态的词语消失了，也是语言竞争的结果。这是概念存在，但是表示概念的词语消失了，如果要表达这一概念，需要用描述的方法或用短语来表示。

总之，随着时间的推移，词语会变化、发展。就词语方面看，有沿用古语者，有消亡者，还有新造者，这是概念对名称的要求，这是词汇系统的变化发展。就词义方面看，有沿用古义者，有意义消亡者（单义词意义的消亡也就是该词语的消亡，多义词意义的消亡有可能是该词义位的减少或变化），还有词语新增意义者，这是词义的变化发展。"饥饱"类词语语义场的变化比较大，它是表示一类现象的词语的消失。

第四节　语素研究对汉语词汇研究具有重要意义

语法单位有大有小，最大的语法单位是句子，比句子小的语法单位依次是短语、词、语素。人类的语言是有声音、有意义的，是语音和语义的结合体，这便是语法单位基本的特点。语素是语言中最小的音义结合的构词单位，是语言的备用单位。语素可以组合成合成词，有的可单独成词。鉴于汉语"语素清晰，词不清晰"，所以语素研究对汉语研究意义重大。在现阶段，无论是词汇学还是语法学，学者们研究的基础应当都是意义。如果落实到复音词，则更多的是涉及复音词语素义（或者将语素推源到单音词），进而才能对复音词的整体意义、结构等作出合理判断。比如在讨论"味道"一词时，首先必须对"味"和"道"这两个语素有深刻的认识，进而才能探讨二者的组合机制以及组合成"味道"一词后的意义、结构、用法等。

一　词语内部语素搭配的选择性及不平衡性

我们以饮食方式类词语的典型成员（"食"、"饮"、"吃"、"喝"）为例，试图对词语内部组合关系、聚合关系以及词语的历时兴替的一些规律性问题进行探讨。

"饮"、"食"、"吃"、"喝"是饮食方式类词语的典型成员，"饮/食"与"吃/喝"分别在古代和现代都是基本词汇。从词的角度看，这些词语各自的词义引申途径存在差异。从语素的角度看，由"饮"、"食"、"吃"、"喝"为构词语素，它们对与之组合的语素也有各自的选择，它们的组合关系以及聚合关系也存在差异，它们的构词方式及构词能力存在着较大的差异。因此，从这些词语的历时兴替以及词义、词语繁衍的过程中，我们可以看到很多规律性的东西。

就常规搭配而言，"食/吃"的对象一般是固体，有时（更多是在古代）可以是液体，偶尔也有可能是气体（如有人把"抽烟"称为"吃烟"）。"饮"的对象一般是液体，偶尔也有固体的"冰"，但固体冰又是液体水的凝结物，与液体有关。语素"饮"还可以与其他语素一起构成很多非常规的搭配，具有隐喻的意义。此时"饮"的对象就不仅仅限于液体了，"石"、"刃"、"弹"等具体事物，甚至"恨"、"德"、"誉"等抽象事物也都可以成为"饮"的对象。"喝"的对象可以是液体也可以是气体，但语素"喝"很少与其他语素构成非常规搭配，隐喻意义比较少见。

当然，相对于语素"食"与"吃"而言，语素"饮"与"喝"可以搭配的语素少了很多，大概"食"与"吃"在饮食方式方面的概括性更强一些。在饮食方面，大概"食"比"饮"更具有典型性与代表性。"食/吃"在人们的日常生活中更为重要，有时"食/吃"可以包括"饮/喝"，如"去吃饭"，在吃饭之时，可能会喝酒水等。在人们的观念中，"食/吃"要比"饮/喝"更加贴近人们的实际需要，这一观念也体现在造词中，即"食/吃"比"饮/喝"的构词能力更加强大一些。此外，可以"食/吃"的东西比"饮/喝"更为多样、复杂，因此与"食/吃"组合的词语也比"饮/喝"多一些。

　　总之，在语素搭配方面，"食/吃"与"饮/喝"的搭配呈现不平衡的状况，甚至"食"与"吃"、"饮"与"喝"之间的搭配也不平衡。这是语言的经济性原则在起作用，在词汇系统中，每一个词语都发挥着不可替代的作用。语言自身是一个严密的系统，内部成员之间各自分工，但又相互制约。

二　从语素搭配看醉酒类词语的变化发展

　　关于醉酒类词语，目前学者一般是针对"醉"、"醒"、"酲"三个词语的词义及其发展演变等情况进行研究，然而由第二章第四节的论述可以看出，从古至今表示醉酒的词语远远不止这三个，还有"醺"、"醹"、"酔"、"酖"、"醒"、"醚"、"酩酊"、"茗艼"、"酕醄"等。《说文·酉部》收了"醉"、"醺"、"酲"、"醒"四个词语，① "醉"、

---

　　① 《说文·酉部》还收了"醉"，释义曰："醉，醉饱也。"据《说文》，"醉"应该指饮酒过度，即"醉饱"。然而我们在历代文献中并没有找到"醉"用作"醉饱"义解者，只找到"醉"用来指未滤去糟的酒，也可以泛指酒。如北魏贾思勰《齐民要术·法酒》："合醉饮者，不复泥封。"唐杜甫《客至》："盘飧市远无兼味，樽酒家贫只旧醉。"宋苏轼《谢郡人田贺二生献花》："玉腕揎红袖，金罍泻白醉。"故文献中"醉"的早期意义可能就是"未滤去糟的酒"，而并非《说文》所说的"醉饱"义。这一结论也可以从由"醉"作为语素构成的词语中找到证据。《汉语大词典》以语素"醉"构成的词语共有29个，这些词语无一例外都与"酒"本身有关，而与"醉饱"没有关系。如"玉醉"指美酒，"醱醉"指重酿未滤的酒，"旧醉"指陈酒、旧酿，"官醉"谓官府酿造的酒，"寒醉"谓冬季酿造及春而成的酒，"嫩醉"谓未过滤的新酒，"村醉"指农家自酿的未过滤的酒，"楚醉"指楚地所产的酒，"腊醉"指腊月酿制的酒，"黍醉"指未过滤的黍酒，"醉瓮"指酒坛子，"绿醉"指绿色美酒，"醉面"指酒面的浮沫，如此等等。这些词语都与"酒"本身相关，与酒后的状态无关。

"酩酊"等其他几个词语的产生时间都相对较晚。这一部分主要以《说文·酉部》所收的"醉"、"醺"、"酣"、"醒"这四个词语作为主要考察对象，从由它们作为语素构成的词语中看这些词语的早期意义及其义域变化。

（一）《说文·酉部》醉酒类词语剖析

在现代汉语，"醉"、"醺"、"酣"、"醒"四个词语中，只有"醉"仍在使用，其他几个都不作为词语单独使用，只是作为构词语素存在于某些复合词当中。且"醉"的程度以及使用范围（义域）也有变化。那么，《说文·酉部》醉酒类词语"醉"、"醺"、"酣"、"醒"这四个词语的早期意义是什么？它们的醉酒程度如何？

1. 醉

《说文》："醉，酒卒也。各卒其度量，不至于乱也。一曰酒溃也。"

"醉"的早期意义是"饮酒适量、恰到好处"，而这个"适量、恰到好处"的饮酒量具有模糊性，它要取决于饮酒人的酒量，饮酒人的心情，又是在何时何地与谁对酌，等等。值得肯定的一点是，"醉"是饮酒后的满足及喜悦感，而并非喝得大醉，造成身体上的不适。我们从与语素"醉"构成的词语中也可以看出来。如：

"醉陶陶"是醉酒快乐貌。如：

（1）缩水浓和酒，加绵厚絮袍。可怜冬计毕，暖卧醉陶陶。（唐白居易《晚寒》）

（2）且灭嗔中火，休磨笑里刀。不如来饮酒，稳卧醉陶陶。（唐白居易《劝酒十四首·不如来饮酒七首》）

（3）亭午霁日明，邻翁醉陶陶。乡吏不到门，禾黍苗自高。（唐司马扎《锄草怨》）

（4）霞衣欲举醉陶陶，不觉全家住绛霄。拔宅只知鸡犬在，上天谁信路岐遥。（唐王仁裕《题斗山观》）

（5）饶把笙歌，供笑醉陶陶。（宋陈著《江城子·重午书怀》）

（6）你欺负俺孩儿年纪小，出家人厮扇摇，吃的来滴滴邓邓

醉陶陶。（元岳伯川《铁拐李》第一折）

（7）冒雪冲风，回去吃得醉醄醄，醉醄醄醉扶归也啰。（明徐畛《杀狗记》第十二出）

（8）他每日沿街哀告，告人求食，受苦伤怀抱；你每日常快乐，醉陶陶。（明徐畛《杀狗记》第十七出）

"陶陶"为"和乐貌"。如《诗经·王风·君子阳阳》："君子陶陶，左执翿，右招我由敖，其乐只且。"毛传："陶陶，和乐貌。"《晋书·刘伶传》："先生于是方捧罂承槽，衔杯漱醪，奋髯箕踞，枕曲藉糟，无思无虑，其乐陶陶。"元张可久《湘妃怨·德清观梅》："泠泠仙曲紫鸾箫，树树寒梅白玉条，飘飘野客乌纱帽。花前相见好，倚春风其乐陶陶。"

又有"乐陶陶"形容很快乐的样子。如元费唐臣《贬黄州》第四折："乐陶陶三杯元亮酒，黑娄娄一枕陈抟困。"元汤式《集贤宾·友人爱姬为权豪所夺》："他恋着篷窗下风致佳，舵楼中景物饶，棹歌声里乐陶陶。"陈毅《过临洮》："煮豆燃萁伤往昔，而今团结乐陶陶。"

又有"乐乐陶陶"义与"乐陶陶"同。如元张鸣善《普天乐·遇美》："采灵芝西海边，看黄菊东篱下，乐乐陶陶无牵挂。"

可见，"醉陶陶"是一种比较惬意的状态，它绝不是酩酊大醉。

还有"醉会"指诗酒欢畅的聚会。如唐孟郊《劝善吟·醉会中赠郭行馀》："一口百味别，况在醉会中。""醉悦"谓陶醉愉悦。因为"悦"有"欢乐、喜悦"之义，故"醉悦"是一种陶醉愉悦的感受。还有"醉人"、"醉心"指令人陶醉。这些词语表达的都是酒给人带来的美好感受。

宋欧阳修《醉翁亭记》有："醉翁之意不在酒，在乎山水之间也。"欧阳修以"醉翁"自居，旷达自放，摆脱宦海浮沉，人世纷扰，在这远离都市的山水之间，把自己的心灵沉浸到闲适、恬淡的情境里，获得了一种平衡、和谐的感受。

总之，以"醉"作语素构成的词语中并没有明显含贬义者，故"醉"最初表示的意思不应该是饮酒过量的"大醉"，而是饮酒适度。《说文·酉部》"醉"条下的"各卒其度量，不至于乱也"是说饮酒适量；"一曰酒溃也"是说饮酒过量。这说明可能在东汉时期，"醉"大多是用来表示饮酒适量，但它也已经开始用作过量饮酒了。

2. 醺

"醺"与"醉"义同。《说文·酉部》："醺，醉也。"如：

（1）闻道云安麹米春，才倾一盏即醺人。（唐杜甫《拨闷》）

（2）我爱阳平酒，兵厨酿法新。百金难著价，一盏即醺人。（金元好问《续阳平十爱》）

此两例"一盏即醺人"表明"醺"饮酒量不是很多，"醺"这种状态应该不是醉酒。还有"微醺"表示稍有醉意。如：

（1）旦则焚香燕坐，晡时酌酒三四瓯，微醺即止，常不及醉也，兴至辄哦诗自吟。（《宋史·邵雍传》）

（2）这日，薛蟠晚间微醺，又命宝蟾倒茶来吃。（清曹雪芹等《红楼梦》第八十回）

（3）置酒此高阁，群花发幽丛，微醺立池上，仰视天宇空。（清方文《梅朗三招同刘长倩龚孟章集天逸阁》）

（4）寂静浓到如酒，令人微醺。（鲁迅《三闲集·怎么写》）

"醉醺醺"是半醉貌，亦作"醉熏熏"、"醉薰薰"。如：

（1）君臣欢康，具醉熏熏。（汉张衡《东京赋》）

（2）见醉薰薰便止，慎不当至困醉，不能自裁也。（三国魏嵇康《家诫》）

（3）青门酒楼上，欲别醉醺醺。（唐岑参《送羽林长孙将军赴

歙州》)

（4）哎，却原来醉醺醺东倒西歪。（元曾瑞《王月英元夜留鞋记》第二折）

"醺醺"本可状"和悦"貌。《说文·酉部》"醺"引《诗》："公尸来燕醺醺。"段玉裁注："今《诗》作'来止熏熏'……毛传：'熏熏，和悦也。'"如：

约我为交友，不觉心醺醺。（唐李咸用《古意论交》）

"醺醺"又可以指"酣醉貌"。如：

（1）我见他假醺醺上下将娘亲觑，不由我战钦钦魄散魂无。（元无名氏《冯玉兰》第二折）

（2）我的父亲喝得醺醺大醉。（魏巍《东方》）

"醺风"犹"和风"。如：

春光如画还如织，枝上仙桃红欲滴。醉日醺风始酿成，倚云如露真消得。（明李东阳《题〈蟠桃图〉寿邵淑人为国贤侍郎作》）

"醺"字从"酉"从"熏"，"熏"本义为烟气上升，这与醉酒后的那种飘飘然的状态有相似之处，故加义符"酉"表示酒后的状态。这种状态不是酩酊大醉，而是一种比较好的状态。

3. 酣

《说文·酉部》："酣，酒乐也。""酣"谓饮酒尽兴，半醉。如：

（1）金鞭拂雪挥鸣鞘，半酣呼鹰出远郊。（唐李白《行行且游猎篇》）

（2）食饱心自若，酒酣气益振。（唐白居易《秦中吟·轻肥》）

（3）酒酣，少年捧琴请汪奏之。（清黄轩祖《游梁琐记·裕州刀匪》）

"酣"所表达的是非常尽兴地饮酒，这也可以从由"酣"作为构词语素构成的词语中看出来，如：

"酣洽"谓"酣畅欢洽"。如：

十七八岁时，与数友月夜小集。时霜蟹初肥，新笋亦熟，酣洽之际，忽一人立席前。（清纪昀《阅微草堂笔记·如是我闻二》）

"酣悦"谓"畅快喜悦"。如：

时宗室诸母因酣悦，相与语曰："文叔少时谨信，与人不款曲，唯直柔耳。今乃能如此！"（《后汉书·光武帝纪下》）

"酣然"谓畅快尽兴的样子。如：

（1）二兄必为之酣然而笑，瞿然而伤也已。（清恽敬《与邱怡亭》）

（2）酣然一觉，便到天亮。（清吴趼人《二十年目睹之怪现状》第五十七回）

"酣适"谓"畅快舒适"。如：

（1）然喜人饮酒，见客举杯徐引，则予胸中为之浩浩焉，落落焉，酣适之味，乃过于客。（宋苏轼《书〈东皋子传〉后》）

（2）诵已，大呼自豪，往往凌其座人，淋漓酣适，若不可羁

御。（清戴名世《涛山先生诗序》）

如果是好的事情，"酣"则有"畅快"义，因此相比较其他的词语而言，"酣"还是饮酒量比较多的，有"尽情"的意思。如：
"战酣"谓战斗正激烈的时候。如：

（1）鲁阳公与韩构难，战酣，日暮，援戈而㧑之，日为之反三舍。（《淮南子·览冥》）

（2）金人闻其名畏惮之。临陈战酣，则精采愈奋，两眼皆赤，时号"张红眼"。（《宋史·张威传》）

"酣叫"谓高声叫喊。如：

（1）镜少与光禄大夫颜延之邻居，颜谈议饮酒，喧呼不绝；而镜静嘿无言声。后延之于篱边闻其与客语，取胡床坐听，辞义清玄，延之心服，谓宾客曰："彼有人焉。"由此不复酣叫。（《南齐书·张岱传》）

（2）凝眸审谛，则陈明允也，不觉凭栏酣叫。（清蒲松龄《聊斋志异·西湖主》）

"酣色"谓浓重的颜色。如：

豉熟擘出，粒粒可数，而香气酣色殊味，迥与常别。（清冒襄《影梅庵忆语》）

"酣足"谓痛快满足。如：

路过着有树阴的青草平地时，特别有一种很难克服的诱惑，总要使你想跨下马去，倒在草茵上，睡他一个酣足。（郭沫若《北伐

途次》）

"酣饫"谓"醉饱"。如：

（1）嗜酒，陶然弹琴以自娱。人以酒肴从之，不问贤鄙为酣饫。（《新唐书·卓行传·元德秀》）

（2）游毕，登肴速舫，主仆皆酣饫，乃送至溪浒，无毫忽怠慢。（明刘基《紫虚观道士吴梅涧墓志铭》）

"酣卧"谓"熟睡"。如：

（1）每番直，常假寐。帝劳曰："公在，我得酣卧。"（《新唐书·李大亮传》）

（2）至圆明园诸宫门，乃竟日裸体酣卧宫门之前。（清昭梿《啸亭杂录·佟襄毅伯》）

"酣春"谓春意正浓。如：

劳劳胡燕怨酣春，薇帐逗烟生绿尘。（唐李贺《河南府试十二月乐词·二月》）

"酣笑"谓尽情欢笑。如：

（1）酣笑争日夕，丝管互逢迎。（南朝齐王融《长歌引》）

（2）或登高赋诗，把笔肆书，奕棋饮酒，清谈酣笑。（明唐顺之《仪宾李公墓志铭》）

（3）怀芷也和着他任情酣笑，把什么都忘了。（叶圣陶《火灾·归宿》）

如果是不好的事情，则有：

"婪酣"谓"贪婪饮食"。如：

（1）婪酣大肚遭一饱，饥肠彻死无由鸣。（唐韩愈《月蚀诗效玉川子作》）

（2）婪酣得饱问便腹，如汝平生相负何？（宋陈造《谢韩干送丝糕》）

"酣淫"谓"恣意淫乐"。如：

武定侯郭勋奸回险谲，太常卿陈道瀛、金赟仁粗鄙酣淫。（《明史·杨名传》）

"酣乱"谓"纵酒荒乱"。如：

朏酣乱不设备，延赏谍知之，遣将叱干遂捕斩朏，复成都。（《新唐书·张延赏传》）

还有"酣畅"谓"畅饮"。如：

（1）阮宣子常步行，以百钱挂杖头，至酒店，便独酣畅。（南朝宋刘义庆《世说新语·任诞》）

（2）述请约，盛陈器玩，与之酣畅。（《资治通鉴·隋文帝开皇二十年》）

（3）此番所得，倒有百金，张相尽付之酒家，供了好些时酣畅。（明凌濛初《二刻拍案惊奇》卷二十七）

"酣畅"还有"畅快、舒适"义。如：

（1）一酌发好容，再酌开愁眉。连延四五酌，酣畅入四肢。（唐白居易《效陶潜体诗》之四）

（2）一日，与他对雪饮酒，正饮到酣畅之际，忽元微之差人来，寄书问候。（清古吴墨浪子《西湖佳话》卷二）

（3）他是笑得那样酣畅，以至于呛咳起来了。（沙汀《记贺龙》）

"酣畅"还可以表示感情饱满，表达尽意。如：

（1）然笔锋恣横酣畅，似尤胜《金瓶梅》。（鲁迅《中国小说史略》）

（2）春风化雨这个辞所包含的诗意，和这儿的"秋云"、"夏云"、"皓月"、"流水"的譬喻比起来，便显示得没有那么酣畅。（郭沫若《奴隶制时代·〈侈靡篇〉的研究》）

（3）在这里，可以见到世纪前青铜器上怪异的人形，"彩陶文化"所特有的酣畅而单纯的花纹。（冯骥才《雕花烟斗》）

还有"酣畅淋漓"形容文章等详尽透彻。如：

（1）惟有以含蓄蕴酿存其忠厚，以酣畅淋漓阐其隐微，则庶几近矣。（清欧阳巨源《〈官场现形记〉序》）

（2）老舍先生写老张的"钱本位"的哲学，确乎是酣畅淋漓，阐扬尽致。（朱自清《〈老张的哲学〉与〈赵子曰〉》）

（3）在另一首里，他的耿耿丹心和峥嵘意志更加表达得酣畅淋漓。（袁鹰《悲欢·不灭的诗魂》）

还有"酣痛淋漓"与"酣畅淋漓"同义。如：

仓卒不工且快意，酣痛淋漓聊一贾。（清魏源《夜雨行》）

还有"酣睡"谓"熟睡"。如：

（1）陈郎酣睡未知晓，采石夜渡江声秋。（元朱德润《读〈隋书〉》）

（2）隶人扶至号中，定远据席酣睡。（清王应奎《柳南随笔》卷一）

（3）现在，船上的人都已酣睡，整个世界也都在安眠，而驾驶室上露出一片宁静的灯光。（刘白羽《长江三日》）

可见，"酣"的醉酒程度比较高，但是还不至于对身体造成太大的影响。

4．酲

《说文·酉部》："酲，病酒也。""酲"是大醉。如：

（1）忧心如酲，谁秉国成。① （《诗经·小雅·节南山》）

（2）泰尊柘浆析朝酲。② （《汉书·礼乐志》）

（3）林下路，水边亭。凉吹水曲散余酲。（元无名氏《捣练子》）

与语素"酲"相结合构成的表示酒后的状态的词语，可以看得出来"酲"的醉酒程度相对较高。

第一，"病酒"类词语。

醉酒本不至于称其为"病"，但很多时候人们也将醉酒的程度深看成"病"。故有"病酲"谓"病酒、醉酒"。如：

（1）孙樵既黜于有司，忽怳乎若病酲之未醒，茫洋若痴人之暝行。（唐孙樵《骂僮志》）

---

① 毛传："病酒曰酲。"

② 颜师古注引应劭曰："酲，病酒也。析，解也。言柘浆可以解朝酲也。"

（2）然公翊日乘骑如故，初不病酲也。（宋钱康功《植杖闲谈·契丹》）

"酲"本来就是"病酒"（因酒而病）之义，其前面又加了"病"来提示，原来隐含于"酲"中的成分"病"呈现了出来，更加清晰地显示了"酲"的含义。

还有"中酲"谓被酒侵袭、伤害。如：

恶客相寻，道先生清晓，中酲慵起。（宋刘克庄《念奴娇·丙寅生日》）

"中酲"含有被动的意味。"中酲"与"病酲"一样，"酲"独用就可以表示"中酲"之义，其前又加了"中"提示，原来隐含于"酲"中的成分"中"呈现了出来，更加清晰地显示了"酲"的含义。

当然，"病酲"与"中酲"呈现的方式还有所不同。"病酲"主要强调的是一个醉酒的状态，而"中酲"更加强调的是"中"，强调的是被动地醉酒这样一个事件，而这个事件的结果就是醉酒。

第二，"酲"醉酒的时间长。

"酲"的醉酒时间比较久，因此程度比较深。有"宿酲"犹宿醉。如：

（1）忧思连相属，中心如宿酲。（三国魏徐干《情诗》）

（2）想对白衣初满倾，执杯未饮已诗成。怀贤孤坐悄无语，不是朝来困宿酲。（宋司马光《和留守相公寄酒与景仁》）

（3）无寐。宿酲犹在。小玉来言，日高花睡。（清纳兰性德《瑞鹤仙·丙辰生日自寿。起用弹指词句，并呈见阳》）

"宿"为隔夜，"宿酲"就是醉酒过了一夜都还没好。

还有"余酲"犹宿醉。如：

（1）烦热近还散，余醒见便醒。（唐刘禹锡《和牛相公题姑苏所寄太湖石兼寄李苏州》）

（2）乍无春睡有余醒，杏苑雪初晴。（前蜀薛昭蕴《喜迁莺》）

（3）余醒未解，又复用酒，尚幸主人见谅，未至醉倒。（郭沫若《苏联纪行·七月十一日》）

"余醒"是醉酒后剩余的酒意，也是醉酒的一个证据。

第三，"解酒"类词语。

因为"醒"严重，醉酒时间长，因此有很多方法来治"醒"之"病"。有"解醒"谓醒酒、消除酒病。如：

（1）天生刘伶，以酒为名。一饮一斛，五斗解醒。（南朝宋刘义庆《世说新语·任诞》）

（2）五斗解醒犹恨少，十分飞盏未嫌多。（唐元稹《放言》）

（3）其所谓花，盖真花也。言其人已去，赖以解醒者，独有此物而已。（金王若虚《滹南诗话》卷下）

（4）余将继续以伧荒之人，译伧荒之事，为诸公解醒醒睡可也译。（林纾译《〈孝女耐儿传〉序》）

又有"析醒"谓解酒、醒酒。如：

（1）清清泠泠，愈病析醒。①（《文选·宋玉〈风赋〉》）

（2）今宾昏酒食，接连相因，析醒什半，弃事相随，虑无乏日。（汉桓宽《盐铁论·散不足》）

（3）搴茗庶蠲热，漱泉聊析醒。（唐杨衡《经端溪峡中》）

（4）余消夏小园，风墙然而四至。虽泠泠可以析醒已疾，而

————————

① 吕延济注："言风之清凉可以差病而解酒醒。"

凄其怒号，不能无爰居之思。（清吴伟业《〈八风诗〉序》）

"析"与"解"同义。

还有"蠲醒"谓消除酒病。如：

> 佐饮时炮鳖，蠲醒数鲙鲈。（唐白居易《和微之春日投简阳明洞天五十韵》）

"蠲"有"除去、免去"义，故"蠲醒"是解酒之义。

因为"醒"的醉酒程度比较高，对人的身体造成了不良的影响，故需要解。从"解酒"类词语也可以看出"醒"的醉酒程度比较高。可见，由语素"醒"构成的词语一般都不是特别好，所以醉酒"醒"已经成为一种病来看待，因此又有诸多"解醒"的方法，因此"醒"这种酒后的感觉应该是一种程度比较深的醉酒。

总之，以上这些由"醒"作为语素构成的词语都显示了"醒"的醉酒程度比较高，由此可以推断"醒"的早期意义应该是"大醉"。

5. 小结

"酺"与酒后的状态无关，故《说文·酉部》所收的五个表示饮食状态的词语，实际上只有"醉"、"醒"、"醺"、"酣"四个词语表示酒后的状态。由上文的论述可知，按照"醉"、"醒"、"醺"、"酣"四个词语的早期意义，它们的醉酒程度如图7-3所示。

图7-3 "醉"、"醺"、"酣"、"醒"醉酒程度示意

实际上，语言具有模糊性，故这种醉酒程度也只是一个大致的排列。酒后状态语义场的变化是一个词语的兴替及此消彼长，此类现象一直存在且一直有词语表示，只是用不同的词语表示而已。

（二）《说文·酉部》醉酒类词语的发展演变

《说文·酉部》"醉"、"醺"、"酣"、"醒"四个字，在古汉语当中的用法相对稳定。发展到现代汉语，这四个词语的发展有了明显的变化：有些已经不多见了，有些则是有了新的发展。鉴于此，我们着重论述这四个字在现代汉语的发展。

1. 醉

《说文·酉部》"醉"条下的"各卒其度量，不至于乱也"是说饮酒适量；"一曰酒溃也"是说饮酒过量。这说明可能在东汉时期，"醉"大多是用来表示饮酒适量，但它也已经开始用作过量饮酒了。"醉"无论是在古代还是在现代，都是表示醉酒状态的常用词语。

发展到现代汉语，"醉"可以表示醉酒程度深，如：

（1）我们醉后常谈些愚不可及的疯话，连母亲偶然听到了也发笑。（鲁迅《朝花夕拾》）

（2）都是你那一天灌醉了我，害我生的病。（钱钟书《围城》）

（3）一旦有了事，她总是醉得人事不醒。（老舍《鼓书艺人》）

（4）先前我还疑惑那晚她是酒醉失性，我后悔不该喝酒，自恨当时也受了热情的支配，不能自持。（茅盾《蚀》）

但在更多情况下，"醉"则成为"醉酒"的泛称。如果要表达醉酒的程度深浅，还可以在"醉"的前面加其他修饰语，构成"微醉"、"有点醉"、"浅浅的醉"、"几分醉"、"三分醉"、"半醉"、"大醉"、"洪醉"、"剧烈的醉"、"泥醉"、"烂醉"等提示"醉"的程度。

2. 醺

"醺"从古至今的用法都差不多，只是在现代汉语当中，"醺"已经不能单独成词表示酒后的状态了，但由它可以作为语素构成"微醺"尚有一定的生命力。如：

（1）若在微醺之后，迎着小风，似睡非睡地躺在藤椅上，听着船底汩汩的波响与不知何方来的箫声，真会教你忘却身在哪里。（朱自清《南京》）

（2）他听见心头又响起那阕《爱情故事》，于是趁着微醺他躺倒在床上。（张贤亮《习惯死亡》）

（3）新春佳节，家人团圆、朋友相聚，吃佳肴、喝美酒，慢尝细品、小酌微醺都是乐事，再加上点儿健康、正当的娱乐活动，更给节日添彩。（《人民日报》1994 年第 1 季度）

（4）每个人都难免会有自我陶醉的时候，尤其是在夜半无人时，薄醉微醺后。（古龙《英雄无泪》）

例（3）"小酌"、例（4）"薄醉"都提示，"微醺"这个词语醉酒程度不高，这也是因为"微"的作用。此外，由例（1）"若"，例（2）"心头又响起那阕《爱情故事》"，例（3）"小酌微醺"，例（4）"夜半无人时，薄醉微醺后"等说法也可以看出，"微醺"在现代汉语中具有一定的书面语色彩。

还有"醉醺醺"，如：

（1）他那不中用的大哥，老是喝得醉醺醺的老婆，还有那蠢闺女大凤！（老舍《鼓书艺人》）

（2）金戒指抱在怀里，静女士醉醺醺地回味着母亲的慈爱的甜味。（茅盾《蚀》）

（3）坐着汽车，醉醺醺，只对你说胡话的那位是谁呀？（曹禺《雷雨》）

（4）大家站起来以后，冯永祥才懒洋洋地站了起来，醉醺醺地说："好，为稳步前进而干杯！"（周而复《上海的早晨》）

由上面的例子可以看出，与古汉语不同，现代汉语的"醉醺醺"含有贬义，与"大醉"接近。如例（1）"不中用"、"老"、"蠢"，例

（3）"说胡话"等词语提示，以及例（2）、例（4）的语境也提示，"醉醺醺"的状态一定不是美好的状态。

3. 酣

在古代汉语当中，"酣"的"饮酒尽兴"义占主导地位，历代文献用例情况见表7－2。

表7－2　　　　　　　　　　　　　　　"酣"历代文献用例

文献	饮酒尽兴	其他	文献	饮酒尽兴	其他
韩非子	4	2	清波杂志	2	0
战国策	5	0	清箱杂记	3	0
史记	19	0	南村辍耕录	8	3
汉书	11	0	三国演义	25	7
三国志	12	0	红楼梦	0	8
南齐书	7	2	聊斋志异	11	19
大唐新语	2	0	孽海花	3	9

由上表可知，"酣"的"饮酒尽兴"义在古汉语当中一直占据主导地位，直到清朝的《红楼梦》、《聊斋志异》、《孽海花》等文献中"酣"的"饮酒尽兴"义才退出了主导地位，而《红楼梦》等清朝文献一般也被视为现代汉语语料。因此，发展到现代汉语，"酣"主要是两种用法：一是饮酒尽兴，如"酣饮"、"半酣"、"酣醉"等；二是泛指尽兴、畅快，如"酣歌"、"酣眠"、"酣睡"、"酣畅"、"酣梦"、"酣战"等。"酣"本与饮酒相关，后与"尽兴"相关的都叫"酣"。与古代汉语不同，在现代汉语当中，用于"尽兴"的"酣"占了绝大多数。北京大学CCL现代汉语语料库中"酣"共有1847条1904例，与饮酒相关的用例有162例，仅占全部用例的8.5%，且其中不少用例为书面用法。可见，在现代汉语当中，"酣"的"饮酒尽兴"义已经淡化，而泛化的"尽兴、畅快"义占据了主导地位。

4. 醒

"醒"在古汉语中的用例较之"醉"、"醺"、"酣"比较少，且意义较为单一，大多为"酒醉后神志不清"义，很少有隐喻用法。检北京大学CCL古代汉语语料库，共计298条308例，均与酒有关。在现代汉语普通话中，无论是独用成词还是作为构词语素，"醒"表醉酒的用法均已消失。检北京大学 CCL 现代汉语语料库，比较可靠的仅张贤亮小说《习惯死亡》中的一例：

> 他觉得满嘴苦涩，和昨天的联系唯有未醒的宿醒，其余的一切都退到神智之后去了。

毫无疑问，这里的"宿醒"应该是复古的书面表达。

总之，上古汉语以单音节词语为主，单音节词语表义并不是特别明晰，故需要有若干单音节词语（如"醉"、"醺"、"酣"、"醒"）来表示醉酒。自中古开始，词语双音化趋势不断增强。双音节词语占优势之后，就没有必要有那么多表示醉酒的单音节词语了，因此部分单音节词语逐步分化，最终形成了现代汉语醉酒类词语的格局。

第五节　明确词语结构是准确理解词义的津梁

相对而言，汉语语法研究注重形式，故目前一再强调在注重形式的同时不能忽视意义。而汉语词汇研究恰恰相反，即词汇研究一向注重意义，对构词法等词语形式方面的研究还远远不够。长期的实践证明：无论是语法研究还是词汇研究，形式与意义都是不可忽视的重要因素。内容与形式具有辩证关系，二者对立统一，互相作用。

一　"要理解复音词的词义，应当从结构入手"①

早期汉语词汇以单音节为主，从东汉时期开始，汉语词汇的主体构成部分逐渐走向了复音化。在汉语词汇复音化的过程中，也伴随着一些

---

① 王云路：《试论复音词的结构关系与成词理据》，《古汉语研究》2013 年第 4 期。

语言现象值得我们去深入挖掘，其中很重要的一部分就是词语的结构。王宁指出："现代汉语还有不少双音词，早在古代结合，结合的理据存于先秦，而在结合后又作为一个词的整体意义引申，遂使现代用意与构词的意图脱节，一旦寻其造词理据，分析结构方式，仍必须向上追寻。"① 万献初指出："我们分析一个汉语词的内部构成（internal construct），常常要追索这个词的构成理据。词的构成理据，是指构词命名时所依托的理由和根据，词的理据为不同事物的得名和同类事物的异名区别提供了重要的依据。"② 王艾录指出："辨识复合词内部形式，并非从形式得知内容，而是内容得知形式，这是因为语法结构是由语义结构决定的，而不是相反。汉语没有严格意义上的形态，所有语法形式都是语义结构的某种外在体现，所以把语义结构作为依据来判定复合词的结构方式，所得结论是有依据的。反之，如果不明复合词的语义结构，判定其结构方式就失去依据，所得结论是不可靠的。结构关系名称所反映的归根到底是词根之间的语义关系，或者说得更直接一些，在汉语里，语法是反映语义的。"③ 王艾录又指出："弄清它们的造词理据，才能够弄明白它们的内部形式；弄清楚它们的内部形式，才能够弄清楚词中各语素之间的语义关系；弄清楚语素之间的语义关系，才能够进行复合词的结构方式归类。"④ 王云路师明确提出："要理解复音词的词义，应当从结构入手。"⑤ 毋庸置疑，要想深入理解词义，把握词语的结构是其中重要的一个环节。在此本书以"烹饪"一词为例来探讨这一问题。

---

① 王宁：《现代汉语双音合成词的构词理据与古今汉语的沟通》，载周荐编《二十世纪现代汉语词汇论文精选》，商务印书馆 2004 年版，第 94 页。

② 万献初：《汉语构词伦》，湖北人民出版社 2004 年版，第 10 页。

③ 王艾录：《复合词内部形式探索——汉语语词游戏规则》，中国言实出版社 2009 年版，第 67—68 页。

④ 同上书，第 68 页。

⑤ 王云路：《试论复音词的结构关系与成词理据》，《古汉语研究》2013 年第 4 期。

二 说 "烹饪"

"烹饪"是为人们熟知的一个词语,义为"烧煮食物、做饭菜"。然而"烹饪"一词是什么结构?如何成词?为什么会有这一意义?针对这些问题,我们从"烹"、"饪"入手,对"烹饪"一词的结构及成词过程等相关问题进行分析。

(一)烹

"烹"字后起,其字形及说解不见于《说文》。关于"烹"的来源,古今很多学者都有过论述。"烹"来源于"亯"已经成为学者们的普遍共识。如王筠《说文解字句读》:"亯,许两切,又普庚切,又许庚切。今作享、烹、亨三形。"① 杨树达《卜辞求义》:"古文亯字,后世分化为享亨烹三字。"② 然而,"亯"的本义是什么?它又是如何分化为"享"、"亨"、"烹"三字?关于这些问题,目前学界依然是众说纷纭。因此,我们首先从"亯"说起。

关于"亯"的本义,目前学界有如下几种看法:

①进献熟物的器具。此说承《说文》之"象进孰物形"。持此说的学者如林义光、朱芳圃等。

②享献之所。持此说的学者如吴大澂、王国维、罗振玉、李孝定、赵诚、白玉峥、李品秀等。

③穴居。持此说的学者如徐中舒。

④一般建筑物。持此说的学者如黄锡全、王慎行等。③

⑤浑沌语。即初始"亯"并非单义、单性词,而是浑沌语,涵摄宗庙、烹饪、献、飨、享有(天命、国)、保佑、亨通等义。

---

① 王筠:《说文解字句读》,中华书局1988年版,第188页下。
② 杨树达:《卜辞求义》,上海古籍出版社2006年版,第21页。
③ 以上四种看法参考了李品秀的研究成果,但稍有改动。(李品秀:《释"享"》,《乐山师范学院学报》2010年第3期)

持此说的学者为肖娅曼。①

面对如此多的看法，我们首先从殷商卜辞、两周铭文及《说文》入手进行探讨。殷商卜辞、两周铭文及《说文》均不见字形“享”、“亨”、“烹”，但“亯”在这三种文献中均已出现。如商承祚《殷契佚存》五二四：“丁亥卜，𣪘贞：朁亯[illegible]于雇。”《杜伯盨》：“用亯孝于皇神祖考。”②《说文·亯部》依据小篆形体“亯”对“亯”进行说解曰：“亯，献也。从高省。曰象进孰物形。《孝经》曰：‘祭则鬼亯之。’𦎫，篆文亯。”③ 笔者认为，“亯”的本义就是许慎所说的“献”，具体而言即进献贡品以祭，是古代祭祀的一种。值得注意的是，这种“亯”祭应该是以熟食进献祖先或神祇。根据“亯”的语义特征可以推断，其引申过程当如图 7－4 所示。

由此图可知，“亯”由“以熟食进献以祭”义引申出“享用”、“通达、顺利”、“烹煮”三个义位，这三个义位在后代分别用“享”、“亨”、“烹”来表示。我们从“亯”的古文字字形以及历代字书中也可以找出一些关于“亯”分化过程的证明材料。

关于《说文》“亯”条，徐灏注笺曰：“享即亯字，小篆作𦎫，因

---

① “浑沌语”说独树一帜，在此简单做一介绍。肖娅曼认为：“前人训诂学上的本义引申义说，文字学上的古今字说，音韵学上的音转说，都是单纯—复杂说。上古‘亯’后来分化为享（xiǎng）、亨（hēng）、烹（pēng），笔者认为，从‘亯’到‘享’、‘亨’、‘烹’的发展不是由单纯因引申而复杂，而是由浑沌到分化，即初始‘亯’并非单义单性词，而是浑沌语，涵摄宗庙、烹饪、献、飨、享有（天命、国）、保佑、亨通等义，反映殷周时代‘亯’这件盛事的交际活动（献—飨）、交际关系［献者—享者（神鬼）］、交际目的（献者祈求神鬼赐福）、交际效果（献者得到神鬼保佑而有国、有位）等完整事件和‘享’文化观。按笔者提出的混沌语言学的观点，语言的初始样态不是单性单义的词及其组合，而是浑沌语。语言的词汇系统、语法系统、语音系统均源于浑沌语的分化。浑沌‘亯’后来分化为‘烹、享、亨’，语义上，将‘亯’原本浑然一体的‘亯’活动分化为三个阶段：烹—享献—亨通；语法上，将‘亯’这一浑沌语分化为动词‘烹’、动词‘享’、形容词‘亨’；语音上，将‘亯’（xiǎng）分化为 xiǎng（享）、hēng（亨）、pēng（烹）。‘亯’的浑沌性与分化性是浑沌语言学的典型例证。”（肖娅曼：《上古“亯”的浑沌性与分化性——浑沌语言学的一个古汉语例证》，《汉语史研究集刊》（第十五辑），巴蜀书社 2012 年版，第 355—370 页）

② 此二例转引自方述鑫等《甲骨金文字典》，巴蜀书社 1993 年版，第 404 页。

③ 《说文·亯部》：“𦎫，篆文亯。”

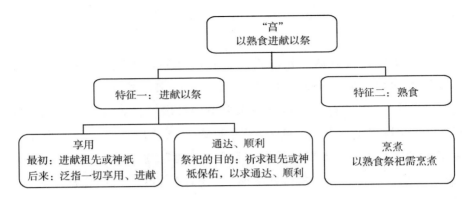

图 7-4 "亯"的词义引申

变为享。"《段注》曰:"据玄应书,则亯者,籀文也。小篆作亯,故隶属作亯。作享,小篆之变也。"此外,《玉篇·亯部》:"亯,今作享。"《集韵·养韵》:"亯,隶作享,古作亯。"可见,根据《说文》或体"亯","亯"最终隶化为"亨"或"享"。这样就对身兼数义的"亯"进行了分化,减轻了它的负担。

从历代文献记载可以看出,"亨"具有"亯"的所有主要义位。

"亨"之"通达、顺利"义,如《易·坤》:"坤厚载物,德合无疆,含弘光大,品物咸亨。"《后汉书·周燮传》:"夫修道者,度其时而动。动而不时,焉得亨乎?"

"亨"除了用作"通达、顺利"义外,"烹煮"义也是其重要用法。《集韵·庚韵》:"烹,煮也。或作亨。"如《易·鼎》:"以木巽火,亨饪也。圣人亨以享上帝,而大亨以养圣贤。"① 《诗经·豳风·七月》:"七月亨葵及菽。"《周礼·天官冢宰》:"内饔掌王及后世子膳羞之割亨煎和之事。"② 《老子》:"治大国若亨小鲜。"《汉书·高帝纪》:"羽亨周苛,并杀枞公。"③ 我们也可以在一些复音词中看出,如"亨鲜"《汉魏南北朝墓志集释·元义墓志》:"妙识屠龙之道,深体亨鲜之术。"

---

① 陆德明释文:"亨,本又作亯,同普庚反,煮也。"
② 郑玄注:"亨,煮也。"
③ 颜师古注:"亨,谓煮而杀之。"

"亨人"指古代司炊之官。如《周礼·天官冢宰》："亨人掌共鼎镬，以给水火之齐。"① "亨煮"谓烧煮食物。如《周礼·天官冢宰》："职外内饔之爨亨煮，辨膳羞之物。""亨孰"谓煮熟。如《礼记·祭义》："亨孰膻芗，尝而荐之，非孝也，养也。""亨醢"是古代的酷刑。把人用鼎镬煮杀或者剁成肉酱。《汉书·江充传》："充遘逃小臣，苟为奸讹，激怒圣朝，欲取必于万乘以复私怨。后虽亨醢，计犹不悔。"

"亨"还有"祭祀"、"进献"义，如《易·大有》："公用亨于天子，小人弗克。"②《隶释·张公神碑》："时钧取兮给亨献，惟公德兮之所衍。"

而"享"所承担的主要意义为"祭祀"、"进献"或"享用"，如《尚书·盘庚上》："兹予大享于先王，尔祖其从与享之。"《尚书·洛诰》："汝其敬识百辟享，亦识其有不享。"③《左传·僖公二十三年》："保君父之命而享其生禄，于是乎得人。""享"也可以用作"烹煮"义。《类篇·宀部》："享，煮也。"如《墨子·非儒下》："孔某穷于蔡陈之间，藜羹不糂。十日，子路为享豚，孔某不问肉之所由来而食。"④《睡虎地秦墓竹简·为吏之道》："享牛食士。"与"亨"的不同之处在于"享"不用于"通达、顺利"，这样就分化了"亯"或"亨"的职能。

烹煮食物需要火作传热介质，故后"煮"义的"亨"又加了义符"火"作"烹"。《正字通·宀部》云："亨与烹同。古惟亨字兼三义，加四点作烹。"这也道出了"亨"作"烹"的原因。大概在秦汉时期"烹"出现，表示"烹煮"义。如《左传·昭公二十年》："水火醯醢盐梅，以烹鱼肉，燀之以薪。"⑤《史记·孝武本纪》："禹收九牧之金，铸九鼎，皆尝鬺烹上帝鬼神。"⑥

---

① 贾公彦疏："亨人主内外饔爨灶亨煮之事。"
② 陆德明释文："众家并香两反。京云：献也。干云：享宴也。姚云：享祀也。"
③ 孔传："奉上之谓享。"孔颖达疏："享训献也，献是奉上之词，故奉上之谓享。"
④ 孙诒让《墨子间诂》引毕沅云："享即烹字。"
⑤ 杜预注："烹，煮也。"
⑥ 裴骃集解引徐广曰："烹，煮也。皆尝以烹牲牢而祭祀也。"

当"烹"出现之后，几乎专用于"烹煮"义，故"亨"、"享"之"烹煮"义让位给"烹"，又分化了"亨"、"享"（尤其是"亨"）的职能。在语言自我调节机制的作用下，"亨"主要用于"通达、顺利"义，"享"主要用于"进献、享用"义，而"烹"则主要用于"烹煮"义。

"亯"字的分化过程如图 7-5 所示。

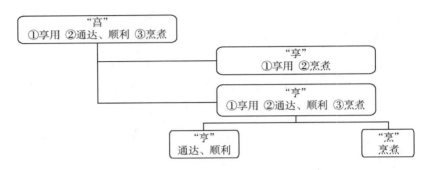

图 7-5　"亯"的字形分化示意

由此可见，"亯"字分化为"亨"、"享"、"烹"三字也有其先后顺序及层级关系，并非均由"亯"直接分化而来。还有学者认为"亨"、"享"、"烹"三个词语"古通用"，这也并不准确。在上古时期，"亨"兼有"享用"、"通达、顺利"、"烹煮"三义，"享"有"享用"、"烹煮"二义，而"烹"仅"烹煮"一义，三者并非可以通用。

总之，经过发展、分化、竞争、选择等一系列过程，表示"煮"义的烹饪方式"烹"产生。

（二）"饪"及"烹饪"

"饪"为"熟"义。《说文·食部》："饪，大熟也。"《广韵·寝韵》："饪，熟食。"《仪礼·士昏礼》："其实特豚合升，去蹄，举肺脊二，祭肺二，鱼十有四，腊一，肫髀不升，皆饪。"[1]《论语·乡党》："失饪，不食。"[2]"失饪"谓烹调生熟失宜。又有"饪餗"指鼎中煮熟

---

① 郑玄注："饪，熟也。"
② 何晏注："孔曰：'失饪，失生熟之节也。'"

的佳肴美味。如唐王翰《奉和圣制同二相已下群官乐游园宴》："饪铄调元气，歌钟溢雅声。"

可见，"饪"是形容词，本为"熟"义。又有"饪熟"同义连言，表"烹调"义，如《魏书·赵琰传》："孝心色养，饪熟之节，必亲调之。"《方言》卷七："腤、饪、亨、烂、糦、酋、酷，熟也。自关而西秦晋之郊曰腤，徐扬之间曰饪，嵩岳以南陈颍之间曰亨。自河以北赵魏之间火熟曰烂，气熟曰糦，久熟曰酋，谷熟曰酷。熟，其通语也。"可见，"饪"作"熟"义是徐、扬之间的方言，而"熟"是通语。又有"饪熟"一词，可以用来指"烹调"，如上文《魏书·赵琰传》"饪熟之节"即其例。"饪熟"为同义连言。此外，"饪"更多的是用来表示食物的"熟"，而"熟"则是泛称，含"成熟"义。

"烹饪"连用在《易经》中已经出现。《易·鼎》："以木巽火，亨饪也。"此"亨饪"是两个词，谓"亨之使饪"。"烹饪"连用表"烹煮"义，大概在魏晋时期也已出现，如《三国志·魏书·钟繇传》注引《魏略》："盖鼎之烹饪，以飨上帝，以养圣贤，昭德祈福，莫斯之美。"晋陆机《羽扇赋》："夫创始者恒朴，而饰终者必妍。是故烹饪起于热石，玉辂基于椎轮。安众方而气散，五明圆而风烦。未若兹羽之为丽，固体俊而用鲜。"唐宋以后"烹饪"的用例逐渐多了起来，如唐孙逖《唐济州刺史裴公德政颂序》："蔬食以同其烹饪，野次以同其燥湿。"宋陆游《食荠十韵》："采撷无阙日，烹饪有秘方。"《明史·乐志二》："烹饪既严，登俎惟肃。"清蒲松龄《聊斋志异·湘裙》："俄而肴蒇罗列，烹饪得宜。"直到现在，它依然是个常用词，活跃在现代汉语中。

"烹"是个常用的表示烹饪方式的动词，而"饪"作"熟"义典籍中少见，可能正如《方言》所说，它是个方言词。故"烹饪"连用，"饪"的含义隐而不显，其重点在"烹"。后来"饪"受到"烹"及"烹饪"的影响，也逐渐沾染了动词"烹"或"烹饪"的意思。如"饪鼎"谓烹饪的鼎，比喻朝廷大政。《魏书·咸阳王禧传》："元弟禧虽在事不长，而戚连皇极，且长兼太尉，以和饪鼎。""饪鼎"又可以倒作"鼎饪"，喻治理国政或治国的大臣。如唐康骈《剧谈录·刘相国宅》：“虽谪居累年，再升鼎饪，奸邪之口不能掩其善，魑魅之域不能陷其身。”《旧唐书·贾耽传赞》：“元靖吁谟，真谓纯儒。手调鼎饪，心运地图。”宋叶适《寄李季章参政》：“已著鼎饪利，不共水火争。”

由食物的状态“熟”诱发，“饪”又可以转指名词熟食。有“茵饪”指寝食。如宋楼钥《送王木叔推官分韵得锦字》：“愿君疏药裹，一意护茵饪。”又有“调饪”谓喻任宰相之职，治理国家。如《旧唐书·陆贽传》：“贽居珥笔之列，调饪之地，欲以片心除众弊，独手遏群邪。”

然而，“饪”的动词及名词用法都较为晚起，且用例不多，当是“饪”形容词用法的衍生。故“烹饪”的结构当为动补式，即“烹（动词性语素，‘煮’义）＋饪（形容词性语素，‘熟’义）”。

表“熟”义，“饪”是方言词，“熟”是通语，故表示食物被煮熟，一般用“熟”（古用“孰”）。如“亨孰”谓煮熟。如《礼记·祭义》：“亨孰膻芗，尝而荐之，非孝也，养也。”现在还有“煮熟”、“做熟”、“蒸熟”、“烤熟”等说法。很明显，这些词语均为动补式，这也可以看作“烹饪”一词的结构为动补式的旁证。然而“烹饪”又与“×孰（熟）”不同，“×孰（熟）”重在结果“熟”，而“烹饪”则重在动词“烹”。造成这种差异的原因大概是“饪”的“熟”义并不为人们所熟知，故“烹饪”成词后，转而成为“烧菜做饭”的统称，一直沿用至今。

（三）小结

总之，“烹饪”为动补结构，最初为词组，表“烹煮致熟”义；后凝固成词，表“烧煮食物、做饭菜”义，重在“烹”。“烹饪”作为一种技艺，它的产生是在人类对火的认识及利用之后。如果没有火，人们无法获得熟食，也就无所谓“烹饪”了。

词语结构研究在词汇研究中具有重要意义，这是我们在词汇研究中应当予以重视的环节。此外，词语结构研究也是认识词组、句子等的重要步骤。赵春利指出：“词语组合是衔接词汇学和句法学的纽带和中转站，基于词汇、面向句法的词语组合，特别是实词组合规律的研究，是打通词汇学和句法学的中枢环节，是验证以语义为核心的语义语法理论是否正确以及检验双向选择这一方法论是否有效的关键领域。"① 赵春利指出："在理论语言学界，句法学和词汇学之间尚存在着相当程度的隔阂，词语组合研究为打通词汇学和句法学之间的关系铺设桥梁。"② 这是以词语为研究核心，讲了词组在语法研究中的重要性。复音词由很多经历了单音节词与单音节词组合的词组阶段，最后凝固成词。然而现有的复音词却不仅仅是由词组凝固而来，还有很多其他的方式。因此，复音词的结构远远要比词组结构复杂得多。如果我们可以突破复音词结构这一难题，不仅对于词组研究有帮助，而且对于句法研究也有极大的帮助。

第六节　文化对语言的影响不容忽视

语言具有社会性，进行语言研究时不得不考虑外部因素。语言是人类特有的交际工具，它在人类活动中产生，在人类活动中演变。离开了人类活动，语言恐怕既不能产生，更不能演变。人类活动和语言之间有着相互依存、不可分割的密切关系。就以上所讨论的可能导致语言变化的四个因素而言，无一例外地与人类活动有关。英国语言学家科瑞福特（Croft）曾说："Language don't change; people change language."③（语言没有变化，人类改变了语言），虽然这句话本是反对语言演变说的一个比较极端的说法，但在某种程度上也不无道理，它至少可以告诉我们：语言本是一种客观存在的现象，只是因为有了人类活动，才会使其产生、发展、演变。值得注意的是，文化也是社会生活的一部分，文化对汉语词汇的影响也是巨大的。

---

① 赵春利：《现代汉语形名组合研究》，暨南大学出版社 2012 年版，第 3 页。
② 同上书，第 11 页。
③ Croft, *Typology and Universals*, Cambridge: Cambridge University Press, 1990, p. 257.

一 语言与文化的关系

在我国漫漫历史长河中，积淀了深厚而辉煌的民族文化，而在这些民族文化中，很多都与饮食有着不可分割的联系。《管子·牧民》云："仓廪实则知礼节，衣食足则知荣辱。"《礼记·礼运》云："夫礼之初，始诸饮食，衣食足然后知礼仪。"《墨子·七患》指出："凡五谷者，民之所仰也，君之所以为养也。故民无仰，则君无养；民无食，则不可事。"《汉书·食货志》曰："《洪范》八政，一曰食，一曰货。食谓农殖嘉谷可食之物，货谓布帛可衣，及金刀龟贝，所以分财布利通有无者也。二者，生民之本，兴自神农之世。'斫木为耜，煣木为耒，耒耨之利以教天下'，而食足；'日中为市，致天下之民，聚天下之货，交易而退，各得其所'，而货通。食足货通，然后国实民富，而教化成。"又《郦食其传》云："王者以民为天，而民以食为天。"如此等等。可见，自古以来，无论是宫廷贵族还是市井细民，饮食问题都是与人们日常生活密切相关的基本问题之一。

原始先民茹毛饮血，《礼记·礼运》云："昔者先王未有宫室，冬则居营窟，夏则居橧巢。未有火化，食草木之实、鸟兽之肉，饮其血，茹其毛。"《白虎通义·号篇》云："古之时未有三纲六纪，民人但知其母，不知其父，……饥即求食，饱弃其余。茹毛饮血，而衣皮苇。"不可否认，当时人们饮食的目的也只是为了果腹，根本谈不上是享受，更不能称其为文化。后来，人们学会了钻燧取火，《韩非子·五蠹》曰："上古之世，……民食果蓏蚌蛤，腥臊恶臭而伤害腹胃，民多疾病。有圣人作，钻燧取火，以化腥臊，而民说之，使王天下，号之曰'燧人氏'。"火的运用使人类饮食有了质的飞跃。随着生产力的发展，饮食的原材料、工具、制作方式等不断改进，在温饱的基础上人们对饮食有了新的追求。《黄帝内经·素问》曰："五谷为养，五果为助，五畜为益，五菜为充，气味合而服之，以补精益气。"周海鸥认为《素问》中，"这种食养模式，确立了几千年来中国人的健康饮食结构"①。这种与我国传统文化密切相关的注重"调和"的饮食思想，逐渐形成了我国璀璨的饮食文化，成为我国文化中不可或缺的组成部分。

语言是人类最重要的交际工具，它与文化有着千丝万缕的联系。张公瑾指出："语言是一个民族历代智慧的积累，是一个文化的结晶体，它包容着一个民族长期创造性活动的成果。人们常说语言是智慧的宝库，是一个民族的精神财富，这说明语言也是文化，是一种文化现象。……从发展的观点看，语言与历史同步，现存语言是各个历史时期的因素积累起来的综合体。历史上存在过的各种文化现象，都要在语言中留下投影。"② 毫无疑问，中国饮食文化与汉语之间有着密切的关系，中国饮食文化不可避免地会对汉语产生影响。邵敬敏指出："文化对语言的影响是不均等的。……反映在词汇（甚至包括文字）上最浓烈、明显、突出、集中，而在语音、语法上则比较清淡；反映在言语的使用上比较显豁、典型，而反映在语言系统本身上则比较含蓄、隐蔽。"③

因此，语言与文化之间存在着不可分割的关系：文化因为语言而传播更广泛，流传更久远；语言由于受到文化的浸染而更加丰富多彩。在文化的影响下，必然也会产生一批特色鲜明的词语。

本书着重分析中国饮食文化影响下的汉语词汇。中国饮食文化对汉语语词的影响主要有二：一是导致语词意义的引申；二是构造新的语词。对此，我们以"炒作"义"炒"族词语的感情色彩以及"玉"制饮食器具的独特内涵两种现象为例加以说明。

二　"炒作"义"炒"族词语多含贬义的由来

由本书第三章第三节的论述中可以得知，"炒"的目的一般是想要

① 周海鸥：《食文化》，中国经济出版社 2011 年版，第 10 页。

② 张公瑾：《语言的文化价值》，载邵敬敏主编《文化语言学中国潮》，语文出版社 1995 年版，第 46—47 页。

③ 邵敬敏：《关于中国文化语言学的反思》，载邵敬敏主编《文化语言学中国潮》，语文出版社 1995 年版，第 85 页。

获得"名"或"利"。这不属于"炒"本身的特征，而是"炒"的结果。如：

（1）一些人凭借权力、关系，谋得"一手地"，高价炒卖，一夜之间便获取暴利。（1994年《报刊精选》）

（2）因此，靠社会的炒将文化的身价一时抬上去。（同上）

（3）有些单位，只要能批到土地，都通过炒房地产发了财。（同上）

（4）许多人是通过炒卖楼花获取了暴利。（同上）

（5）有一些"皮包"公司"趁火打劫"，利用炒楼大发横财，楼价越炒越热，房价之高已经远远脱离房屋本身的价值。（同上）

（6）期货"一炒就赚"吗？（《人民日报》1994年第2季度）

（7）"国家队"不能参与任何形式任何性质的炒谋暴利事情！（同上，1996年1月）

（8）炒艺术的实质是在炒人，目的是双方受益。（同上，1996年2月）

（9）前一时期报刊电视上的捧星、炒星热，社会上的追星族，都是一些所谓"明星"的成功基因。（同上，1996年12月）

（10）美国规划师协会国际委员张庭伟认为，概念炒作无非为了利润，并不是出于改善人居的考虑。（新华社2004年新闻稿）

人们花费时间和精力去炒作，必然是为了名或利。正如1994年《报刊精选》所说："现实的行动中，'炒'是有极大的吸引力的，人们总是主动地去炒，高兴被人炒。"然而，"炒"一般而言，并不是按部就班地获得"名"或"利"，而是具有投机或者不好的意思。如：

（1）清理整顿开发区和房地产市场，制止盲目圈占土地和炒卖地皮的行为。（1994年《报刊精选》）

（2）在经济体制还未完全走上正轨的时候，社会上投机的因

素很大，"炒"是避免不了的。（1994年《报刊精选》）

（3）产销脱钩，盐价失衡，私盐泛滥，劣质平锅盐炒得热火朝天，无碘盐引起的地甲病卷土重来……（同上）

（4）之所以用"泡沫"来形容这种现象，是因为这种市场价格是人为炒上去的，是不切合经济发展的实际情况的。（同上）

（5）几十元的小机电产品，哄骗炒卖到几百元。（同上）

（6）扎沃斯并不代表主流科学，他和同事只是在寻求炒作，而不是在推进科学。（新华社2004年新闻稿）

（7）他呼吁投资者要有清醒的认识，社会对此不要炒作。（同上）

（8）记者了解到，刘顺新被司法审查，可能与其涉嫌拆借约20亿元资金炒作港股有关。（同上）

（9）个别地方游资炒作房地产造成房价泡沫，造成地价非理性上涨。（同上）

（10）这种充斥许多文化娱乐、社会新闻报道中的恶意炒作和低俗之风必须刹住！（同上）

（11）同时也希望有关媒体尊重事实，不要随意炒作。（同上）

（12）空洞的商业炒作可以欺人一时，不可欺人一世。（同上）

（13）同时，需要指出的是，部分日本媒体将少数人的行为过分炒作和渲染，甚至与政治挂钩，对此我们表示遗憾。（同上）

（14）公安部有关部门负责人认为，这一报道严重失实，是极不负责的新闻炒作。（同上）

（15）传媒炒得再热，制造的悬念再多，也终究掩饰不了内容的苍白空洞。（同上）

通过"炒"可以快速获得"名"或"利"，而这种方式是市场经济的产物，它与中国传统文化并不融合。

第一，从"炒"的目的（追逐"名"或"利"）的角度来说，以"炒作"的方式获得"名"或"利"为君子们所不齿。如：

（1）非淡泊无以明志，非宁静无以致远。（三国蜀诸葛亮《诫子书》）

（2）闲静少言，不慕荣利。（晋陶渊明《五柳先生传》）

（3）劝君少干名，名为锢身锁。劝君少求利，利是焚身火。（唐白居易《闲坐看书贻诸少年》）

（4）莫言名与利，名利是身仇。（唐杜牧《不寝》）

（5）草色人情相与闲，是非名利有无间。（唐杜牧《洛阳长句》）

（6）不以物喜，不以己悲。（宋范仲淹《岳阳楼记》）

类似的表达在历代文人的笔下并不少见，而"炒"具有明显地追逐名利的目的，因此"炒"并不是人们所能普遍接受的方式。

第二，"炒"获得名利的方式"快速"也与我国传统文化不相协调。如：

（1）无欲速，无见小利。欲速则不达，见小利则大事不成。（《论语·子路》）

（2）积土成山，风雨兴焉；积水成渊，蛟龙生焉；积善成德，而神明自得，圣心备焉。故不积跬步，无以至千里；不积小流，无以成江海。骐骥一跃，不能十步；驽马十驾，功在不舍。锲而舍之，朽木不折；锲而不舍，金石可镂。（《荀子·劝学》）

（3）且墉基不可仓卒而成，威名不可一朝而立，皆为之有渐，建之有素。（《三国志·魏书·武文世王公传评》裴松之注引《魏氏春秋》）

（4）博观而约取，厚积而薄发，吾告子止于此矣。（宋代苏轼《稼说送张琥》）

可见，中国传统文化推崇水滴石穿、积少成多、厚积薄发，办事不可急功近利、急于求成，"中庸"、"温和"是人们追求的目标，而这些观念都与"炒"及"炒"族词语的依靠投机等手段快速获得名利相违背。因此，通过隐喻新产生的"炒"族词语具有一定的贬义色彩，这一点由上文的例证也可以明显地看出来。

三　载德之"玉"与玉质饮食器具

《说文·玉部》："玉，石之美。有五德：润泽以温，仁之方也；鰓理自外，可以知中，义之方也；其声舒扬，专以远闻，智之方也；不桡而折，勇之方也；锐廉而不枝，絜之方也。"有些玉质饮食器具就被赋予了这些美好的寓意，比如：

唐王昌龄《芙蓉楼送辛渐》："寒雨连江夜入吴，平民送客楚山孤。洛阳亲友如相问，一片冰心在玉壶。"这是王昌龄任江宁丞时送别朋友辛渐乘舟去洛阳而作的一首送别诗。一夜寒雨过后，诗人在芙蓉楼与友人话别，这时只有晨光映照着远处的山峦。他嘱咐朋友，如果远方的亲友问起"我"，请把"我"清廉正直的心意传达给他们。

离别本为凄凉之事，但本诗却不像其他的送别诗那样极力抒发对友人的眷恋之情，而是重在展现诗人纯洁的情感和高尚的志趣。诗中美酒与美器相得益彰，表现出诗人乐观开朗的情怀。本诗最为传神的一句便是"一片冰心在玉壶"，即"冰心"在"玉壶"之中。"冰"、"玉壶"都是很纯洁的东西，它们晶莹透明、清澈无暇，诗人用此比喻自己的清廉与淡泊，还如当年布衣时一般，永远不会改变。现代汉语仍有"冰清玉洁"之说。

总之，"玉壶"的这种美好寓意，是由"玉"的特质所决定。诗人巧妙地以"冰心玉壶"自喻，文字简练，典雅蕴藉，意味深长，给人留下了深刻的印象。"美食配美器"，然而美器之中不仅承载了美食，也承载了情趣之美，人格之美，人生之美。

结　语

　　本书主要从语言学的角度对汉语饮食词汇进行分析，挖掘了一批汉语饮食词语的来源、结构、意义、成因及特点等，并探索、归纳了一些关于汉语词汇学方面的理论与方法。相信本书的研究成果可以为汉语词汇学以及文化学等相关领域的研究提供参考。此外，由于汉语饮食词汇涉及的范围较广，我们或许还可以从其他角度入手，对饮食词汇做出更加全面的研究。

一　本书的主要结论

　　综合主体部分，本书的主要结论如下：

　　（一）对汉语饮食词汇进行全面、系统地研究很有必要，也很有价值。汉语饮食词汇在我们的日常生活中比较常见，然而正因为常见，所以容易被人们忽视，认为它们没有研究的必要，更有甚者认为饮食词汇不登大雅之堂，难以成为倾力钻研的对象。然而对于大部分饮食词语，我们能够做到知其然，但未必能够做到知其所以然。由是观之，饮食词语是我们日常生活中不可或缺的部分，对它们进行研究，实际上在汉语词汇史上具有特殊重要的作用，可以使我们看到一些其他类词语难以涵盖的现象。

　　（二）"民以食为天"，"夫礼之初，始诸饮食"，饮食是人类的生存基础，与每个人息息相关，而广大人民群众又是语言的创造者和使用者，故汉语饮食词汇与其他类词汇相比特色更加鲜明。整体看来，汉语饮食词汇的特点主要有如下三个：第一，历史悠久。从殷商卜辞以及《说文》中数量众多的饮食词语就可以说明这一点。第二，数量大、分布范围广。第三，隐喻、转喻用法繁多。其中第三个特点应该是汉语饮食词汇最重要的特点。当然，汉语饮食词汇的这三个特点并非彼此对立，而是你中有我、我中有你，相互融为一体。

（三）结构研究在对汉语复音词的研究过程中有着至关重要的作用。复音词结构研究也是沟通词汇、词组、句子的重要环节之一。词的"核心义"对复音词的语素搭配具有制约性，"核心义"理论可谓汉语词汇学理论的一个新的成果，对汉语词汇学研究具有一定的促进作用。语素研究对汉语研究（尤其是汉语词汇研究）而言，意义重大。在以往的研究当中，我们对语素的关注还不够，日后可以在这方面投入更多的思考。

（四）语言具有社会性，文化也是社会生活的重要部分，语言与文化之间有着密切的关系。文化的变迁会在语言当中有所反映，我们可以通过语言来探寻文化的足迹。文化因为语言而传播更广泛，流传更久远；语言由于受到文化的浸染而更加丰富多彩。在我国漫漫历史长河中，积淀了深厚而辉煌的民族文化，而在这些民族文化中，很多都与饮食有着不可分割的联系。在中国饮食文化的影响下，汉语产生了一批意义鲜明的词语。中国饮食文化对汉语词汇的发展、演变有着重要的影响。在研究的过程当中，我们应当充分考虑汉语饮食词汇与中国传统文化之间的关系，这样可以更加深入地理解汉语饮食词汇。

二　本书的不足之处及前景展望

语言复杂而富有变化，不可否认，汉语饮食词汇应当还可以从其他角度展开研究。在今后的研究当中，我们可以尝试从不同的角度去看待汉语饮食词汇，以期能够有更多的收获。

（一）更加深入、透彻地对汉语饮食词汇进行研究

汉语饮食词汇涉及的词语数量非常庞大，值得仔细玩味的词语也是浩若烟海，如果希望在一本专著当中把汉语饮食词汇面面俱到地研究透彻还是有些困难。我们今后可以从饮食词汇的次类入手，继续加强本体研究，逐渐把每一类词语都研究透彻，在此基础上再做出更多探索，使得微观与宏观有机结合，争取为相关研究做出更大的贡献。这项工作虽然艰巨，但意义重大。

（二）将汉语饮食词汇研究纳入汉语史的研究当中

汉语饮食词汇是汉语词汇系统当中非常重要的一部分内容，将汉语饮食词汇研究透彻绝不是我们的终极目标。在一定阶段，我们还需要将汉语饮食词汇研究自觉纳入汉语词汇史、汉语史的研究范畴。关于优化汉语饮食词汇研究的历史地位这一问题，本书已经做了一些尝试，但还需要在研究不断深入的基础之上继续加强这方面的探索。

（三）结合方言、外语等做类型学方面的比较研究

从 20 世纪 80 年代开始，国外（尤其是欧美）语言学界在对语言研究的过程中，除了将眼光放到英语以外的其他语言之外，还进行跨语言或跨方言研究，在比较中探索语言之间的异同，进而寻求语言共性。[①] 这种研究方法及视角，无疑展现了语言研究的进一步发展。我国有着悠久的文字记载历史，有着进行类型学研究的天然优势。徐通锵指出："把汉语方言的活材料和历史上遗留下来的文字、文献的死材料紧密地结合起来，这是汉语史研究的一条有效的途径。"[②] 在语言类型学研究方面，我国跨方言研究起步相对较早，成果也相对较多，而在汉语与其他语言的比较研究方面做得还远远不够。在今后的研究当中，在对汉语进行研究的同时，尽可能把视野拓宽到其他语言。当然，我们的研究首

---

① 语言共性与语言类型研究最先出现于欧美国家有其特定的原因：其一，欧美的语言学理论已经发展到了一定的阶段，需要更进一步发展。其二，欧美语言学主要以英语为研究对象，而英语的历史本来就不长，其中还夹杂了很多外来的、异质的成分。因此，在对英语的研究发展到一定阶段之后，为了更好地对所遇到的各种语言现象进行说明，就不得不去研究与之相关的印欧语系诸语言乃至其他语系的语言。

② 徐通锵：《历史语言学》，商务印书馆 1991 年版，第 6 页。

先应该立足于本族语言的研究。汉语是比较典型的孤立语，我们把它研究好，也可以为人类语言类型的确立提供一定的依据。此外，有些规律性的东西为人类语言所共有，如果我们能把这些共性揭示出来，那么不仅对汉语，而且对整个人类语言，都将具有十分重要的意义。鉴于此，我们既要从汉语方言之间寻求语言共性，也要从汉语和其他语言之间寻求语言共性，并试图对这些语言共性作出解释。[①]

总之，汉语饮食词汇内容丰富、特色鲜明，具有重要的研究价值。在今后的研究过程中，我们还需要努力思考、不断探索。我们需要在继承中国传统语言学精华的同时，还需要放眼全世界，综观整个人类语言，吸收现代语言学理论，继续深化汉语饮食词汇研究，并加快理论探索的步伐。

---

① 转换生成语法认为语言共性是天赋的，这种解释可能在某种程度上相当于没有解释。

主要征引文献

B

（汉）班固：《白虎通义》，上海古籍出版社 1992 年版。

王明：《抱朴子内篇校释》，中华书局 1985 年版。

周绍良：《百喻经译注》，中华书局 1997 年版。

朱金城：《白居易集笺校》，上海古籍出版社 1988 年版。

（唐）孙思邈：《备急千金要方》，人民卫生出版社 1982 年版。

（唐）虞世南：《北堂书钞》，学苑出版社 1998 年版。

（五代）孙光宪：《北梦琐言》，中华书局 2002 年版。

（宋）赵与时：《宾退录》，上海古籍出版社 1983 年版。

（宋）圜悟克勤：《碧岩录》，华夏出版社 2009 年版。

（明）李时珍：《本草纲目》，人民卫生出版社 2007 年版。

C

（宋）洪兴祖：《楚辞补注》，中华书局 1983 年版。

杨伯峻：《春秋左传注》，中华书局 1981 年版。

李学勤主编：《春秋公羊传注疏》，北京大学出版社 1999 年版。

（清）钟文烝：《春秋穀梁传补注》，骈宇骞、郝淑慧点校，中华书局 1996
年版。

（清）苏舆：《春秋繁露义证》，钟哲点校，中华书局 1992 年版。

赵幼文：《曹植集校注》，人民文学出版社 1998 年版。

（唐）张鷟：《朝野佥载》，中华书局 1979 年版。

（唐）徐坚：《初学记》，中华书局 1962 年版。

（唐）陆羽：《茶经》，中华书局 2010 年版。

（宋）宋敏求：《春明退朝录》，中华书局 1985 年版。

《重刊老乞大谚解、朴通事谚解》，联经出版公司 1978 年版。

（明）凌蒙初编著：《初刻拍案惊奇》，冉休丹点校，中华书局 2001 年版。

（清）洪昇：《长生殿》，人民文学出版社 2009 年版。

D

《大正新修大藏经》，新文丰出版公司 1996 年版。

（唐）刘肃：《大唐新语》，中华书局 1984 年版。

黄征、张涌泉：《敦煌变文校注》，中华书局 1997 年版。

项楚：《敦煌变文选注》，中华书局 2006 年版。

（宋）孟元老：《东京梦华录》，中华书局 1985 年版。

（宋）曾敏行：《独醒杂志》，中华书局 1985 年版。

（宋）灌圃耐得翁：《都城纪胜》，上海古籍出版社 1993 年版。

（明）冯梦龙：《东周列国志》，（清）蔡元放改编，孙通海点校，中华书局 2001 年版。

E

（清）文康：《儿女英雄传》，何草点校，中华书局 2001 年版。

F

王利器：《风俗通义校注》，中华书局 1981 年版。

赵贞信：《封氏闻见记校注》，中华书局 2005 年版。

（清）范能濬编集：《范仲淹全集》，薛正兴校点，凤凰出版社 2004 年版。

（明）许仲琳：《封神演义》，中华书局 2002 年版。

G

（春秋）左丘明：《国语》，上海古籍出版社 1978 年版。

（清）戴望：《管子校正》，世界书局 1966 年版。

董志翘：《观世音应验记三种译注》，江苏古籍出版社 2002 年版。

（梁）慧皎：《高僧传》，汤用彤校注，中华书局 1992 年版。

（宋）张端义：《贵耳集》，中华书局 1985 年版。

王学奇、吴振清、王静竹：《关汉卿全集校注》，河北教育出版社 1988
    年版。

H

姚春鹏译注：《黄帝内经》，中华书局 2010 年版。

（清）王先慎：《韩非子集解》，钟哲点校，中华书局 1998 年版。

何宁：《淮南子集释》，中华书局 1988 年版。

许维遹：《韩诗外传集释》，中华书局 1980 年版。

上海古籍出版社编：《汉魏六朝笔记小说大观》，上海古籍出版社 1999
    年版。

（汉）班固：《汉书》，中华书局 1962 年版。

（南朝宋）范晔：《后汉书》，中华书局 1965 年版。

（宋）陈师道：《后山谈丛》，中华书局 2007 年版。

（清）曹雪芹、高鹗：《红楼梦》，人民文学出版社 1982 年版。

J

（汉）张仲景：《金匮要略》，中医古籍出版社 1997 年版。

（唐）房玄龄等：《晋书》，中华书局 1974 年版。

刘坚、蒋绍愚：《近代汉语语法数据汇编》（唐五代卷），商务印书馆 1990 年版。

（宋）庄绰：《鸡肋编》，上海书店 1990 年版。

（宋）窦苹：《酒谱》，中华书局 2010 年版。

（元）揭傒斯：《揭曼硕诗集》，中华书局 1985 年版。

（元）佚名：《居家必用事类全集》（饮食类），中国商业出版社 1987 年版。

（明）焦竑：《焦氏笔乘》，上海古籍出版社 1986 年版。

（明）瞿佑：《剪灯新话》（附《剪灯余话》），上海古籍出版社 1996 年版。

（明）冯时化：《酒史》，学苑出版社 2010 年版。

王蒙：《坚硬的稀粥》，长江文艺出版社 1992 年版。

L

（唐）孔颖达：《礼记正义》，上海古籍出版社 2008 年版。

（汉）荀悦、（晋）袁宏：《两汉纪》，中华书局 2002 年版。

（清）刘宝楠：《论语正义》，高流水点校，中华书局 1990 年版。

杨伯峻：《列子集释》，中华书局 1979 年版。

朱谦之：《老子校释》，太平书局 1962 年版。

许维遹：《吕氏春秋集释》，梁运华整理，中华书局 2009 年版。

黄晖：《论衡校释》，中华书局 1990 年版。

（晋）陆机：《陆机集》，中华书局 1982 年版。

（唐）姚思廉：《梁书》，中华书局 1973 年版。

（唐）李白：《李太白全集》，中华书局 1977 年版。

（唐）柳宗元：《柳宗元集》，中华书局 1979 年版。

王仲闻：《李清照集校注》，人民文学出版社 1979 年版。

（宋）欧阳修：《六一诗话》，人民文学出版社 1962 年版。

（宋）陆游：《老学庵笔记》，中华书局 1985 年版。

王学奇、霍现俊、吴秀华：《笠翁传奇十种校注》，天津古籍出版社 2009
　　年版。

（明）刘基：《刘基集》，林家骊点校，浙江古籍出版社 1999 年版。

（清）刘鹗：《老残游记》，陈翔鹤校，戴鸿森注，人民文学出版社 2000
　　年版。

鲁迅：《鲁迅全集》（第二卷），人民文学出版社 2005 年版。

老舍：《老舍作品经典》，中国华侨出版社 1999 年版。

老舍：《老舍小说全集》，舒济、舒乙编，长江文艺出版社 2004 年版。

M

（清）焦循撰：《孟子正义》，沈文倬点校，中华书局 1987 年版。

吴毓江：《墨子校注》，孙启治点校，中华书局 1993 年版。

韩泉欣：《孟郊集校注》，浙江古籍出版社 1995 年版。

（宋）沈括：《梦溪笔谈》，中华书局 2009 年版。

（宋）沈括：《梦溪补笔谈/梦溪续笔谈》，中华书局 1985 年版。

（宋）张邦基：《墨庄漫录》，中华书局 1985 年版。

上海古籍出版社编：《明代笔记小说大观》，上海古籍出版社 2007 年版。

林庆彰主编：《民国时期经学丛书》（第三辑），文听阁图书有限公司
　　2009 年版。

茅盾：《茅盾选集》，四川人民出版社 1982 年版。

N

（晋）嵇含：《南方草木状》，中华书局 1985 年版。

（南朝梁）萧子显：《南齐书》，中华书局 1972 年版。

（元）司农司：《农桑辑要》，北京图书馆出版社 2005 年版。

（元）陶宗仪：《南村辍耕录》，中华书局 2004 年版。

（明）徐光启：《农政全书》，上海古籍出版社 2011 年版。

（清）曾朴：《孽海花》，韩秋白点校，中华书局 2001 年版。

P

（宋）朱彧：《萍洲可谈》，上海古籍出版社 2012 年版。

Q

（清）严可均校辑：《全上古三代秦汉三国六朝文》，中华书局 1958 年版。

缪启愉：《齐民要术校释》，中国农业出版社 1998 年版。

（清）彭定求等编：《全唐诗》，中华书局 1999 年版。

（清）董诰等编：《全唐文》，中华书局 1983 年版。

曾昭岷等编撰：《全唐五代词》，中华书局 1999 年版。

北京大学古文献所编：《全宋诗》，北京大学出版社 1998 年版。

唐圭璋编：《全宋词》，中华书局 1965 年版。

（宋）陶谷：《清异录·饮食部分》，中国商业出版社 1985 年版。

（宋）吴处厚：《青箱杂记》，商务印书馆 1991 年版。

隋树森编：《全元散曲》，中华书局 2000 年版。

张月中、王钢主编：《全元曲》，中州古籍出版社 1996 年版。

杨家骆编：《全元杂剧初编》，世界书局 1985 年版。

杨家骆编：《全元杂剧二编》，世界书局 1985 年版。

杨家骆编：《全元杂剧三编》，世界书局 2009 年版。

（清）沈德潜选编：《清诗别裁集》，河北人民出版社 1997 年版。

上海古籍出版社编：《清代笔记小说大观》，上海古籍出版社 2007 年版。

徐珂：《清稗类钞》，中华书局 1984 年版。

张天翼：《清明时节》，人民文学出版社 1957 年版。

R

（宋）洪迈：《容斋随笔》，中华书局 2005 年版。

陆文夫：《人之窝》，上海文艺出版社 1995 年版。

路遥：《人生》，人民文学出版社 2006 年版。

S

（唐）孔颖达：《尚书正义》，上海古籍出版社 2007 年版。

高亨：《诗经今注》，上海古籍出版社 1980 年版。

朱师辙：《商君书解诂》，世界书局 1966 年版。

睡虎地秦墓竹简整理小组编：《睡虎地秦墓竹简》，文物出版社 1990
　　年版。

（春秋）孙武：《孙子兵法》，中华书局 2006 年版。

（汉）司马迁：《史记》，中华书局 1982 年版。

向宗鲁：《说苑校证》，中华书局 1987 年版。

（汉）张仲景：《伤寒论》，顾武军主编，中国医药科技出版社 1998 年版。

（晋）陈寿：《三国志》，中华书局 1982 年版。

徐震堮：《世说新语校笺》，中华书局 1984 年版。

（梁）沈约：《宋书》，中华书局 1974 年版。

（北魏）郦道元：《水经注》，陈桥驿译注，王东补注，中华书局 2009
　　年版。

（唐）魏征等：《隋书》，中华书局 1973 年版。

上海古籍出版社编：《宋元笔记小说大观》，上海古籍出版社 2001 年版。

（宋）林洪：《山家清供》，中国商业出版社 1985 年版。

（宋）叶绍翁：《四朝闻见录》，中华书局 1989 年版。

（元）脱脱等：《宋史》，中华书局 1977 年版。

（元）陶宗仪：《说郛》，中国书店 1986 年版。

（明）徐畋：《杀狗记》，中华书局 1960 年版。

（明）宋诩：《宋氏养生部》，中国商业出版社 1989 年版。

（清）袁枚：《随园食单》，中华书局 2010 年版。

（清）薛宝辰：《素食说略》，中国商业出版社 1984 年版。

（清）朱彝尊：《食宪鸿秘》，中国商业出版社 1985 年版。

T

王明：《太平经合校》，中华书局 1960 年版。

逯钦立校注：《陶渊明集》，中华书局 1979 年版。

上海古籍出版社编：《唐五代笔记小说大观》，上海古籍出版社 2000 年版。

（宋）李昉等：《太平广记》，上海古籍出版社 1985 年版。

（宋）李昉等：《太平御览》，上海书店 1990 年版。

（宋）蔡絛：《铁围山丛谈》，中华书局 1983 年版。

（清）佚名：《梼杌闲评》，刘文忠校点，人民文学出版社 1999 年版。

（清）佚名：《调鼎集》，中国商业出版社 1986 年版。

W

（梁）萧统编，（唐）李善注：《文选》，上海古籍出版社 1986 年版。

（北齐）魏收：《魏书》，中华书局 1974 年版。

范文澜：《文心雕龙注》，人民文学出版社 1958 年版。

项楚：《王梵志诗校注》，上海古籍出版社 1991 年版。

（宋）周密：《武林旧事》，浙江古籍出版社 2011 年版。

（宋）普济：《五灯会元》，中华书局 1984 年版。

刘彦成：《文则注译》，书目文献出版社 1988 年版。

王朔：《顽主》，《小说月报》1988 年第 2 期。

X

逯钦立辑校：《先秦汉魏晋南北朝诗》，中华书局 1983 年版。

（清）王先谦：《荀子集解》，中华书局 1988 年版。

（汉）桓谭：《新论》，上海人民出版社 1967 年版。

杨家骆主编：《新序、说苑》，世界书局 1970 年版。

（晋）葛洪：《西京杂记》，中华书局 1985 年版。

（宋）欧阳修等：《新唐书》，中华书局 1975 年版。

（明）吴承恩：《西游记》，人民文学出版社 1980 年版。

（清）李渔：《闲情偶寄》，人民文学出版社 2013 年版。

（清）李化楠、侯汉初：《醒园录》，中国商业出版社 1984 年版。

（清）佚名：《小五义》，浙江古籍出版社 1997 年版。

钱钟书：《写在人生边上》，中国社会科学出版社 1990 年版。

Y

（汉）郑玄：《仪礼注疏》，上海古籍出版社 2008 年版。

王利器：《盐铁论校注》，中华书局 1992 年版。

王利器：《颜氏家训集解》，中华书局 1993 年版。

（唐）段成式：《酉阳杂俎》，中华书局 1981 年版。

（唐）欧阳询：《艺文类聚》，上海古籍出版社 1985 年版。

（元）勿思慧：《饮膳正要》，商务印书馆 1935 年版。

（元）贾铭：《饮食须知》，人民卫生出版社 1988 年版。

（元）倪瓒：《云林堂饮食制度集》，中国商业出版社 1984 年版。

钱南扬：《永乐大典戏文三种校注》，中华书局 1979 年版。

（明）韩奕：《易牙遗意》，中国商业出版社 1984 年版。

Z

周振甫：《周易译注》，中华书局 1996 年版。

（汉）郑玄注，（唐）贾公彦疏，彭林整理：《周礼注疏》，上海古籍出版社 2010 年版。

（清）王夫之：《庄子解》，中华书局 1964 年版。

（汉）刘向集录：《战国策》，上海古籍出版社 1985 年版。

（南唐）静、筠二禅师：《祖堂集》，中华书局 2007 年版。

（明）余邵鱼：《周朝秘史》，大众文艺出版社 2000 年版。

主要参考文献

一　专著类

常敬宇：《汉语词汇与文化》，北京大学出版社 1995 年版。

陈光磊主编：《改革开放中汉语词汇的发展》，上海人民出版社 2008 年版。

陈敏：《宋代笔记在汉语词汇学理论研究中的价值》，光明日报出版社 2011 年版。

陈青松：《现代汉语形容词与形名粘合结构》，中国社会科学出版社 2012 年版。

陈望道：《修辞学发凡》，上海教育出版社 1997 年版。

陈诏：《中国馔食文化》，上海古籍出版社 2001 年版。

戴昭铭：《文化语言学导论》，语文出版社 1996 年版。

邓炎昌、刘润清：《语言和文化》，外语教学与研究出版社 1989 年版。

丁迪蒙：《汉语语言文化学教程》，上海大学出版社 2012 年版。

董秀芳：《词汇化：汉语双音词的衍生和发展》，商务印书馆 2011 年版。

杜莉、姚辉：《中国饮食文化》，旅游教育出版社 2009 年版。

［法］房德里耶斯：《语言》，岑麒祥、叶蜚声译，商务印书馆 1992 年版。

方一新、王云路：《中古汉语读本》，上海教育出版社 2006 年版。

方一新：《训诂学概论》，江苏教育出版社 2008 年版。

方一新：《中古近代汉语词汇学》，商务印书馆 2010 年版。

冯胜利：《汉语韵律语法研究》，北京大学出版社 2005 年版。

郭锦桴：《汉语与中国传统文化》，中国人民大学出版社 1993 年版。

郭锐：《现代汉语词类研究》，商务印书馆 2002 年版。

郭在贻：《训诂学》，中华书局 2005 年版。

洪光住：《中国食品科技史稿》，中国商业出版社 1984 年版。

胡小伟：《中国酒文化》，中国国际广播出版社 2011 年版。

黄金贵：《古代文化词语考论》，浙江大学出版社 2002 年版。

季羡林：《季羡林谈文化》，人民日报出版社 2011 年版。

江蓝生：《魏晋南北朝小说词语汇释》，语文出版社 1988 年版。

姜望琪：《当代语用学》，北京大学出版社 2003 年版。

蒋冀骋、吴福祥：《近代汉语纲要》，湖南教育出版社 1997 年版。

蒋礼鸿：《义府续貂》，中华书局 1981 年版。

蒋绍愚：《古汉语词汇纲要》，商务印书馆 2005 年版。

亢世勇等：《现代汉语新词语计量研究与应用》，中国社会科学出版社 2008 年版。

李玲璞、臧克和、刘志基：《古汉字与中国文化源》，贵州人民出版社 1997 年版。

李士靖主编：《中国食苑》，经济科学出版社 1994 年版。

李万春：《汉字与民俗》，云南教育出版社 1992 年版。

李宗桂：《中国文化概论》，中山大学出版社 1988 年版。

梁实秋：《雅舍谈吃》，江苏文艺出版社 2010 年版。

林宝卿：《汉语与中国文化》，科学出版社 2000 年版。

林乃燊：《中国饮食文化》，上海人民出版社 1979 年版。

林乃燊：《中国古代饮食文化》，商务印书馆 1997 年版。

林乃燊：《中华文化通志·饮食志》，上海人民出版社 1998 年版。

林乃燊：《中国古代饮食文化》，商务印书馆 2007 年版。

林乃燊：《中国的饮食》，中国国际广播出版社 2011 年版。

刘丹青：《语序类型学与介词理论》，商务印书馆 2003 年版。

刘吉艳：《汉语新词群研究》，学林出版社 2010 年版。

刘静：《文化语言学研究》，中华书局 2006 年版。

刘叔新：《汉语描写词汇学》，商务印书馆 2005 年版。

刘叶秋：《历代笔记概述》，中华书局 1980 年版。

刘志基：《汉字与古代人生风俗》，华东师范大学出版社 1995 年版。

刘志基：《汉字文化综论》，广西教育出版社 1996 年版。

陆澹安：《小说词语汇释》，上海古籍出版社 1979 年版。

陆宗达、王宁：《训诂与训诂学》，山西教育出版社 2005 年版。

罗常培：《语言与文化》，北京出版社 2004 年版。

马健鹰：《中国饮食文化史》，复旦大学出版社 2011 年版。

[法] 梅耶：《历史语言学中的比较方法》，世界图书出版公司 2008 年版。

聂石樵：《魏晋南北朝文学史》，中华书局 2007 年版。

彭文钊：《语言文化学》，上海外语教育出版社 2006 年版。

齐佩瑢：《训诂学概论》，中华书局 2004 年版。

邱庞同：《中国面点史》，青岛出版社 1995 年版。

邱庞同：《一江之隔味不同——八方饮食漫笔》，中国轻工业出版社 2009
    年版。

邱庞同：《中国菜肴史》，青岛出版社 2001 年版。

邱庞同：《食说新语——中国饮食烹饪探源》，山东画报出版社 2008 年版。

邱庞同：《饮食杂俎——中国饮食烹饪研究》，山东画报出版社 2008 年版。

瞿明安、秦莹：《中国饮食娱乐史》，上海古籍出版社 2011 年版。

邵敬敏主编：《文化语言学中国潮》，语文出版社 1995 年版。

申小龙、张汝伦主编：《文化的语言视界——中国文化语言学论集》，上
    海三联书店 1991 年版。

苏新春：《文化语言学教程》，外语教学与研究出版社 2006 年版。

沈家煊：《不对称和标记论》，江西教育出版社 1999 年版。

沈锡伦：《中国传统文化和语言》，上海教育出版社 1995 年版。

申小龙：《中国文化语言学》，吉林教育出版社 1990 年版。

邵敬敏：《关于中国文化语言学的反思》，载邵敬敏主编《文化语言学
    中国潮》，语文出版社 1995 年版。

邵敬敏主编：《现代汉语通论》，上海教育出版社 2001 年版。

苏宝荣：《〈说文解字〉今注》，陕西人民出版社 2000 年版。

苏宝荣：《词义研究与辞书释义》，商务印书馆 2000 年版。

陶炼、贺国伟、陈光磊、彭增安：《改革开放中汉语词汇的发展》，上海人民出版社 2008 年版。

万建中：《中国饮食文化》，中央编译出版社 2011 年版。

万献初：《汉语构词论》，湖北人民出版社 2004 年版。

汪大昌：《语言和文化》，首都师范大学出版社 2009 年版。

汪维辉：《东汉—隋常用词演变研究》，南京大学出版社 2000 年版。

王艾录：《复合词内部形式探索——汉语语词游戏规则》，中国言实出版社 2009 年版。

王寅：《认知语法概论》，上海外语教育出版社 2005 年版。

王力：《汉语史稿》，中华书局 2004 年版。

王立军等：《汉字的文化解读》，商务印书馆 2012 年版。

王宁：《训诂学原理》，中国国际广播出版社 1996 年版。

王宁、谢栋元、刘方：《〈说文解字〉与中国古代文化》，辽宁人民出版社 2000 年版。

王仁湘：《中国史前饮食史》，青岛出版社 1997 年版。

王仁湘：《饮食与中国文化》，人民出版社 1993 年版。

王寅：《认知语言学》，上海外语教育出版社 2007 年版。

（清）王引之：《经义述闻》，凤凰出版社 2000 年版。

王锳：《唐宋笔记语辞汇释》，中华书局 2001 年版。

王云路、方一新：《中古汉语语词例释》吉林教育出版社 1992 年版。

王云路：《汉魏六朝诗歌语言论稿》，陕西人民教育出版社 1997 年版。

王云路：《六朝诗歌语词研究》，黑龙江教育出版社 1999 年版。

王云路：《词汇训诂论稿》，北京语言文化大学出版社 2002 年版。

王云路：《中古汉语词汇史》，商务印书馆 2010 年版。

王云路：《中古汉语论稿》，中华书局 2011 年版。

王云路、王诚：《汉语词汇核心义研究》，北京大学出版社 2014 年版。

王雪萍：《〈周礼〉饮食制度研究》，广陵书社 2010 年版。

王学泰：《中国饮食文化史》，广西师范大学出版社 2006 年版。

王学泰：《中国饮食文化简史》，中华书局、上海古籍出版社 2010 年版。

王子辉：《中国饮食文化研究》，陕西人民出版社 1997 年版。

王子辉：《周易与饮食文化》，陕西人民出版社 2003 年版。

向熹：《简明汉语史》，商务印书馆 2010 年版。

筱田统：《中国食物史研究》，高桂林译，中国商业出版社 1987 年版。

邢福义主编：《文化语言学》，湖北教育出版社 2000 年版。

徐海荣主编：《中国饮食史》，华夏出版社 1999 年版。

徐通锵：《历史语言学》，商务印书馆 1991 年版。

徐朝华：《上古汉语词汇史》，商务印书馆 2003 年版。

杨国章：《原始文化与语言》，北京语言学院出版社 1992 年版。

杨琳：《语言与文化探幽》，湖南师范大学出版社 1994 年版。

杨琳：《汉语词汇与华夏文化》，语文出版社 1996 年版。

杨琳：《汉字形义与文化》，南开大学出版社 2012 年版。

杨树达：《卜辞求义》，上海古籍出版社 2006 年版。

杨振兰：《新时期汉语新词语语义研究》，齐鲁书社 2009 年版。

姚伟钧：《中国饮食文化探源》，广西人民出版社 1989 年版。

姚伟钧、刘朴兵、鞠明库：《中国饮食典籍史》，上海古籍出版社 2011
    年版。

姚伟钧：《中国传统饮食礼俗研究》，华中师范大学出版社 1999 年版。

姚小平：《语言文化十讲》，外语教学与研究出版社 2006 年版。

叶蜚声、徐通锵：《语言学纲要》，王洪君、李娟修订，北京大学出版
    社 2010 年版。

阴法鲁、许树安主编：《中国古代文化史》，北京大学出版社 1991 年版。

［美］尤金·N. 安德森：《中国食物》，马孆、刘东译，江苏人民出版
    社 2003 年版。

游汝杰、周振鹤：《方言与中国文化》，上海人民出版社 1986 年版。

游汝杰：《中国文化语言学引论》，高等教育出版社 1993 年版。

俞理明：《汉语缩略研究——缩略：语言符号的再符号化》，巴蜀书社 2005 年版。

俞为洁：《中国食料史》，上海古籍出版社 2011 年版。

张美霞：《说字释词谈文化》，北京语言文化大学出版社 2000 年版。

张岱年：《中国文化概论》，北京师范大学出版社 1994 年版。

张联荣：《汉语词汇的流变》，大象出版社 2009 年版。

张绍滔：《汉语文化研究》，厦门大学出版社 1996 年版。

张公瑾：《文化语言学发凡》，云南大学出版社 1998 年版。

张公瑾、丁石庆主编：《语言文化学教程》，教育科学出版社 2004 年版。

张景明、王雁卿：《中国饮食器具发展史》，上海古籍出版社 2011 年版。

张永言：《词汇学简论》，华中工学院出版社 1982 年版。

张永言：《训诂学简论》，华中工学院出版社 1985 年版。

张志毅、张庆云：《词汇语义学》，商务印书馆 2005 年版。

赵春利：《现代汉语形名组合研究》，暨南大学出版社 2012 年版。

［日］中山时子主编：《中国饮食文化》，徐建新译，中国社会科学出版社 1992 年版。

郑卓睿：《汉语与汉文化》，汕头大学出版社 2004 年版。

周海鸥：《食文化》，中国经济出版社 2011 年版。

周及徐：《历史语言学论文集》，巴蜀书社 2003 年版。

周荐：《汉语词汇结构论》，上海辞书出版社 2004 年版。

周振鹤、游汝杰：《方言与中国文化》，上海人民出版社 2015 年版。

朱彦：《汉语复合词语义构词法研究》，北京大学出版社 2004 年版。

二　论文类

白解红、张莎：《英汉仿词的重新分类及其认知语义分析——以饮食新词为例》，《外语教学》2009 年第 6 期。

白云：《论常用动词虚化程度的等级性——以"吃""打""看""听""走"的虚化为例》，《语文研究》2007 年第 3 期。

暴拯群：《论〈水浒传〉中"被"、"吃"二词用法上的异同》，《河南广播电视大学学报》2003年第4期。

闭忠实：《现代汉语与越南语饮食动词比较研究》，硕士学位论文，广西民族大学，2012年。

卜立：《转喻性"吃+×+饭"结构考察》，《民族论坛》2008年第8期。

卜立：《"吃+×+饭"结构的多角度考察》，硕士学位论文，湖南师范大学，2009年。

蔡崇尧：《谈汉维语的气味词、味道词》，《语言与翻译》1996年第3期。

曹爱成：《〈说文解字〉饮食词汇的特点》，《乐山师范学院学报》2010年第2期。

曹春梅：《浅析维吾尔语中的饮食用语》，《新疆职工大学学报》2000年第3期。

曹文娟：《俄汉语"吃"义动词的语义对比分析》，硕士学位论文，哈尔滨师范大学，2013年。

常芮彬：《"吃+N"结构中"吃"的多义性及其语用充实》，《咸宁学院学报》2012年第3期。

陈翠竹：《"吃食堂"的生成原因语用分析》，《哈尔滨学院学报》2012年第4期。

陈光磊：《改革开放中汉语词汇的变动》，《语言教学与研究》1997年第2期。

陈辉：《〈说文解字〉口部饮食动作词语认知研究》，《安康学院学报》2013年第5期。

陈林：《中日现代语における食动词の对照研究》，硕士学位论文，扬州大学，2010年。

陈林：《从隐喻看汉日语"吃"的语义扩展模式》，《内江科技》2012年第12期。

陈敏华：《从广府饮食谚语管窥广府饮食架构的特色》，《语文学刊》2010年第23期。

陈钦：《汉语"吃"与英语的对应关系分析》，《武汉船舶职业技术学院学报》2011 年第 1 期。

陈智勇：《先秦时期的嗅觉文化》，《西北工业大学学报》2008 年第 3 期。

程瑞兰、王芳：《汉语寒暄语的历时变化及其社会意义之探索——以寒暄
　　语"吃了吗？"的变化为例》，《延安教育学院学报》2006 年第 1 期。

池昌海：《"吃"语言与"吃"文化》，《杭州大学学报》1992 年第 2 期。

楚艳芳、王云路：《"点心"发覆——兼谈词的核心义对语素搭配的制
　　约性》，《汉语史学报》（第十三辑），上海教育出版社 2013 年版。

楚艳芳：《〈汉语大字典〉〈汉语大词典〉"锅"条释义指瑕》，《汉字文
　　化》2015 年第 1 期。

楚艳芳：《说"烹饪"——兼谈词语结构研究在词汇研究中的重要性》，
　　《中国语言文学研究》（春之卷），社会科学文献出版社 2015 年版。

楚艳芳：《说"锅"——兼谈语素搭配对汉语词汇研究的重要性》，《沈
　　阳大学学报》2016 年第 6 期。

崔喜艳：《从跨文化交际角度对比分析中英饮食习语》，硕士学位论文，
　　河北农业大学，2013 年。

邓浩：《从〈突厥语大词典〉看古代维吾尔族的饮食文化》，《西北民族
　　研究》1994 年第 2 期。

邓尧：《试论四川方言中的味道词汇》，《攀枝花学院学报》2012 年第 1 期。

邓岩：《〈红楼梦〉饮食词语研究》，硕士学位论文，青海师范大学，2013 年。

董莉：《透视汉语中的饮食文化》，《长沙铁道学院学报》2005 年第 3 期。

董为光：《汉语"吃～"类说法文化探源》，《语言研究》1995 年第 2 期。

董雯雯：《熟语性"吃×饭"结构的多维研究》，硕士学位论文，哈尔
　　滨师范大学，2013 年。

董粤章：《构式、域矩阵与心理观照——认知语法视角下的"吃食堂"》，
　　《外国语》2011 年第 3 期。

段兰：《谈概念转喻与动词"吃"后非常规宾语》，《现代交际》2013
　　年第 5 期。

段纳：《从字本位理论看汉英语言的差异——以"吃"和"eat"的对
　　比为例》，《商丘师范学院学报》2006 年第 6 期。

段英：《从西昌方言词看其饮食文化》，《广东教育学院学报》2000 年第 5 期。

杜诚忠：《现代汉语饮食类动词研究》，硕士学位论文，南京师范大学，2006 年。

杜萍：《词的文化内涵意义略论》，《南京广播电视大学学报》2007 年第 3 期。

杜倩：《析〈说文解字·米部〉字中的米食文化》，《语文学刊》2012 年第 3 期。

樊国萍：《现代汉语"饮食"动词分析》，《科教文汇》（下旬刊）2008 年第 10 期。

樊慧荣：《析维吾尔饮食谚语中的饮食文化》，《语文学刊》2012 年第 11 期。

方蕾：《对"吃＋N"类短语的生成及发展合理性的分析》，《社科纵横》（新理论版）2011 年第 2 期。

方有国：《也谈"乐岁终身饱（苦）"的释义问题》，《西南师范大学学报》1997 年第 6 期。

冯野凌：《浅析与饮食相关的中英习语及其文化对比分析》，《海外英语》2011 年第 5 期。

付冬薇：《广州餐饮业店名的社会语言学考察》，硕士学位论文，暨南大学，2011 年。

傅钰：《汉语多义词"吃"的隐喻研究》，《钦州学院学报》2013 年第 6 期。

高瑞琴：《"醉"字的妙用》，《青海教育》2001 年第 4 期。

高顺全：《从"饱"的搭配关系演变看修辞和语法的中间状态》，《修辞学习》2009 年第 4 期。

高晓燕：《由〈说文〉初探中国古代饮食文化》，硕士学位论文，郑州大学，2007 年。

高燕：《从〈说文解字〉看古代与饮食有关的器具文化》，《怀化学院学报》2008 年第 2 期。

葛力力、丁翠翠：《论言内语境对"吃＋宾（补）"结构的语义彰显作用》，《江西科技师范学院学报》2008 年第 4 期。

耿言海：《论被动标记"吃"的语法化》，《伊犁师范学院学报》2007
　　年第 4 期。

贡珂：《饮食义"吃"对"食"的历时替换》，《才智》2009 年第 18 期。

贡珂：《饮食义"吃"带宾情况的历时研究》，《现代语文》（语言研究
　　版）2009 年第 8 期。

勾俊涛：《汉语烹食词汇文化意蕴探微》，《安庆师范学院学报》2006 年
　　第 2 期。

郭世绖：《"饮"与"喝"古今变化及用法》，《兵团教育学院学报》
　　1999 年第 1 期。

韩华：《新词语产生的民众因素透视》，《河南教育学院学报》2004 年第
　　2 期。

韩宇：《〈天工开物〉饮食制作类词语研究》，硕士学位论文，内蒙古师
　　范大学，2012 年。

韩媛媛：《上古汉语"食"类动词词义分析》，《语文学刊》2012 年第
　　13 期。

郝小明：《饮食字词形体多样性分析》，《太原大学学报》2002 年第 2 期。

何萌、何江胜：《从饮食习俗看中西方语言文化差异》，《新西部》（下
　　半月）2009 年第 6 期。

贺文丽：《从顺应论看"吃食堂"动宾结构的成因——关于"吃馆子"
　　的生成和理解问题》，《湘潭师范学院学报》2003 年第 4 期。

侯敏：《如何概括"吃"的第二个义项》，《汉语学习》1985 年第 2 期。

胡爱宁：《从认知语言学角度比较英汉中与"吃"有关的隐喻》，硕士
　　学位论文，华中师范大学，2006 年。

胡斯可：《"给他水喝"一类短语的语义特征及其成因探讨》，《长江大
　　学学报》2006 年第 2 期。

胡斯可：《从预设角度看"给他水喝"类短语的语义特点》，《湖南第一
　　师范学院学报》2010 年第 6 期。

胡晓虹：《分析民间修辞"民以食为天"》，《湖南工业职业技术学院学

报》2005 年第 4 期。

黄洁：《论"吃"和宾语非常规搭配的工作机制》，《外语学刊》2012 年第 2 期。

黄金贵：《说古代菜肴的"汤"》，《湖州师范学院学报》2004 年第 4 期。

黄金贵：《"羹"、"汤"考辨》，《湖州师范学院学报》2005 年第 6 期。

黄铭石：《从含有烹饪类动词的惯用语中探求语言文化》，《文学界》（理论版）2012 年第 2 期。

黄树先、卓婷：《说"享福"》，《语言研究》2010 年第 3 期。

黄泳梅、庄昱、林美泳、庞杰、陈绍军：《中华饮食文化对汉语国际传播影响的研究》，《扬州大学烹饪学报》2008 年第 2 期。

黄中祥：《哈萨克谚语与其饮食文化》，《语言与翻译》1997 年第 1 期。

霍生玉：《现代汉语"饮"与"喝"用法之别的历史探源》，《语文学刊》2009 年第 13 期。

季静：《从原型义项看汉英"吃"的认知语义文化差异》，《扬州职业大学学报》2006 年第 2 期。

吉仕梅：《〈荡寇志〉的"吃"字结构》，《四川师范学院学报》1992 年第 2 期。

姜先周：《动词"吃"论元结构扩张的汉韩对比研究》，《中国社会科学院研究生院学报》2005 年第 4 期。

[韩] 金智英：《汉语"吃"和韩国语"먹다"的对比》，硕士学位论文，延边大学，2012 年。

鞠晶：《汉语饮食隐喻的认知分析》，《学术交流》2009 年第 5 期。

康忠德、莫海文：《广西宾阳平话与壮语"吃"类词的接触与借贷》，《广西民族大学学报》2012 年第 4 期。

蓝越：《"吃"在"食用"语义场中的发展》，《现代语文》（语言研究版）2009 年第 11 期。

劳桐芷：《谁来管管"吃"的宾语？》，《当代修辞学》2013 年第 3 期。

雷冬平：《"喝他个痛快"类构式的形成及其语义研究》，《语言科学》2012 年第 2 期。

李丹：《〈说文解字〉肉食类字研究》，《广西教育学院学报》2013年第4期。

李丹：《中国饮食文化与对外汉语教材编写》，硕士学位论文，西北大学，2013年。

李福唐：《近代汉语常用词锅、镬考》，《理论界》2009年第2期。

李国南：《拈连还是转喻——也谈"哥吃的不是面，是寂寞"》，《当代修辞学》2011年第6期。

李惠、曲维光：《基于仙人掌模型的动词"吃"的隐喻分类体系》，《文教资料》2009年第18期。

李加方：《"仿造说"与"吃食堂"类介宾义动宾结构说略》，硕士学位论文，四川师范大学，2008年。

李佳：《说"碗"》，《华夏文化》2011年第1期。

李佳佳：《和刻本〈事林广记〉饮馔部分研究》，硕士学位论文，内蒙古师范大学，2012年。

李佳丽：《"醋""醒"二字字义辨析》，《鸡西大学学报》2012年第10期。

李静：《维吾尔饮食类谚语的文化内涵刍议》，硕士学位论文，新疆师范大学，2012年。

李琨：《从概念隐喻看中西饮食中的俗语文化》，《大连海事大学学报》2011年第6期。

李丽：《内蒙古西部汉语方言饮食词语之构词理据研究》，《汉字文化》2009年第2期。

李品秀：《释"享"》，《乐山师范学院学报》2010年第3期。

李睿泽：《"吃"的隐喻在英汉语文化中的比较》，《语文学刊》2007年第7期。

李炜：《〈史记〉饮食动词分析》，《古汉语研究》1994年第2期。

李卫锋：《从"余子""砂鏊"等方言词看山西汾阳的饮食文化传统》，《现代语文》（语言研究版）2007年第3期。

李文斌：《汉语表述中"吃""说"不分的文化现象及原因探析》，《南平师专学报》2007年第1期。

李文峰：《汉英饮食动词对比研究》，硕士学位论文，青岛大学，2011 年。

李文娟、任彤：《浅谈汉字与中国文化》，《语文学刊》2008 年第 12 期。

李兴奎、李顺琴、潘玉华：《原型理论视角下词群语义范畴的交叉现象及原因——以"口"、"食"、"言"词群为例》，《语文学刊》2011 年第 3 期。

李小平：《山西临县方言饮食类语汇文化信息解读》，《语文研究》2005 年第 2 期。

李小平：《动词"吃"替代"食、饭"历时小考》，《云梦学刊》2010 年第 4 期。

李永春：《论"吃"的语法化》，《牡丹江大学学报》2012 年第 3 期。

李永红：《英汉饮食词汇的隐喻研究》，《黑龙江生态工程职业学院学报》2014 年第 1 期。

李玉娇：《试论由"食"到"吃"的演变过程》，《江西金融职工大学学报》2006 年第 S2 期。

李芸：《从隐喻角度看汉维语中有关"吃"的表达差异》，《今日科苑》2008 年第 2 期。

李云彤：《认知视角下"吃"的多义建构分析》，《中国科教创新导刊》2013 年第 22 期。

李在雄：《中韩饮食俗语比较研究》，硕士学位论文，曲阜师范大学，2013 年。

李珍洁：《浅谈维吾尔谚语所反映的饮食文化》，《青年文学家》2009 年第 13 期。

李治平：《"吃食堂"类短语成活的多维分析》，《云南师范大学学报》2005 年第 1 期。

李中生：《〈诗〉"既醉以酒"辨正》，《古汉语研究》1994 年第 1 期。

梁冬青：《"鼎""镬""锅"的历史演变及其在现代方言中的地理分布》，《古籍整理研究学刊》2000 年第 4 期。

梁冬青：《"喝"表示"饮用"义的始见年代及其书证》，《汕头大学学报》2007 年第 3 期。

梁冬青：《"喝"表饮用来源于元代蒙古语》，《民族语文》2009 年第 5 期。

梁海燕：《汉语中"人生是饮食"概念隐喻分析》，《首都师范大学学报》2010 年第 S3 期。

林梦虹：《浅析闽菜菜名》，《现代语文》（语言研究版）2012 年第 7 期。

廖茜茜：《关于中华饮食文化的对外汉语教学探析》，硕士学位论文，广西大学，2013 年。

廖晓丹：《基于认知隐喻的日语五感词汇意义扩张的研究》，硕士学位论文，大连海事大学，2007 年。

刘存伟：《"吃食堂"的认知生成机制》，《井冈山学院学报》2005 年第 4 期。

刘道锋：《饮食类动词"尝"的词义演变及其动因》，《湖南人文科技学院学报》2009 年第 5 期。

刘冬慧：《中国古代汉语中的饮食类动词及有关文化研究》，《昆明冶金高等专科学校学报》2008 年第 2 期。

刘东升：《近代汉语被动标记"吃"的语法化》，《郧阳师范高等专科学校学报》2008 年第 2 期。

刘欢：《〈说文解字〉中的饮食器物文化》，《青年文学家》2013 年第 36 期。

刘红云：《汉语中"吃 + ×"类词汇的文化内涵及对外汉语教学》，硕士学位论文，陕西师范大学，2013 年。

刘佳：《浅谈"吃"字表被动的发展演变历程——〈庐山远公话〉中"喫杖"引发的思考》，《太原城市职业技术学院学报》2010 年第 3 期。

刘磊、蔡华祥：《论"吃大碗"的语义格》，《百色学院学报》2011 年第 1 期。

刘鹏：《中华饮食谚语、成语中的食育思想述析》，《经济研究导刊》2011 年第 34 期。

刘婷婷：《简析"吃"字的泛化及其文化阐释》，《齐齐哈尔师范高等专科学校学报》2011 年第 1 期。

刘有容：《"面"和"寂寞"：相容还是相斥？——我看"哥吃的不是

面，是寂寞"》，《当代修辞学》2012 年第 1 期。

刘颖：《从饮食习俗看中西方语言文化差异》，《科技信息》2012 年第
　　5 期。

刘贞玉：《英汉习语中的饮食隐喻》，《佳木斯大学社会科学学报》2009
　　年第 1 期。

陆方喆：《"吃食堂"类短语成活条件再讨论》，《宁波大学学报》2010
　　年第 2 期。

陆华芳：《汉语菜肴艺术名称研究》，硕士学位论文，湘潭大学，2008 年。

陆庆和：《说"食"类用语——汉语修辞与汉文化》，《语言文字应用》
　　1995 年第 2 期。

卢继芳：《赣北鄱阳湖畔方言中"吃茶"与"喝茶"的语用差异及历史
　　来源》，《农业考古》2013 年第 2 期。

卢兴艳：《汉英"吃"的及物性对比分析》，《现代语文》（语言研究
　　版）2012 年第 8 期。

卢小宁：《从汉字"吃"看汉语词语的信息特征》，《北京邮电大学学
　　报》2001 年第 1 期。

芦洁媛：《与饮食相关的传承语素构词及其在汉语二语词汇教学中的应
　　用》，硕士学位论文，安徽大学，2013 年。

罗斌：《五官动词的语义演变研究》，硕士学位论文，江西师范大学，
　　2012 年。

罗家国：《谈"吃"》，《成都师专学报》2001 年第 3 期。

罗家国：《以"吃"代"喫"的演化历程》，《成都师专学报》2003 年
　　第 3 期。

罗明月：《浅析〈语文解字·酉部〉与饮食文化》，《攀枝花学院学报》
　　2003 年第 4 期。

罗思明、马可云：《"吃"述宾结构的语义—句法映射模式情景语义学
　　分析》，《浙江工商职业技术学院学报》2005 年第 4 期。

罗志芳：《中国的训诂与西方的释义》，硕士学位论文，辽宁师范大学，
　　2012 年。

吕传峰：《常用词"喝、饮"历时替换考》，《语文学刊》2005 年第 9 期。

吕传峰：《现代方言中"喝类词"的演变层次》，《语言科学》2005 年第 6 期。

吕鹤：《汉语"吃"字系列的古今词义演变》，《鸡西大学学报》2010 年第 5 期。

吕明臣、佟福奇：《"吃"的语义解释》，《通化师范学院学报》2010 年第 7 期。

马启红：《山西文水、太谷方言传统节日饮食类语汇文化信息解读》，《吕梁教育学院学报》2006 年第 3 期。

马淑芬：《汉泰饮食成语对比研究》，硕士学位论文，厦门大学，2007 年。

马兴芳：《近代汉语被动义"吃"字结构格式、意义考察》，《临沂师范学院学报》2001 年第 3 期。

马一可：《汉英烹饪动词对比研究》，硕士学位论文，四川外语学院，2012 年。

蒙桂秀：《巴马壮语饮食词汇研究》，硕士学位论文，广西民族大学，2012 年。

孟东红：《饮食文化·语言·符号阐释》，《江苏外语教学研究》2000 年第 1 期。

孟然妹：《汉语饮食成语隐喻研究——认知与文化视角》，硕士学位论文，曲阜师范大学，2010 年。

孟祥龙：《含有饮食动词的中日惯用语对比研究》，硕士学位论文，中国海洋大学，2013 年。

敏春芳：《敦煌吐鲁番出土文书饮食量词训释》，《艺术百家》2010 年第 4 期。

穆永岩：《现代汉语动词"吃"的隐喻研究》，《才智》2013 年第 5 期

穆永岩：《现代汉语"吃"类动词隐喻形成的动因》，《才智》2013 年第 23 期。

聂亚宁：《从体验论看汉语"吃"的转喻和隐喻认知模式及其特点》，《湖南大学学报》2008 年第 2 期。

牛世建：《表动作行为"吃"的同义词的词义分析》，《现代语文》（语言研究版）2007 年第 1 期。

牛亚丽、谢刚：《〈现代汉语词典〉"吃"的语义认知研究》，《绥化学院学报》2011 年第 2 期。

潘优燕：《"喝"述宾结构的"语义—句法"映射模式情景语义分析》，《现代语文》（语言研究版）2009 年第 11 期。

庞志宇：《满语饮食词语与文化研究》，硕士学位论文，黑龙江大学，2011 年。

彭凤：《维吾尔族味觉词概念结构及文化探析》，《东方论坛》2008 年第 1 期。

［日］平山久雄：《试论"吃（喫）"的来源》，《宁夏大学学报》2004 年第 4 期。

覃修桂：《英汉语嗅觉隐喻及其投射范围》，《外语教学与研究》2008 年第 2 期。

曲英杰、李超慧：《英汉饮食习语的隐喻认知比较》，《高等函授学报》2012 年第 12 期。

任彦：《以"吃"为动作的隐喻类型分析》，《语文学刊》2008 年第 9 期。

任晔：《现代汉语五官感觉范畴词的隐喻研究》，硕士学位论文，新疆师范大学，2005 年。

任鹰：《"吃食堂"与语法转喻》，《中国社会科学院研究生院学报》2000 年第 3 期。

［越］阮氏蕾：《汉语动词"吃"的词义与越南语动词"ăn"对比》，硕士学位论文，华中师范大学，2011 年。

［越］阮武琼芳：《汉、越饮食词语联想意义认知对比研究》，博士学位论文，华中师范大学，2013 年。

沈嘉禄：《上海方言中的"吃"》，《咬文嚼字》1996 年第 11 期。

申小龙：《历史的反拨：中国文化语言学》，《学习与探索》1987 年第 3 期。

申小龙：《论汉语的文化特征与文化语言学方法》，《汉语学习》1988 年第 2 期。

申小龙：《语言人文科学统一的基础与纽带——"文化语言学"总序》，

《汉语学习》1990 年第 5 期。

石凌虚：《我国传统的饮食习俗和主食羹菜》，《山西大学师范学院学报》（综合版）1991 年第 2 期。

施发笔：《论〈水浒传〉中表示被动的"被"和"吃"》，《新疆大学学报》2001 年第 4 期。

施琳：《从概念隐喻的角度看英汉"吃"字短语》，《英语广场》（学术研究）2012 年第 8 期。

施杨：《中古汉语饮食词语研究》，硕士学位论文，长春理工大学，2004 年。

苏春梅：《"吃"的寓意——成语中的饮食文化》，《长春师范学院学报》2004 年第 6 期。

苏春梅：《以"食"论理的语言范式和文化传统》，《边疆经济与文化》2009 年第 10 期。

苏敬霞：《"吃＋NP"的构式语法研究》，硕士学位论文，华东师范大学，2012 年。

宋秀娟：《"喝"的意义演变及用法》，《新乡学院学报》2013 年第 4 期。

隋文娟：《〈水浒传〉"吃"的语义考察》，《剑南文学》（经典教苑）2011 年第 5 期。

孙小倩：《英汉嗅觉词语及其隐喻投射的对比研究》，《青年文学家》2013 年第 11 期。

孙燕琳：《汉英饮食类动词性词语对比研究综述》，《青年文学家》2013 年第 18 期。

孙玉文：《论"食"的音变构词》，《古汉语研究》1999 年第 4 期。

汤亚平、丁忠兰：《杨慎〈滇南月节词〉饮食词语考释》，《云南民族大学学报》2010 年第 6 期。

陶红印：《从"吃"看动词论元结构的动态特征》，《语言研究》2000 年第 3 期。

谭汝为：《中华菜肴命名艺术谈》，《修辞学习》2002 年第 2 期。

谭爽：《"吃＋N（NP）"短语的语义多层分析》，《辽宁教育行政学院学报》2010 年第 5 期。

田小琳：《香港中文修辞与饮食文化》，《浙江树人大学学报》2006 年第 4 期。

田源、王宇波：《现代汉语嗅觉动词的隐喻义》，《华中师范大学研究生学报》2006 年第 3 期。

田源、王宇波、王怀明：《嗅觉动词的对外汉语教学》，《现代语文》2007 年第 1 期。

全一旻、周洁：《英汉语"吃＊＊"的宾语代入现象及其分类》，《西南交通大学学报》2007 年第 6 期。

图拉：《蒙古族传统饮食名称文化语言学研究》，博士学位论文，内蒙古大学，2012 年。

万惠蓉：《中英"味道"隐喻意义的认知分析》，《咸宁学院学报》2011 年第 9 期。

万献初：《现代汉语并列式双音词的优化构成》，《汉语学习》2004 年第 1 期。

王超：《汉英"吃"类语词语义对比分析》，硕士学位论文，福建师范大学，2012 年。

王冬梅、赵志强：《汉语饮食词语的隐喻转义》，《内蒙古社会科学》（汉文版）2003 年第 5 期。

王福祥、吴汉樱：《文化与语言》（论文集），外语教学与研究出版社1994 年版。

王国珍：《"喫""食""饮"历时替换的不平衡性及其认知》，《古汉语研究》2010 年第 1 期。

王虹：《俄汉饮食词汇转义对比研究》，硕士学位论文，吉林大学，2013 年。

王洪君：《从两个同级义场代表单子的搭配异同看语义特征和语义层级——以"锅"和"碗"为例》，《世界汉语教学》2010 年第 2 期。

王虎、［韩］金御真：《"吃"字被动句研究》，《五邑大学学报》2011 年第 1 期。

王佳：《谈谈"吃"字句》，《科技创新导报》2008 年第 36 期。

王敬骝：《释"鼎"》，《民族语文》1992 年第 3 期。

王俊：《浅论包含饮食语素惯用语的文化意蕴》，《湖北师范学院学报》2008 年第 2 期。

王珏：《词汇的跨域使用与词义的衍生》，《徐州师范大学学报》1997 年第 3 期。

王力：《同源字论》，《中国语文》1978 年第 1 期。

王利峰：《从"吃"看动物名词的不对称现象》，《云南师范大学学报》2006 年第 5 期。

王立军、王瑾：《汉字与古代饮食文化》，《中国教师》2008 年第 19 期。

王宁：《汉语词源的探求与阐释》，《中国社会科学》1995 年第 2 期。

王宁：《训诂学与汉语双音词的结构和语义》，《语言教学与研究》1997 年第 4 期。

王宁、黄易青：《词源意义与词汇意义论析》，《北京师范大学学报》2002 年第 4 期。

王宁：《现代汉语双音合成词的构词理据与古今汉语的沟通》，载周荐编《二十世纪现代汉语词汇论文精选》，商务印书馆 2004 年版。

王宁：《汉语双音合成词结构的非句法特征》，《江苏大学学报》2008 年第 1 期。

王宁：《论词的语言意义的特性》，《北京师范大学学报》2011 年第 2 期。

王萍：《汉语"吃"类词组合模式衍生机制》，《盐城师范学院学报》2013 年第 1 期。

王青、薛遴：《论"吃"对"食"的历时替换》，《扬州大学学报》2005 年第 5 期。

王任赵：《"吃"对"喫"的历时替换》，《乐山师范学院学报》2009 年第 8 期。

王绍峰：《说"锅"及其他》，《阜阳师范学院学报》2002 年第 5 期。

王慎行：《试论周代的饮食观》，《人文杂志》1986 年第 5 期。

王素芳：《从饮食文化看语言的社会性》，《时代文学》（理论学术版）2007 年第 5 期。

王文征：《动词"吃"的文化心理透视》，《沧州师范专科学校学报》2001

年第4期。
王雪樵：《咥、餐、喫、来、歠——河东方言有关“吃”的几个词语》，《山西师范大学学报》1987年第4期。
王英雪：《从文化角度谈汉语中“吃”的隐喻》，《文教资料》2006年第27期。
王英雪、林美玟：《从文化和认知角度分析汉语中“吃”的隐喻》，《东华大学学报》2007年第1期。
王英雪：《从认知视角分析“吃”的隐喻》，《辽宁工程技术大学学报》2007年第4期。
王英雪：《认知语言学视角下隐喻的体验性——以“吃”为例》，《云南师范大学学报》（对外汉语教学与研究版）2009年第3期。
王洋：《汉语“烹煮”语义场的历史演变研究》，硕士学位论文，西北大学，2008年。
王玉：《浅议“吃”字句》，《咸宁学院学报》2006年第1期。
王云路：《望文生训举例与探源》，《古汉语研究》1990年第2期。
王云路：《中古诗歌语言源流演变述略》，《浙江社会科学》1995年第2期。
王云路：《简述汉魏六朝诗歌中的新词及其分类》，《语言研究》1997年第2期。
王云路：《中古诗歌附加式双音词举例》，《中国语文》1999年第5期。
王云路：《试论外族文化对中古汉语词汇的影响》，《语言研究》2004年第3期。
王云路：《试说“鞭耻”——兼谈一种特殊的并列式复音词》，《中国语文》2005年第5期。
王云路：《试说翻译佛经新词新义的产生理据》，《语言研究》2006年第2期。
王云路：《论汉语词汇的核心义——兼谈词典编纂的义项统系方法》，载《山高水长：丁邦新先生七秩寿庆论文集》，台湾“中研院”语言学研究所2006年版。
王云路：《试探韵律与某些双音词的形成》，《中国语文》2007年第3期。

王云路：《"南北""东西"新论》，《华东师范大学学报》2012 年第 2 期。

王云路：《试论复音词的结构关系与成词理据》，《古汉语研究》2013 年
　　第 4 期。

王渊：《〈现代汉语词典〉（第 5 版）饮食词语基本特征考察研究》，硕
　　士学位论文，河北大学，2011 年。

王占华：《"吃食堂"的认知考察》，《语言教学与研究》2000 年第 2 期。

魏达纯：《"饥、饿"之穷尽调查与对比研究》，《汉语史研究集刊》
　　（第五辑），巴蜀书社 2002 年版。

魏红：《从肢体行为到饮食行为——明清山东方言里一类词义的演变》，
　　《济宁学院学报》2008 年第 4 期。

魏晓艳：《食部字所蕴含的古代文化阐释》，硕士学位论文，曲阜师范
　　大学，2009 年。

温锁林：《吃与中国文化漫谈》，《汉语学习》1994 年第 3 期。

温珍琴：《从饮食谚语看客家精神的特质》，《赣南师范学院学报》2007
　　年第 1 期。

温珍琴：《从客家饮食谚语看客家饮食文化》，《牡丹江大学学报》2007
　　年第 4 期。

武慧娟、唐韵：《〈歧路灯〉中的"吃"族词语》，《运城学院学报》
　　2013 年第 6 期。

武丽梅：《从"酣"、"醉"看同义词的界定与辨析》，《中国西部科技》
　　2006 年第 13 期。

武玉洁：《谈谈"吃"对汉语词汇的文化渗透》，《科教文汇》（上旬
　　刊）2009 年第 8 期。

吴海燕：《中国菜肴名称的词汇分析》，《现代语文》（语言研究版）
　　2010 年第 7 期。

吴璇：《从汉语词看传统文化——以"吃"语素为例》，《广州航海高等
　　专科学校学报》2011 年第 4 期。

吴艳：《从饮食词汇看黎族与其他壮侗民族的关系》，《剑南文学》（经
　　典教苑）2013 年第 7 期。

乌日吉木斯：《〈蒙古秘史〉饮食名称研究》，硕士学位论文，内蒙古大学，2012 年。

夏淑云：《醉、醒义析》，《古汉语研究》1999 年第 2 期。

肖文辉：《〈说文解字〉饮食词研究》，硕士学位论文，西南大学，2007 年。

肖娅曼：《上古"亯"的浑沌性与分化性——浑沌语言学的一个古汉语例证》，《汉语史研究集刊》（第十五辑），巴蜀书社 2012 年版。

解海江：《汉语义位"吃"词义扩展的认知研究》，《烟台师范学院学报》2006 年第 1 期。

解海江、李如龙：《汉语义位"吃"普方古比较研究》，《语言科学》2004 年第 3 期。

谢红梅：《英汉饮食习语中的概念隐喻》，硕士学位论文，华中师范大学，2013 年。

谢柯：《从后殖民视角论中国菜名的翻译》，《重庆文理学院学报》2009 年第 5 期。

谢兰：《文化图式理论视角下中英饮食文化习语对比》，硕士学位论文，华北电力大学（北京），2011 年。

谢立群：《"酒"也可言"食"》，《古汉语研究》1991 年第 1 期。

谢尚优：《论温州方言"喫（吃）"的来源》，《社科纵横》（新理论版）2008 年第 4 期。

谢晓明：《相关动词带宾语的多角度考察》，博士学位论文，湖南师范大学，2002 年。

谢晓明、左双菊：《饮食义动词"吃"带宾情况的历史考察》，《古汉语研究》2007 年第 4 期。

邢福义：《汉语语法结构的兼容性和趋简性》，《世界汉语教学》1997 年第 3 期。

熊金星、谢晓明：《"吃""喝"带宾现象的文化表征》，《湘潭师范学院学报》2006 年第 4 期。

熊学亮：《论"吃"在"吃＋NP"结构中的功能承载量和分辨度》，《外语研究》2009 年第 5 期。

熊学亮:《"EAT/吃＋NP"表达的语义拓扑假设》,《天津外国语大学学报》2011 年第 6 期。

熊莹:《汉语饮食成语的语义和文化研究》,硕士学位论文,南京师范大学,2013 年。

胥洪泉:《释"吃茶"》,《古汉语研究》1996 年第 1 期。

许菊芳:《吴方言中"吃"字的同素词族》,《西华师范大学学报》2004 年第 1 期。

徐宝华:《食味词"酸"的英汉词义对比分析研究》,《语文学刊》2013 年第 6 期。

徐梅娟:《〈说文〉饮食器具类词研究》,硕士学位论文,江西师范大学,2013 年。

徐时仪:《饼、饦、馄饨、扁食、餶饳等考探》,《南阳师范学院学报》2003 年第 7 期。

徐时仪:《鼎、鬲、釜、镬、锅的演变递嬗考察》,《湖州师范学院学报》2002 年第 2 期。

徐文红:《"吃"＋N 的特征分析》,《东南大学学报》2001 年第 3 期。

许丽:《"鼎"及其词义演变探析》,《语文学刊》2010 年第 4 期。

薛红勤:《从认知角度看"吃"的隐喻》,《山东省农业管理干部学院学报》2012 年第 2 期。

徐策:《浙江武义方言"食"字考释——以古代汉语、方言和普通话为视角》,《现代语文》(语言研究版)2011 年第 12 期。

许仰民:《〈水浒全传〉的"吃"字句》,《信阳师范学院学报》1988 年第 3 期。

许仰民:《论〈金瓶梅词话〉的"吃"字句》,《许昌学院学报》1991 年第 4 期。

寻阳:《英汉嗅觉动词隐喻的共性分析》,《莱阳农学院学报》2003 年第 1 期。

闫春慧:《古代食器名称词的汉字探源》,《内蒙古农业大学学报》2010

年第 4 期。

闫春慧：《释"鼎"》，《内蒙古农业大学学报》2010 年第 6 期。

闫艳：《古代"馒头"义辩证——兼释"蒸饼"、"炊饼"、"笼饼"与"包子"》，《南京师范大学文学院学报》2003 年第 1 期。

颜晓英、黄信、刘成萍：《图式理论观照下的跨文化交际——以藏英饮食文化为例》，《四川教育学院学报》2012 年第 1 期。

杨春华：《〈说文解字·食部〉部首"食"字研究》，《四川烹饪高等专科学校学报》2008 年第 4 期。

杨春生：《英汉语中与"吃"有关的隐喻比较》，《外语与外语教学》2004 年第 12 期。

杨红梅：《"吃 + N"动宾结构的英汉对比分析》，《现代语文》（语言研究版）2009 年第 5 期。

杨丽忠、段莉：《对汉语"吃 + 宾语"的认识》，《长治学院学报》2010 年第 1 期。

杨铭铎：《饮食美的形态之五：色美》，《餐饮世界》2008 年第 1 期。

杨琴：《英汉"吃"类动词的对比研究》，《湘潭师范学院学报》2007 年第 6 期。

杨义容：《从武汉方言中的饮食词汇看武汉文化》，《郑州航空工业管理学院学报》2008 年第 1 期。

杨一姝：《汉语"吃"多义网络的认知研究》，《牡丹江大学学报》2012 年第 6 期。

姚炳祺：《释"醉"》，《语文月刊》1998 年第 8 期。

佚名：《"喝西北风"的由来》，《青年博览》2009 年第 23 期。

［韩］尹泳赞：《汉语"吃"与韩语"먹다（meokda）"的对应关系研究》，硕士学位论文，湖南师范大学，2012 年。

俞理明：《汉语词汇中的非理复合词——一种特殊的词汇结构类型：既非单纯词又非合成词》，《四川大学学报》2003 年第 4 期。

俞理明：《词汇历史研究中的宏观认识》，《江苏大学学报》2008 年第 3 期。

俞理明：《汉语中一组与"醋"有关的称谓词》，《苏州科技学院学报》
　　2009 年第 3 期。

于为、李菲：《从辽代饮食用语看当时东北各民族饮食文化——以〈辽
　　史〉〈契丹国志〉〈渤海国记〉〈三朝北盟会编〉〈松漠纪闻〉为
　　例》，《现代语文》（语言研究版）2011 年第 5 期。

于园园：《汉语食器词语的文化语义研究》，硕士学位论文，内蒙古大
　　学，2006 年。

余云华：《"食"系隐语族考源》，《中山大学学报论丛》2005 年第 6 期

余舟：《汉英"吃"所构成的词语的比较》，《安徽文学》（下半月）
　　2009 年第 1 期。

袁从润：《安徽芜湖方言中"各吃了"语法化的共时分析》，《黄山学院
　　学报》2006 年第 2 期。

袁甲：《中国饮食文化对语言的影响》，《文学教育》（上）2008 年第 5 期。

曾祥喜：《"炒"族词及其社会文化意义》，《鄂州大学学报》2000 年第
　　3 期。

张丽：《英汉语嗅觉词语的隐喻研究》，《长江大学学报》2009 年第 2 期。

张莉莉：《"吃"的构词理据微探》，《湖北师范学院学报》2011 年第
　　4 期。

张公瑾：《语言的文化价值》，载邵敬敏主编《文化语言学中国潮》，语
　　文出版社 1995 年版。

张洁：《自主—依存视角下的英汉饮食仿词研究》，硕士学位论文，河
　　南大学，2012 年。

张洁：《自主—依存视角下的英汉饮食仿词研究》，《河南农业》2013 年
　　第 18 期。

张金茹：《认知视角下"吃 + N"语义框架的构建》，《边疆经济与文
　　化》2012 年第 5 期。

张军：《汉语饮食味觉词语及其文化义探析》，硕士学位论文，内蒙古
　　大学，2008 年。

张俊巧：《饮食隐喻中的不对等现象浅析》，《山西青年》2013 年第 12 期。

张昆承：《"民以食为天"——一个意韵深厚的民间修辞》，《和田师范专科学校学报》2006 年第 2 期。

张苗苗、魏香杰：《英汉"吃"类动词的词化程度分析》，《山西师范大学学报》2013 年第 S2 期。

张琴：《〈仪礼〉饮食类名物词研究》，硕士学位论文，广西师范大学，2011 年。

张胜广：《从汉字形体及相关文献看古代的饮食制作文化》，《沧州师范专科学校学报》2004 年第 2 期。

张胜广：《从汉字形体及相关文献看古代的饮食制作文化》，《汉字文化》2006 年第 2 期。

张万有：《赤峰汉语方言词汇——人品、称谓、身体、服饰、饮食类》，《广西梧州师范高等专科学校学报》2001 年第 3 期。

张微：《汉语"吃"的隐喻研究》，硕士学位论文，辽宁师范大学，2009 年。

张蔚虹：《〈老乞大〉诸版本饮食类动词比较》，《汉语学报》2010 年第 3 期。

张维慎、王锋：《从"咥"和"啖"看古人饮食的豪爽性》，《陕西师范大学继续教育学报》2006 年第 2 期。

张晓昕：《"吃"语及其中国文化》，《民办高等教育研究》2012 年第 3 期。

张学峰：《〈金瓶梅〉饮食风貌》，《复旦学报》1987 年第 4 期。

张亚明：《对"吃 + 食堂"的分析》，《现代语文》（语言研究版）2008 年第 8 期。

张艳红：《汉英饮食成语隐喻认知研究与对外汉语教学》，硕士学位论文，江苏师范大学，2012 年。

张永言：《关于词的"内部形式"》，《语言研究》1981 年创刊号。

张永言、汪维辉：《关于汉语词汇史研究的一点思考》，《中国语文》1995 年第 6 期。

张再红：《"吃"的隐喻映现规律分析》，《语言研究》2010 年第 4 期。

张振兴：《民俗学与方言学的结盟——从"老碗"和"海碗"说起》，《宝鸡文理学院学报》2011 年第 6 期。

张智义、倪传斌：《"吃食堂"认知语法研究的反思》，《云南师范大学学报》2012 年第 2 期。

赵爱仙：《反映在饮食类成语、谚语里的文化意义研究》，硕士学位论文，延边大学，2005 年。

赵明：《试论饭店名称中的文化内涵》，《青年文学家》2009 年第 8 期。

赵荣光：《关于中国食文化研究的几个问题》，《学术界》1994 年第 5 期。

赵守辉：《汉语与饮食文化》，《汉语学习》1991 年第 5 期。

张延俊：《"吃发球"一词的意义及其形成机制》，《泰山学院学报》2012 年第 1 期。

郑家芳：《汉语饮食词汇的隐喻研究》，《临沂大学学报》2013 年第 4 期。

郑森：《文化视角下的汉语饮食类词语探析》，硕士学位论文，山东大学，2010 年。

郑思韵、汤莹莹、曾珊、邵慧君：《论广州方言饮食类词语转指用法及其文化内涵》，《广东技术师范学院学报》2009 年第 10 期。

郑维：《汉语中有关"吃 + 名词"构造的认知解读》，《绥化学院学报》2012 年第 5 期。

钟姝娟：《从"吃"开头的 VO 式词语看思维的隐喻性与语言的经济性》，《雁北师范学院学报》2006 年第 4 期。

钟向前：《"饮"与"喝"的历时替换考察》，《现代语文》（语言研究版）2009 年第 11 期。

周达瑜《从"卿"字看中国饮食文化意蕴》，《汉字文化》1998 年第 4 期。

周光庆：《古汉语词源结构中的文化心理》，《华中师范大学学报》1989 年第 4 期。

周红霞：《从认知隐喻及转喻分析"吃"构成的英汉习语》，《语文学刊》（外语教育与教学）2010 年第 12 期。

周婉红、郭波：《简析〈说文解字〉中部分饮食文字的背景》，《西安联合大学学报》2003 年第 1 期。

周雪梅：《〈说文解字·艸部〉字研究》，硕士学位论文，西南大学，2006 年。

周杨、张菊萍：《近代汉语被动标记"吃"消失的语音动因》，《襄樊学院学报》2008 年第 3 期。

钟向前：《"饮"与"喝"的历时替换考察》，《现代语文》（语言研究版）2009 年第 11 期。

朱岾：《也说"哥吃的不是面，是寂寞"》，《当代修辞学》2011 年第 2 期。

朱岾：《也说"哥吃的不是面，是寂寞"（续）》，《当代修辞学》2011 年第 3 期。

朱德付：《"吃 + NP"类构式压制现象分析研究》，《宜春学院学报》2012 年第 10 期。

左馥：《中国文化与南方、北方饮食类词语的相互影响》，《科教导刊》（中旬刊）2012 年第 5 期。

左馥：《少数民族文化对饮食类词语的影响》，《青年文学家》2012 年第 7 期。

左金香、查中林：《"扛鼎"的词义引申及引申理据》，《现代语文》（语言研究版）2007 年第 6 期。

三　工具书类

（宋）丁度：《集韵》，中华书局 2005 年版。

（清）段玉裁：《说文解字注》，上海古籍出版社 2004 年版。

方述鑫等：《甲骨金文字典》，巴蜀书社 1993 年版。

郭沫若主编：《甲骨文合集》，中华书局 1978—1982 年版。

亢世勇、刘海润主编：《新词语大词典》，上海辞书出版社 2003 年版。

亢世勇、刘海润主编：《现代汉语新词语词典》，上海辞书出版社 2009 年版。

李荣主编：《现代汉语方言大词典》，江苏教育出版社 2002 年版。

李行健：《现代汉语规范词典》，外语教学与研究出版社 2004 年版。

林志伟、何爱英主编：《现代汉语新词语词典》，商务印书馆国际有限公司 2005 年版。

罗竹风主编：《汉语大词典》，汉语大词典出版社 1986 年版。

吕叔湘：《现代汉语八百词》，商务印书馆 1999 年版。

（清）钱绎：《方言笺疏》，上海古籍出版社 1984 年版。

商务印书馆辞书研究中心：《新华新词语词典》，商务印书馆 2003 年版。

商务印书馆辞书研究中心：《新华方言词典》，商务印书馆 2011 年版。

宋永培、端木黎明编：《中国文化语言学辞典》，四川人民出版社 1993 年版。

王均熙：《新世纪汉语新词词典》，汉语大词典出版社 2006 年版。

（清）王筠：《说文解字句读》，中华书局 1988 年版。

（汉）许慎：《说文解字》，中华书局 1963 年版。

徐中舒主编：《甲骨文字典》，四川辞书出版社 1988 年版。

余迺永：《新校互注宋本广韵》，上海辞书出版社 2002 年版。

赵诚：《甲骨文简明词典——卜辞分类读本》，中华书局 1988 年版。

中国社会科学院语言研究所词典编辑室：《现代汉语词典》，商务印书馆 1978 年版。

中国社会科学院语言研究所词典编辑室：《现代汉语词典》，商务印书馆 1983 年版。

中国社会科学院语言研究所词典编辑室：《现代汉语词典》，商务印书馆 1996 年版。

中国社会科学院语言研究所词典编辑室：《现代汉语词典》，商务印书馆 2002 年版。

中国社会科学院语言研究所词典编辑室：《现代汉语词典》，商务印书馆 2005 年版。

中国社会科学院语言研究所词典编辑室：《现代汉语词典》，商务印书馆 2012 年版。

中国社会科学院语言研究所词典编辑室：《现代汉语词典》，商务印书馆 2016 年版。

四 外文类

Alice C. Harris & Lyle Campbell, 1995, *Historical Syntax in Cross-Linguistic*

Perspective, Cambridge: Cambridge University Press.

Anthony Woods, Paul Fletcher & Arthur Hughes, 1986, *Statistics in Language Studies*, Cambridge: Cambridge University Press.

Bernard Comrie, 1989, *Language Universals and Linguistic Typology*, Chicago: University of Chicago Press.

Bernd Heine & Tania Kuteva, 2002, *World Lexicon of Grammaticalization*, Cambridge: Cambridge University Press.

Bernd Heine & Tania Kuteva, 2005, *Language Contact and Grammatical Chuange*, Cambridge: Cambridge University Press.

Croft, 1990, *Typology and Universals*, Cambridge: Cambridge University Press.

Geoff Thompson, 1996, *Introducing Functional Grammar*, London: Edward Arnold (Publishers) Limited.

John Lyons, 1995, *Linguistic Semantics: An Introduction*, Cambridge: Cambridge University Press.

John I. Saeed, 1997, *Semantics*, Oxford: Blackwell Publishers Limited.

Paul J. Hopper & Elizabeth Closs Traugott, 2003, *Grammaticalization*, Cambridge: Cambridge University Press.

Roger Lass, 1997, *Historical Linguistics and Language Change*, Cambridge: Cambridge University Press.

Ross John R. , 1972, *The Category Squish: Endstation Hauptwort*, CLS 8 - Chicago Linguistic Society. Chicago: Chicago university.

Trask Robert Lawrence, 1996, *Historical Linguistics*, London: Edward Arnold (Publishers) Limited.

William Croft, 1990, *Typology and Universals*, Cambridge: Cambridge University Press.

后　记

　　本书是在我的博士后出站报告的基础上修改而成。在书稿付梓之际，简单介绍一下其写作及出版的相关情况。

　　"民以食为天"，汉语饮食词汇有诸多值得研究之处。读博期间，我在导师王云路先生的影响下，对汉语饮食词汇产生了浓厚的兴趣，也有过一些零散的想法和研究，由于时间、精力有限，故而没有做更多的探索，不免留下了一些遗憾。博士毕业后，我觉得自己仍有待提升，而做饮食词汇研究又是我的一个未了的心愿，于是博士毕业后随即申请了浙江大学历史学系历史文献学专业的博士后，希望能够再集中精力做一些自己喜欢的事情。当然，浙江大学雄厚的师资力量、丰富的学习资源、浓郁的科研氛围，以及杭州迤逦的风光、优雅的环境等因素也是我继续留在浙江大学做博士后的原因。因此，博士后期间，我的科研目标比较明确，就是希望以文献为依托来研究汉语饮食词汇。

　　汉语饮食词汇在我们的日常生活中较为常见，然而正因为其常见，所以容易被人们忽视。对于大部分饮食词语，我们可能能够做到知其然，但未必能够做到知其所以然。饮食词语是日常生活中不可或缺的部分，对它们进行研究，在汉语词汇史上具有特殊重要的作用，可以使我们看到一些其他类词语难以涵盖的现象。在研究的过程中，有些想法一直萦绕在我的心头，其中感受最深的就是语素研究的重要性。语素是语言中最小的音义结合体，是语言的备用单位。鉴于汉语"语素清晰，词不清晰"，所以语素研究对汉语研究而言意义重大。在现阶段，无论是词汇学还是语法学，学者们研究的基础都应当是意义。如果落实到复音词，则更多地是涉及到复音词语素义（或者将语素推源到单音词），进而才能对复音词的整体意义、结构等做出合理判断。

时光荏苒，两年的博士后的学习和工作很快就结束了。博士后的生活充实而愉快，尽管我没有做出轰轰烈烈的成绩，但通过汉语饮食词汇研究这一课题，我充分体会到了学习和科研的乐趣，这本小书就是我这一阶段学习和工作的见证。诚然，汉语饮食词汇涉及的词语数量非常庞大，值得仔细玩味的词语也是浩若烟海，如果仅希望在一本专著当中把汉语饮食词汇面面俱到地研究透彻有些困难。不可否认，本书还有很多地方值得深入研究，今后我想继续在这方面不断挖掘。比如我们可以从饮食词汇的次类入手，继续加强本体研究，逐渐把每一类词语都研究透彻，再在此基础上做出更多的探索，使微观与宏观有机结合，争取为相关研究做出更大的贡献。这些工作虽然艰巨，但意义重大。

如今，书稿得以出版，离不开师友亲朋的关爱以及工作单位的支持，谨此一并致以衷心的谢意。

首先要感谢我的博导王云路先生。王老师在中古汉语、词汇学等方面的造诣令我赞佩不已。在和老师接触的过程中，深刻地体会到她对语言的独特感悟能力。在读期间，王老师以身作则，教会了我很多东西，尤其是关于词语结构、词语核心义等词汇学理念深深地影响了我，在书稿的写作过程中给了我很多启发和帮助。工作之后，老师还时常督促我要努力学习、认真工作、快乐生活，鼓励我做好每一件事情。无奈我资质愚钝，经常辜负老师对我的期望。王老师是我心中杰出女性的典范，是我学习的楷模。

感谢我的博士后合作导师孙竞昊先生。在校期间，虽然和孙老师接触不多，但每当我遇到困难时，他总是不遗余力地给予帮助。一直以来，孙老师对我都充满期待，希望我能够在学术上有更多的成就。然而每次面对平凡的我，他却从未有过严厉的批评，只是鼓励我要认真做学问，并教导我如何做学问。

感谢支持和关爱我的家人和朋友，他们永远都是我的坚强后盾；感谢浙江传媒学院对青年教师的关爱和栽培，使我在新的工作环境中快速成长；感谢桐乡市文化广电新闻出版局的资助，使得本书能够顺利出版；感谢中国社会科学出版社的熊瑞女士，在本书的出版过程中她付出了大量的心血。

书稿的出版是一种结束，也是一种开始。希望自己在新的征程能够有新的突破。

楚艳芳

2016 年 12 月于杭州